编委名单

浙江省参与"一带一路"建设

发展报告
2022

主　编　周　倩　刘鸿武

副主编　王　珩

ZHEJIANG UNIVERSITY PRESS
浙江大学出版社
·杭州·

图书在版编目(CIP)数据

浙江省参与"一带一路"建设发展报告. 2022 / 周倩,刘鸿武主编;王珩副主编. —杭州:浙江大学出版社,2022.12
ISBN 978-7-308-23059-9

Ⅰ.①浙… Ⅱ.①周… ②刘… ③王… Ⅲ.①"一带一路"－区域经济合作－经济发展－研究报告－浙江－2022 Ⅳ.①F127.55

中国版本图书馆 CIP 数据核字(2022)第 170922 号

浙江省参与"一带一路"建设发展报告(2022)

主　编　周　倩　刘鸿武
副主编　王　珩

策　　划　包灵灵　董　唯
责任编辑　董　唯
文字编辑　黄　墨
责任校对　张培洁
封面设计　周　灵
出版发行　浙江大学出版社
　　　　　(杭州市天目山路 148 号　邮政编码 310007)
　　　　　(网址:http://www.zjupress.com)
排　　版　浙江时代出版服务有限公司
印　　刷　广东虎彩云印刷有限公司绍兴分公司
开　　本　710mm×1000mm　1/16
印　　张　16.25
字　　数　302 千
版 印 次　2022 年 12 月第 1 版　2022 年 12 月第 1 次印刷
书　　号　ISBN 978-7-308-23059-9
定　　价　58.00 元

以更坚定的战略定力和创新勇气
推进浙江省参与"一带一路"建设走在全国前列

2013 年,习近平主席提出了共建"一带一路"这一重大国际合作倡议。经过近 10 年的发展,这一区域性的国际合作倡议已经为全球区域合作发展树立了标杆。2020 年以来,新型冠状病毒肺炎疫情在世界各地暴发、蔓延,特别是 2022 年俄乌冲突爆发以后,世界局势发生了更加复杂的变化,所谓"百年未有之大变局"的广度与深度以及它可能产生的持久影响变得越来越清晰。

在这样的背景下,人类面临着从未有过的严峻挑战。"百年未有之大变局"究竟向哪里变?往什么方向变?是如 100 年前那样走向两次世界大战,还是人们能够渡过这些动荡不定的急流险滩,通过汲取人类历史的经验教训,发挥人类的聪明才智,推动世界变局向着和平安全、合作共赢和可持续的方向发展?这已经成为摆在全球各个国家、各个民族面前的一个严峻、紧迫的现实问题。

2021 年 9 月,习近平主席提出全球发展倡议。该倡议包含的内容非常丰富,为今天人类面对世界性的挑战,推动全球发展进入平衡协调包容的新阶段指明了方向。2022 年 4 月,习近平主席又提出了全球安全倡议。无论是 2021 年的全球发展倡议,还是 2022 年的全球安全倡议,在"发展"与"安全"两大主题上,中国都为世界的问题开出了"中国药方"。总的来说,从"一带一路"倡议到全球发展倡议,再到全球安全倡议,中国对世界局势的把握判断越来越清晰准确,在根据世界局势变化的同时,基于中国智慧的中国方案也更加清晰可见。

浙江省作为参与"一带一路"建设的排头兵,在国际投资、对外贸易、人文交流等方面均有显著的成效,走在了全国前列。浙江省区域国别与国际传播研究智库联盟发挥自身多年深耕对象区域(国)的学术优势,主动参与国家"一带一路"倡议的落实与推进,紧紧围绕浙江省高质量创新发展的目标和需求,在促进浙江省参与"一带一路"建设中起到了智慧引领、项目孵化和人才储备的重要作用。

《浙江省参与"一带一路"建设发展报告(2022)》是浙江省区域国别与国际传播研究智库联盟(原"浙江省'一带一路'研究智库联盟")的首部报告,26家联盟成员单位为打造这部报告凝聚了心血,共同为浙江省的区域国别和国际传播研究贡献智慧、汇聚力量。浙江省区域国别与国际传播研究智库联盟自成立以来,积极发挥大成集智优势,在战略研究、咨政建言、人才培养、公共外交、舆论引导等方面持续发挥作用,影响力逐渐提升扩大,有效带动了浙江省区域国别研究与国际战略传播工作的纵深发展。随着工作的展开,截至目前,联盟成员单位由最初的 16 家扩充至 26 家,全面覆盖了浙江省高校区域国别研究机构,基本形成了重要区域、重点国家、关键领域的全覆盖,取得了丰富的成果,切实为浙江高质量发展建设共同富裕示范区提供了知识支撑。

"一带一路"相关问题的研究是跨学科、跨行业、跨领域的综合性研究。区域国别学作为新兴交叉学科,其设立是国家为服务"一带一路"倡议所做出的学科人才培养和智库建设的重大举措。浙江省区域国别与国际传播研究智库联盟主动服务浙江省"一带一路"枢纽工程建设需要,同时积极实现智库联盟自身工作的机制化、平台化、实体化。在浙江省社会科学界联合会的领导下,联盟首部报告《浙江省参与"一带一路"建设发展报告(2022)》由牵头单位浙江师范大学非洲研究院(非洲区域国别学院)精心策划选题,集各大高校及智库的学术专长和研究优势,强化了浙江省共建"一带一路"的政策性、前瞻性、系统性研究,推动了智库联盟各方在该领域进一步深入挖掘,切实推动各方将共商、共建、共享的原则落到实处。

本报告力求系统总结浙江省参与"一带一路"建设的以往成效与经验,分析当下面临的问题,提出下一步工作的方向和重点,故而这是一部基于浙江省实践而撰写的具有战略性、对策性、储备性和前瞻性的研究报告。智库联盟各单位站在浙江省参与"一带一路"建设的高度来开展具体研究,一方面放眼世界、关注全国、立足浙江,做战略性研究;另一方面秉持服务意识,突破原有研究范式的束缚,紧紧围绕政府关心、企业关心、社会关心的实践问题,为浙江省高质量深度参与"一带一路"建设过程中的难点、痛点问题提供解决思路和具有可行性的方案,推动实践,做"可落地"的对策性的研究。此外,报告将根据各研究领域前沿的资料数据和案例,形成"一带一路"相关研究和实践的数据库和案例库,做储备性研究;通过点线结合、点面结合,以服务导向、问题导向、需求导向为纲要突出报告特色。

2022年7月20日,中非智库论坛第十一届会议以线上线下相结合的形式召开。中非智库论坛是中非合作论坛框架下的重要论坛之一,2011年在浙江杭州正式召开了第一次会议。2022年的中非智库论坛紧紧围绕"一带一路"倡议、全球发展倡议等安全创新领域设置相关主题,为未来中非关系发展进一步指出新方向。在中非发展合作中,中非的安全合作、区域性合作,是践行全球发展倡议、全球安全倡议的最佳观察窗口和实践平台。中非双方在上述领域中,无论是对于发展倡议,还是对于安全倡议,都有相当广泛的共识和有力的举措推动。我们现在要做的就是对过去10多年围绕这些原则性的倡议在区域国别和专业领域中做出的发展实践进行更深入的研究和阐释。

全球发展倡议是对"一带一路"倡议的自然延伸与拓展,它更加突出重点,而且把发展作为一切安全合作的抓手,这体现了中国过去40多年来,将发展作为解决一切问题的关键这一基本经验。发展是前提,也体现了中国全球战略的延续性和可持续性。无论世界局势如何变幻,中国都应保持战略定力,从历史进程和当代发展的综合观察中,持续深化对"一带一路"倡议的全局认识。

面对文化认知的"妄自尊大"与"妄自菲薄"两种倾向,我们应该认识到,每个民族都有丰富多彩的文化,而尊重文化的多样性,是我们进行国际交往与加强民心相通的前提。以非洲为例,欧洲人学习非洲,开创了现代艺术。我们在与非洲人的交往中,也要尊重、学习非洲人简单乐观的生活方式、奔放浪漫的情感表达、自由写意的逻辑思维。而对本民族文化的热爱与传播,来源于对本民族的文化自信。文化自信是国家走向复兴的基础。中国要同"一带一路"沿线国家与地区一起重建本土文化,实现国家复兴,必须依赖文化自信。中国文化对外传播应是双向的、互动的。我们不要过度担心在"一带一路"建设过程中国际社会的质疑,媒体、智库和个人都有责任讲好中国故事。"一带一路"理念是中国在发展实践中不断学习与总结、逐渐形成的具有当代中国特色的国际关系理论,并在国际舞台上发挥了积极的作用。"一带一路"理念的跨学科互动,将成为中国哲学社会科学的创新机会,是中国立足实践产生的原创性方案。

我们也要充分认识到,共建"一带一路"是一个长期的、相互推进的过程,合作的成果与意义也是一个逐渐积累和呈现的过程。中国发展、中国经验在全球的影响力和认可度的提升也同样是一个持续推进与优化的过程,包括经贸合作、投融资合作、产能合作在内的各领域务实合作将会在内外因素的共同作用下向前推进。就此来说,中国要以更大的战略定力、更坚定的创新勇气、更坚毅的合作决心和更有效的发展举措,一步一步推动共建"一带一路",推动构建"人类命运共同体"。

浙江师范大学非洲研究院(非洲区域国别学院)院长

2022 年 10 月

目　录

专题领域报告

总报告

浙江省参与"一带一路"建设的
机遇、现状及未来

周 倩

摘要："一带一路"倡议提出以来，浙江省把参与"一带一路"建设与实施"八八战略"统筹部署、融合推进，全力打造"一带一路"重要枢纽，形成了参与国际竞争与合作的新优势，"一带一路"建设排头兵作用凸显。建设成果主要体现在"一区、一港、一网、一站、一园、一桥"等"一带一路"重要枢纽建设上，形成了一批具有浙江辨识度和中国气派的重大标志性成果，绘就了具有浙江特色的对外开放"金名片"。在实施新一轮"一带一路"建设的过程中，要充分认识国内外新形势新变化带来的机遇和挑战，进一步推动重大政策、重大项目、重大平台、风险控制机制、工作机制等的创新，为推动共建"一带一路"高质量发展贡献新的浙江力量。

关键词："一带一路"；"八八战略"；战略枢纽；创新发展

作者简介：周倩，历史学博士，浙江师范大学"双龙学者"特聘教授、非洲研究院（非洲区域国别学院）教授。

"一带一路"是"丝绸之路经济带"和"21世纪海上丝绸之路"的简称。2013年9月和10月，国家主席习近平在出访中亚和东南亚国家期间，先后提出共建"丝绸之路经济带"和"21世纪海上丝绸之路"的重大倡议。习近平指出，"中国坚持对外开放的基本国策，坚持打开国门搞建设，积极促进'一带一路'国际合作，努力实现政策沟通、设施联通、贸易畅通、资金融通、民心相通，打造国际合作新平台，增添共同发展新动力"①。"一带一路"倡议提出以来，浙江省深入贯彻落实习近平总书记重要讲话精神，将建设"一带一路"与实施"八八战略"统筹部署、融合推进，全力打造"一带一路"重要枢纽，加快培育参与国际竞争与合作

---

① 习近平. 习近平谈治国理政（第三卷）. 北京：外文出版社，2020：47.

的新优势,"一带一路"建设排头兵作用突出。

一、共建"一带一路"为浙江省发展带来了新机遇

"一带一路"倡议,是党的十八大以来以习近平同志为核心的新一届党中央做出的重大决策,不仅是基于中国的国情,更是从全球层面上进行考量的结果。从全球看,当时世界经济处于国际金融危机引发的深层次调整之下,全球经济增长乏力。从国内看,经过 30 多年的改革开放,中国日益成为世界经济的中流砥柱,中国因素越来越具备全球意义。"一带一路"倡议,正是中国根据国际形势深刻变化,以及中国发展面临的新形势、新任务,致力于维护全球自由贸易体系和开放型经济体系,促进各国加强合作、共克时艰、共谋发展提出的构想,具有深刻的时代背景。

国际贸易理论强调开放型经济带来的福利增长,亚当·斯密的绝对优势理论和大卫·李嘉图的比较优势理论,都说明了国际贸易产生的原因、结构和利益分配,强调了优势互补原理。浙江省作为开放较早、外向型经济发达的省份,无论在区位、交通,还是产业、产品上都有既定的比较优势。早在 2003 年 7 月举行的中国共产党浙江省委员会第十一届四次全体(扩大)会议上,时任浙江省委书记习近平就做出了"发挥八个方面的优势""推进八个方面的举措"的重大决策部署(简称"八八战略")。① 时隔 10 年后提出的"一带一路"倡议,为浙江以"八八战略"为引领,充分运用两个市场、两种资源,将各项比较优势转化为发展新动能带来了新的机遇。

(一)有利于推动体制机制创新

改革开放以来,浙江历届省委、省政府均高度重视外向型经济发展和体制机制创新。浙江历史上积淀的深厚的商业文化氛围和浙江人敏锐的市场意识,使得浙江在推动全省市场化改革和体制机制创新上均在全国先行一步。早在其他地方限制甚至禁止兴办私营企业之时,浙江许多地方就已降低准入门槛,城乡居民均可申请创办企业。全省各地纷纷根据本地特点、经济基础和产业传承,因地制宜地发展具有鲜明特色的产业集群。对于民间的经济创新活动,浙江各级党委、政府在特定历史条件下遵循"先放开后引导、先搞活后规范、先发展后提高"的原则,有效促进了市场主体成长和市场机制发育。2003 年,习近平

---

① 参见:郭占恒. 习近平的"八八战略"思想与实践——纪念"八八战略"提出 15 周年. 浙江学刊,2018(4):6.

同志要求:"进一步发挥浙江的体制机制优势,大力推动以公有制为主体的多种所有制经济共同发展,不断完善社会主义市场经济体制。"①到 2013 年,浙江紧密结合国内外经济发展大势、改革创新形势任务和要求,以政府自身改革为突破口,已逐步形成治理体系与治理能力现代化的"浙江经验",促使浙江成为全国审批事项最少、管理效率最高、服务质量最优的省份之一。扩大开放和体制机制创新是浙江省参与共建"一带一路",更深地融入开放经济的活水源泉。体制机制创新所激发出的市场活力,将更有助于浙江高效率运用两个市场、两种资源,走出"资源小省"的困境,融入开放发展的大局大势中。

(二)有利于发挥区位禀赋优势

浙江位于长江三角洲南翼,地理位置优越,襟江带海,交通发达。长三角是亚太地区重要的国际窗口,也是我国经济最活跃、开放程度最高、创新能力最强的区域之一,在国家现代化建设大局和全方位开放格局中具有举足轻重的战略地位。区域内拥有全国领先的海陆空综合交通网,开放口岸众多,这为浙江发展开放型经济提供了良好的市场条件和周边环境基础。2003 年,习近平同志要求:"进一步发挥浙江的区位优势,主动接轨上海、积极参与长江三角洲地区合作与交流,不断提高对内对外开放水平。"②浙江省积极参与"一带一路"建设,有助于其更深地融入长三角一体化发展,更充分运用长三角地区丰富的市场、外资、技术、管理等优势资源,提高经济集聚度、区域连接性和政策协同效率,不断增强全省经济的创新能力和竞争能力。

(三)有利于山海协作区域联动

浙江有陆域面积 10.55 万平方公里,海域面积 26 万平方公里,面积大于500 平方米的海岛有 2878 个,大于 10 平方公里的海岛有 26 个,是全国岛屿最多的省份。③ 浙江是名副其实的海洋资源大省,具备外向型经济要求的天然地理优势。2003 年,习近平同志要求:"进一步发挥浙江的山海资源优势,大力发展海洋经济,推动欠发达地区跨越式发展,努力使海洋经济和欠发达地区的发

---

① 转引自:郭占恒. 习近平的"八八战略"思想与实践——纪念"八八战略"提出 15 周年. 浙江学刊,2018(4):7.
② 转引自:郭占恒. 习近平的"八八战略"思想与实践——纪念"八八战略"提出 15 周年. 浙江学刊,2018(4):7-8.
③ 浙江省统计局. 自然地理. (2022-03-10)[2022-05-12]. https://www.zj.gov.cn/art/2022/3/10/art_1229398249_59680307.html.

展成为我省经济新的增长点。"①参与"一带一路"建设,可以充分发挥全省丰富的港口和岸线资源,进一步优化港口布局,加强港航资源整合,深化沪浙洋山深水港开发合作,加快推进宁波舟山港现代化综合性港口建设,加强沿海沿江港口江海联运联动,加快海洋强省建设步伐。

(四)有利于发展块状经济

"块状经济"是浙江优势产业和区域经济的主要支撑,是省内形成的产业集中、专业化强、具有明显地方特色的区域性产业群体的经济组织形式。2003 年,习近平同志要求:"进一步发挥浙江的块状特色产业优势,加快先进制造业基地建设,走新型工业化道路。"②2005 年,浙江全省工业总产值在 1 亿元以上的块状特色产业有 360 个。例如,宁波电气机械、宁波金属制品、宁波塑料制品、宁波通用设备、温州鞋革、绍兴织造、绍兴印染等 14 个块状特色产业工业总产值超过 300 亿元。7 个块状特色产业工业总产值在 200 亿—300 亿元,23 个块状特色产业工业总产值在 100 亿—200 亿元。③ 参与"一带一路"建设,可以进一步发挥全省块状特色产业优势,鼓励创新和自主品牌建设,扶持外贸新业态发展,提升"浙江制造"在国际市场的核心竞争力,发展高能级开放产业,不断夯实对外开放基础,以高水平开放推动高质量产业发展。

(五)有利于发扬人文精神底蕴

2003 年,习近平同志要求:"进一步发挥浙江的人文优势,积极推进科教兴省、人才强省,加快建设文化大省。"④浙江的人文优势,不仅体现在省内开展的文化工作、文化建设上,也体现在千百年来浙江人积淀的深厚的商业文化和商业精神上。这种商业文化、商业精神早已在一代代经商创业的浙江人血脉中根深蒂固,为经济发展提供了强大、不竭的精神源泉。与浙江商业文化全面融合的是浙江民营经济的发展和海外浙商的开拓创新。2010 年,浙江有私营企业

---

① 转引自:郭占恒. 习近平的"八八战略"思想与实践——纪念"八八战略"提出 15 周年. 浙江学刊, 2018(4):10-11.
② 转引自:郭占恒. 习近平的"八八战略"思想与实践——纪念"八八战略"提出 15 周年. 浙江学刊, 2018(4):8.
③ 浙江省经济贸易委员会. 浙江"块状经济"发展报告. 浙江经济,2006(12):25.
④ 转引自:郭占恒. 习近平的"八八战略"思想与实践——纪念"八八战略"提出 15 周年. 浙江学刊, 2018(4):12.

63.89 万户①,据不完全统计,海外浙商有 150 多万人,浙江企业境外投资多项数据居全国第一②。浙江响应"一带一路"倡议,为外贸企业特别是民营企业大胆"走出去",大力开展海外投资和并购,在更高层次、更广范围内实现国际产能合作,更加高效地在全球范围内配置要素资源提供了广阔渠道,也为全省以全球眼光和全局视野进行文化布局,提升文化软实力,奋力打造"重要窗口"的文化新篇章提供了丰富路径。

二、浙江省参与"一带一路"建设的历程、举措与成果

在实施"八八战略"之前的浙江,经历改革开放 20 年的高速增长,积累了经验,也存在一些亟待解决的问题。例如,经济结构不合理,自主创新能力不强,传统产业提升和高技术产业发展不快,资源要素制约和环境压力加大,一些深层次体制性的问题有待解决,特别是低成本、低价格、高排放的粗放式增长路子已难以为继。习近平同志把许多问题形象地称为"成长中的烦恼",提出了解决问题的"腾笼换鸟、凤凰涅槃""绿水青山就是金山银山""两个治理""两只手""两个优势""两个发展"等重要论断,强调要"跳出浙江发展浙江""走出去融合发展浙江"。浙江省参与"一带一路"建设,正是深入践行"八八战略",通过"走出去""引进来",扬长避短,取长补短,在更大范围内吸纳各种优质要素,拓展发展空间,加快全省经济高质量发展的必然选择。

(一)发展历程

宁波籍经济学家陈甬军将"一带一路"建设整体上分为初步试水、深化实施、创新定位 3 个阶段。③ 笔者按照工作部署,将浙江省参与共建"一带一路"分为试点创新、全面实施、深化提质 3 个阶段。

1. 试点创新阶段

2013 年 9 月"一带一路"倡议提出至 2017 年 6 月浙江省第十四次党代会召开为试点创新阶段。在此阶段,浙江省主动创新,积极参与"一带一路"和长江

---

① 邓安国. 2010 年长三角地区民营经济发展报告//黄孟复. 中国民营经济发展报告 No.8(2010~2011). 北京:社会科学文献出版社,2011:187.
② 陈新华. 浙江境外投资额全国第一. 经贸实践,2011(3):63.
③ 陈甬军."一带一路"与浙江发展. 中共宁波市委党校学报,2019(1):106-107.

经济带、长三角区域一体化建设,加快实施"四大国家战略举措"。① 2014 年 11 月,"义新欧"中欧班列开通,首届世界互联网大会在乌镇召开。2015 年,浙江省成立省海港委和省海港集团,实现宁波舟山港实质性一体化。2016 年,浙江省服务国家总体外交,G20 杭州峰会成功召开。同时,浙江省合并省交投铁投,做大交通投融资平台。2017 年,浙江省获批设立中国(浙江)自由贸易试验区(简称"浙江自贸试验区")。一系列试点创新,为浙江省参与共建"一带一路"探索了新路,积累了经验。

2.全面实施阶段

2017 年 6 月浙江省第十四次党代会召开后至 2019 年 6 月浙江省推进"一带一路"建设大会召开为全面实施阶段。2017 年 6 月,省第十四次党代会指出,"突出开放强省,增创国际竞争新优势","以国际化为导向,以'一带一路'统领新一轮对外开放,谋划实施一批最体现浙江资源禀赋、最契合国家战略使命的重大开放举措。加快城市国际化、企业国际化、人才国际化,努力成为参与'一带一路'建设的排头兵,不断增强统筹利用国内国际两个市场、两种资源的能力"。② 省第十四次党代会召开后,全省深入贯彻党代会精神,谋划、部署、实施了一批最体现浙江资源禀赋、最契合国家战略使命的重大开放举措。特别是2018 年 5 月,省委、省政府出台了《关于以"一带一路"建设为统领构建全面开放新格局的意见》《浙江省打造"一带一路"枢纽行动计划》,形成了浙江省参与"一带一路"建设的任务书和施工图。相关意见和计划重点围绕"一区、一港、一网、一站、一园、一桥"③的"六个一"框架,以实实在在的项目,深入推进"一带一路"枢纽建设。2019 年 6 月召开的浙江省推进"一带一路"建设大会,公布了首批"一带一路"建设成果清单,分为合作倡议、合作平台、投资项目、示范园区 4 大类 56 项。其中,合作倡议 3 项,合作平台 28 项,投资项目 16 项,示范园区 9 项。

3.深化提质阶段

2019 年 6 月浙江省推进"一带一路"建设大会召开后至今为深化提质阶段。2019 年 6 月,浙江省推进"一带一路"建设大会对"一带一路"建设做出了更具体、更深化的部署。同年 7 月 12 日,国务院新闻办公室举行了浙江"'八八战略'再深化,改革开放再出发"新闻发布会。时任浙江省委书记、省人大常委会

---

① 2011 年 2 月以来,党中央、国务院从全国大局和长远发展出发,先后批准建设浙江海洋经济发展示范区、设立舟山群岛新区、开展义乌国际贸易综合改革试点、设立温州市金融综合改革试验区。这四大举措被称为"四大国家战略举措"。

② 浙江省第十四次党代会报告(摘登).浙江日报,2017-06-13(4).

③ 自贸试验区、国际枢纽港、数字贸易网、境外服务站、国际合作园和民心联通桥。

主任车俊在回答记者提问时表示,浙江处于"一带"和"一路"有机衔接的交会地带,参与"一带一路"建设的角色定位很明确,就是要全力打造"一带一路"重要枢纽,在参与和服务"一带一路"建设上努力走在前列;要把这个角色扮演好,重点是发挥好浙商的优势、通道的优势、平台的优势这"三大优势"。① 这一阶段,按照《浙江省打造"一带一路"枢纽行动计划》的部署,浙江省与"一带一路"沿线国家和地区的合作深入开展,一批批新项目签约实施,涉及智能制造、信息技术、国际产能合作、基础设施建设等,从共建"一带一路"谋篇布局的"大写意"变为更加精谨细腻的"工笔画",开启了高质量发展的新征程。

《浙江省国民经济和社会发展第十四个五年规划和二〇三五年远景目标纲要》(简称《纲要》)于 2021 年 2 月发布。《纲要》把"'一带一路'重要枢纽功能进一步增强"列为"十四五"时期全省经济社会发展主要目标之一,从打造数字经济合作高地、深化国际产能合作、做强宁波舟山港海上战略支点、构建海外浙商服务网络、深化友城合作、加强与共建"一带一路"的重点国家合作以及纵深推进义甬舟开放大通道建设等 7 个方面提出了一系列具体举措。2021 年 3 月 29 日,浙江省推进"一带一路"建设工作领导小组、浙江自贸试验区工作领导小组举行会议,审议并原则通过了《浙江省"一带一路"建设"十四五"规划》(简称《规划》)。会上,省委书记袁家军指出,要突出改革突破和制度创新,扎实推进自贸试验区建设;扎实推进义甬舟开放大通道建设,提升宁波舟山港"硬核"力量,实质性推动"四港"联动;扎实推进与中东欧国家的深度交流合作;扎实推进"优进优出"战略,着力推动内外贸一体化发展,实施"一带一路"贸易畅通计划和"品质浙货·行销天下"工程;扎实推进国际科技、产业、人文紧密合作,做大做强"鲲鹏行动"等引才平台,推动海外系列站布局发展等。②

(二)重大举措

浙江省参与"一带一路"建设的重大举措与成效主要体现在围绕"一区、一港、一网、一站、一园、一桥"的"六个一"框架,打造"一带一路"重要枢纽上。

1.着力建设对外开放新高地,打造浙江自贸试验区

浙江省以高水平建设浙江自贸试验区和探索建设自由贸易港为重点,推进

① 浙江发挥优势 全力打造"一带一路"重要枢纽.(2019-07-12)[2022-05-12].http://www.scio.gov.cn/xwfbh/xwbfbh/wqfbh/39595/40954/zy40958/Document/1659266/1659266.html.

② 首份地方"一带一路"建设"十四五"规划审议通过.(2021-03-31)[2022-05-16].https://www.thepaper.cn/newsDetail_forward_11961983.

义甬舟开放大通道建设,提升各类平台开放水平。一是建设浙江自贸试验区。这是我国以舟山港为中心的唯一一个由陆域和海洋锚地组成的自贸试验区,2017 年挂牌以来,浙江自贸试验区重点推进以油气全产业链为核心的大宗商品投资便利化和贸易自由化,在加快推动港口建设、国际中转、油品交易、离岸经济创新,建设世界级油品交易中心和大宗商品人民币国际化结算示范区方面都取得了显著成绩。二是建设中国-中东欧国家"17+1"经贸合作示范区。2015年至 2019 年,浙江省连续 4 年举办了中国-中东欧国家投资贸易博览会,浙江省与中东欧 17 国贸易额占全国的比重超过 14.8%,远高于浙江省进出口额占全国的比重(约 9.0%);浙江省与中东欧 17 国的贸易总额、出口额和进口额年均复合增长达到 12.4%、12.0% 和 18.8%,超全国相应指标。2019 年,浙江与中东欧 17 国顺差为 2212.64 亿美元。① 三是建设宁波"一带一路"综合试验区。推动港航物流、金融服务、科技产业和投资贸易等领域双向合作不断深化,中意宁波生态园等国际产业合作园建设深入推进。四是建设义乌国际贸易综合配套改革试验区。实施《浙江省义乌市国际贸易综合改革试点三年(2017—2020年)实施计划》,使义乌以"最佳打开方式"直接参与世界产业格局重塑,实现"世界港口"的梦想。

2. 着力建设国际现代物流体系,打造国际枢纽港

浙江省以打造宁波舟山国际枢纽港为核心,加快海港、空港、陆港、信息港"四港"融合发展,打造辐射全球的国际现代物流体系。发起组建"21 世纪海上丝绸之路"港口联盟,加快推进沿海港口一体化,建设世界级港口集群。到 2021年,宁波舟山港货物吞吐量连续 13 年居全球第一,成为全球第 3 个 3000 万级集装箱大港和第六大加油港,跻身国际航运中心十强。义甬舟开放大通道启动实施了"百项千亿"项目工程,宁波舟山港西向依陆出境,打造金义"第六港区",开辟"中欧班列＋海铁＋海运"联运新通道。2021 年,宁波完成海铁联运量120.4 万标箱。2022 年一季度,宁波舟山港完成货物吞吐量 3.03 亿吨,同比增长 3.4%,集装箱吞吐量 791 万标箱,同比增长 2.9%。集装箱航线总数达 296条,再创历史新高。②

3. 着力建设"数字丝绸之路"门户枢纽,打造数字贸易网

浙江省深入推进跨境电子商务综合试验区建设,建立世界电子贸易平台

---

① 齐结斌,王紫薇. 浙江省与"一带一路"中东欧 17 国经贸合作现状、问题及对策. 浙江金融,2020(12):30.

② 王凯艺,洪宇翔,凌旻. 宁波舟山港实现"开门红". 浙江日报,2022-04-13(4).

(eWTP),构建"互联网＋服务贸易"新体系,深化与"一带一路"沿线国家和地区的电子商务合作,加强金融服务与数字贸易联动创新,依托新金融服务龙头企业,建设金融大数据服务中心、跨境电子商务金融结算平台,开拓移动支付等金融服务市场。商务部对前五批 105 个中国跨境电子商务综合试验区开展首次评估的结果显示,浙江省参与评估的 10 个综合试验区的各项指标高于全国平均水平和东部地区平均水平,杭州、宁波、义乌 3 个综合试验区的综合排名处于第一档,在全国十大优秀综合试验区中,浙江占比第一。2021 年,全省实现跨境电商进出口 3302.9 亿元,同比增长 30.7％,跨境电商进出口总额占全国的16％;其中,出口 2430.2 亿元,同比增长 39.3％,出口活跃网店达 14.9 万家。全省与"一带一路"沿线国家跨境人民币结算额 1809.5 亿元,增长 69.1％。① 另据《2020 全球金融科技发展报告》,杭州金融科技应用体验连续 3 年排名全球第一,金融科技使用者占比 93.7％,成为全球移动支付第一城。浙江省在建设"数字丝绸之路"中发挥了引领示范作用。

4.着力建设"一带一路"节点网络,打造境外服务站

浙江省以"义新欧"为主品牌,加强跨国协调合作,推动班列增点扩线和双向常态化运行,不断提升"义新欧"班列的运营质量和效益。谋划建设一批境外服务站,建立了一批立足当地、辐射周边并具有班列中转、物流集散、加工制造、展示展销等功能的服务站。例如,2017 年年底,浙商总会启动了"一带一路"浙商基站建设,建立了捷克站、新加坡站、波兰站等浙商基站。2018 年,捷克站货运场和物流园区启动建设。2022 年,捷克站全面建成集货运场、物流园、商贸园、工业园和综合服务园于一身的多功能服务站。2019 年,迪拜站的建设主体——浙江省海港集团牵头小商品城、轻纺城、圆通速递、华章科技、执御信息等 6 家单位,共同签约成立国内平台公司,负责推进迪拜站建设,这是浙江在中东地区境外经贸合作区建设上的重要突破。

5.着力建设科创产业合作发展先行区,打造国际合作园

浙江省高水平建设国际合作园区,泰国泰中罗勇工业园、乌兹别克斯坦鹏盛工业园、越南龙江工业园、俄罗斯乌苏里斯克工业园、塞尔维亚贝尔麦克商贸物流园、墨西哥华富山工业园等境外经贸合作区建设不断拓展,优化了中东欧、拉美、非洲等地的产业布局。目前,浙江省已在"一带一路"沿线国家布局建设了 4 个国家级、14 个省级境外经贸合作区,其中有 7 个在《区域全面经济伙伴关

---

① 金粱,拜喆喆.浙江推进"一带一路"建设结硕果.浙江日报,2022-03-11(1).

系协定》(RCEP)①国家。浙江的国家级境外经贸合作区数量居全国第一。各大园区通过打造本土化产业链,促进对外投资稳定发展。2021年,浙江16家境外经贸合作区建区企业累计投资额达177.12亿美元,园区入驻企业640家,累计投资额达133.64亿美元,在当地年纳税额约为5亿美元,解决了当地5.85万人的就业问题。② 省内也以各类开发园区为依托,加强资源整合,打造了一批功能突出、特色鲜明的国际产业、科技合作园。

6.着力建设国际人文交流基地,打造民心连通桥

浙江省扩大对外文化交流与合作,举办了世界互联网大会、联合国世界地理信息大会、世界油商大会、世界浙商大会、中国国际茶叶博览会、中国杭州西湖国际博览会、中国国际动漫节等重大国际会议和展会。在"一带一路"沿线国家和地区举办了一批具有中国特色、浙江特色的文化交流活动,推动中华优秀传统文化、文学作品、影视产品等"走出去"。在温州创建了世界华商综合发展试验区,在金华创建了中非文化合作交流示范区,在义乌建设了捷克小镇,在青田创建了华侨经济文化合作交流试验区等,打造了一批"一带一路"特色窗口。创建了国际职业教育中心,全国首个在柬埔寨王国设立的职业教育中心——浙经院-柬创院国际教育中心在金边揭牌成立。加强医疗卫生领域合作,深化国际旅游合作,举办了世界休闲博览会、国际海岛旅游大会、国际乡村旅游大会、中国(宁波)-中东欧国家旅游合作交流会等重大旅游主题活动,提升了国际友城合作水平,全省各市、县(市、区)基本实现了国际友城结对覆盖。

(三)重要成果

浙江省围绕"五通",聚焦打造"一带一路"重要枢纽,形成了一批具有浙江辨识度和中国气派的"一带一路"重大标志性成果,凸显了浙江特色、浙江特质,绘就了浙江对外开放的一张张"金名片"。

1.打造"数字浙江"金名片

浙江是数字经济先发地,数字经济是浙江的"一号工程"。在共建"一带一路"过程中,浙江推动数字经济和实体经济深度融合,先行先试数字自贸区建设,浙江自贸试验区实现了数字化赋权扩区。加快建设全球数字贸易中心,实现跨境电商综合试验区各市全覆盖,打造跨境电商数字化综合服务、市场

---

① 2012年由东盟发起,目前包括中国、日本、韩国、澳大利亚、新西兰和东盟十国共15个成员国。

② 新增两家!浙江省境外经贸合作区总数扩容至18家,其中5家获评2021年度优秀.(2022-02-25)[2022-05-15]. https://zj.zjol.com.cn/news.html? id=1816734.

采购贸易联网、"四港"联动智慧物流云等数字化场景平台。与世界银行合作的全球数字金融中心落户杭州,联合国全球地理信息知识和创新中心落户德清。"浙江数字文化国际合作区"成功获批,成为全国唯一的数字文化贸易功能区。

2. 打造"浙江制造"金名片

制造业是浙江的产业脊梁,集中反映了浙江的科技水平、制造能力和综合实力。2021年,浙江规模以上装备制造业实现总产值40295亿元,首次突破4万亿元。其中,高端装备制造业实现总产值21130亿元,首次突破2万亿元。[①]浙江实施强链补链项目全球精准合作计划,共建国际化创新链,建设国际科技创新合作园,推动全省制造企业打造以科技、品牌为核心的全球产业链,打造高质量外资集聚地,精准引入了一批重量级外资项目,推动"浙江制造""浙江服务"标准上升为国际标准,服务块状特色产业发展,提升了"腾笼换鸟、凤凰涅槃"攻坚行动的成效。中国企业联合会和中国企业家协会发布的"2021中国跨国公司100大"榜单中有11家浙江企业上榜,其中10家为民营企业。

3. 打造"浙江民企"金名片

"企业家才能"是新古典经济学的生产四要素之一,而浙商是浙江经济发展最为宝贵的财富之一,更是浙江对外合作交流的一张金名片。浙江民营企业境外投资项目个数与中方投资备案额均占全省境外投资比重的95%以上,印尼青山产业园区成为我国民营企业境外投资的最大产业园区,恒逸文莱石化项目成为历年来单体最大的民营企业境外投资项目。2022年前两个月,全省民营企业增加值增长11.6%,占规模以上工业的67.9%,比重同比提高1.2个百分点;民营企业进出口增长29.5%,占全省外贸总值的77.1%,同比增长2.3个百分点,对全省进出口增长贡献率不断增大。[②]

4. 打造"浙江驿站"金名片

浙江在"一带一路"沿线国家投资建设了许多重要开放点,建成了泰国泰中罗勇工业园、越南龙江工业园、墨西哥华富山工业园等一批境外经贸合作区,形成了一批货物集散地,如"义新欧"铁路上的捷克站、迪拜站等。持续深化中印尼"区域综合经济走廊"产业园区合作,签署了《瓜拉丹戎港口产业园区合作谅解备忘录》。中国(浙江)中非文化合作交流周暨中非经贸论坛升级为国家级论坛,持续助推"一带一路"中非合作产业园、非洲站建设。目前,浙江的海外仓数

① 夏丹. 浙江装备制造业总产值首破4万亿元. 浙江日报,2022-03-03(1).
② 金梁,何春燕. 前两个月经济运行数据显示——浙江经济稳中开局. 浙江日报,2022-03-22(5).

量超过全国总量的三分之一,"一带一路"上的这些"浙江驿站"正成为一颗颗闪亮的对外合作明珠。除国外站点外,浙江全力推进义甬舟开放大通道建设,打造金华义乌国际陆港和宁波舟山江海联运中心,深化海港、陆港、空港、信息港"四港"联动。推出一系列数字化应用,使集装箱通关时间从排队 24 小时缩短至 5 分钟,"义新欧"班列从 1 天 3 班提升至最高 6 班。2021 年,宁波舟山港集装箱吞吐量突破了 3000 万标箱,"义新欧"中欧班列开行 1904 列,全省进出口额首次突破 4 万亿元。[①] 全省以"四港"联动为基础的国际物流服务能力不断提升,浙江成为举足轻重的"一带一路"重要枢纽。

5.打造"浙江服务"金名片

国家主席习近平在 2020 年中国国际服务贸易交易会全球服务贸易峰会上提出,中国将拓展特色服务出口基地,发展服务贸易新业态、新模式。早在 2015 年,浙江就率先试水创建服务贸易发展基地,形成省级基地 37 个。2021 年年底,在商务部等 7 部门公布的首批国家专业类特色服务出口基地名单中,浙江入选数量居全国第一,湖州莫干山高新技术开发区入选地理信息服务出口基地,杭州滨江区入选知识产权服务出口基地,宁波人力资源服务产业园入选人力资源服务出口基地。全省共有国家级各类服务贸易出口基地 8 个,总量亦居全国第一。浙江深入开展人文交流与服务,打造"留学浙江"品牌,成立了全国首个"国际学生教育教学指导委员会",截至 2021 年年底,累计设立海外"丝路学院"25 家。加强与浙商背景的华文媒体合作,建设"1+11+N"省市县英文网站和海外社交媒体集群,打造海外文化矩阵。充分凝聚浙商浙侨力量服务华商华侨,中国(温州)华商华侨综合发展先行区获得国家批复。

此外,还有其他各行各业所体现的浙江特色、浙江名片。例如,有开展抗疫国际合作的"健康浙江",推动了国际疾病防控技术交流和经验共享、医用物资和药品标准互通互认、中医药"走出去",2022 年 1 月至 2 月,全省新型冠状病毒检测试剂出口额占全国的一半;有提前完成碳排放强度、推动新能源领域国际合作的"绿色浙江",在 2019 北京世界园艺博览会上,浙江提供的 30 辆氢燃料电池客车圆满完成了交通保障任务;还有积极汇聚浙江专家、学者智慧形成的"浙江智库",包括浙江师范大学非洲研究院在内的研究机构和团队,充分发挥国家和省内高端智库试点单位及各类研究机构的作用,积极开展决策咨询、投资贸易促进等研究,深化智库国际合作交流。2021 年 9 月,根据省委"大成集智"部署,浙江省"一带一路"研究智库联盟成立,2022 年更名为浙江省区域国别

---

① 金梁,拜喆喆. 浙江推进"一带一路"建设结硕果. 浙江日报,2022-03-11(1).

与国际传播研究智库联盟,20 余家智库合力为浙江省参与"一带一路"建设提供智力支持。

三、对浙江省共建"一带一路"的展望与建议

2022 年 10 月,中国共产党召开第二十次全国代表大会,团结带领中国人民创造更加美好的未来,以自身发展更好地造福地区和世界。如何在国际上继续讲好中国对外开放的故事,成为国家的一道必答题。下一步,浙江省将持续完整、准确、全面地贯彻新发展理念,加快构建新发展格局,推动高质量发展建设共同富裕示范区取得突破性进展和标志性成果,在共建"一带一路"、走好新的对外开放之路上为全国发展大局做出新的更大贡献。

我们要看到,在推进"一带一路"建设的过程中,一方面我们仍面临许多困难和风险挑战。一是贸易保护主义持续抬头。例如,一段时间以来美国采取的对华政策致使中美关系遭遇严重困难,美国试图在国际上以"规则牌""民主牌""意识形态牌"等拉拢盟友抵制"一带一路",拜登政府牵头七国集团推出所谓的"重建更好世界"(B3W)倡议,妄称以其为发展中国家提供"一带一路"的替代方案。二是地缘政治使得贸易风险和汇率风险加剧。俄乌冲突及其他局部地方冲突、恐怖主义等安全问题对"一带一路"项目的安全性及人员、结汇、债务等方面带来风险。三是新型冠状病毒肺炎(简称"新冠肺炎")疫情蔓延再次警示,公共卫生安全等非传统威胁也不断上升,阻碍贸易通道和物流通畅,对开展国际经济技术合作造成影响。

另一方面,我们也要看到许多重要机遇。从全球范围看,经济全球化大方向没有变,人类进入互联互通新时代,开放、发展、合作、共赢仍是不可阻挡的时代潮流。例如,马来西亚《亚洲时报》的观点有力地驳斥了"中国债务陷阱论"。该报在 2022 年 3 月 7 日的报道中写道:"各国都将'一带一路'视为刺激本国经济增长、为不断膨胀的人口提供就业的机会。"马来西亚《星报》在题为《通过"一带一路"加速经济连通》的报道中指出,在"一带一路"框架下与中国开展合作,对于马来西亚以及整个东南亚地区的发展至关重要。① 特别是 2022 年 1 月 1 日生效实施的 RCEP,有望带来庞大的贸易创造效应和投资增加效应,将对扩大开放、稳定外贸发挥重要作用。从全国、全省范围看,9 年来,共建"一带一路"从理念变为行动,从绘就一幅"大写意"到绘制一幅幅精谨细腻的"工笔画",形成了一大批合作项目和丰硕成果,同时也形成了许多行之有效的工作机制,积

① 胡文利. 通过两会窗口 国际社会点赞中国特色大国外交. 中国青年报,2022-03-10(4).

累了丰富的经验。

总体看,挑战与机遇并存,但机遇大于挑战。浙江省要抓住和用好新机遇,通过深化"一带一路"建设,积极参与全球经济治理体系变革,深化改革开放,加快经济结构优化升级,提升科技创新能力,加快绿色发展,推动全省高质量发展。

2021年11月19日,习近平总书记在第三次"一带一路"建设座谈会上的重要讲话强调了要正确认识和把握共建"一带一路"面临的新形势,夯实发展根基,稳步拓展合作新领域,更好服务构建新发展格局,全面强化风险防控,强化统筹协调,地方要找准参与共建"一带一路"定位等要求。① 这为浙江省深入推进"一带一路"建设提供了根本遵循。

2021年11月22日,浙江省委常委会召开会议,研究部署本省参与"一带一路"建设有关工作。会议强调要牢牢抓住共建"一带一路"纵深推进的重大历史机遇,锚定新目标新任务,全力以赴参与共建"一带一路"。会议还强调了四大重大历史机遇与新战略目标:一要高水平打造数字创新枢纽,聚焦全球数字贸易中心建设,持续放大数字、数字贸易领域的集成优势,深入推进金融科技应用试点,率先推出引领数字变革的规则标准;二要高水平打造贸易物流枢纽,聚焦世界一流强港建设,全面提升宁波舟山港的战略枢纽地位和资源配置能力;三要高水平打造产业合作枢纽,聚焦互利共赢的产业链供应链合作体系建设,积极开展绿色基建、绿色能源、绿色金融等领域合作,让绿色成为共建"一带一路"的底色;四要高水平打造人文交流枢纽,聚焦内外互通的良性国际生态传播圈建设,打造一批讲好"浙江故事"、促进民心相通的国际交流平台,深化教育、医疗、体育、友城、智库等领域的合作。②

下一步,浙江省要按照中国共产党第二十次全国代表大会部署和省第十五次党代会的工作安排,抓住实施RCEP的重大机遇,进一步融入国家总体战略部署,深入落实好《纲要》《规划》,高标准建设自贸试验区,争创大宗商品特色自由贸易港,打造全球数字贸易中心,纵深推进义甬舟开放大通道建设,推动"义新欧"班列高质量发展,推动数字技术和产业走向"一带一路"沿线国家,在打造"一带一路"重要枢纽上体现浙江的新担当、新作为。笔者认为,在以下几个方

---

① 习近平在第三次"一带一路"建设座谈会上强调　以高标准可持续惠民生为目标　继续推动共建"一带一路"高质量发展　韩正主持. (2021-11-19)[2022-05-16]. www.qstheory.cn/yaowen/2021-11/19/c_1128081519.htm.

② 省委常委会会议研究部署我省参与"一带一路"建设工作. (2021-11-23)[2022-05-16]. https://news.hangzhou.com.cn/zjnews/content/2021-11/23/content_8101998.htm.

面要特别做好创新工作。

(一)聚焦合作需求,推动重大政策创新

进一步加强与国家层面各部门的沟通衔接,在共建"一带一路"中,深入贯彻、深度融合国家重大战略部署,为进一步打造"一带一路"重要枢纽提供更多的政策支持。聚焦"一带一路"沿线国家在经济社会发展中面临的关键共性问题和合作需求,加强合作研究,在共同应对挑战方面,在人口健康、粮食安全、生态环境、能源安全、自然灾害和文化遗产保护与传承等领域开展联合攻关,研究出台相应政策措施。面对国际形势对外贸的冲击,全面实施稳外贸新政,优化企业"走出去"服务政策,推动落实要素支持政策,加强金融政策服务保障,落实国际人才资源对接政策,强化境外安全保障体系建设。要抢抓 RCEP 重大新机遇,推动企业逐条梳理可享受的 RCEP 政策清单,引导企业用好零关税等规则,落实好出口退税、出口信贷等政策。要结合落实全省推进高质量发展共同富裕示范区建设有关政策,找准进一步对外开放的突破性抓手,持续探索"开放强省"实践路径,为全国经济"稳字当头、稳中求进"做出新贡献。

(二)聚焦深化合作,推动重大平台创新

深入实施新修订的《中国(浙江)自由贸易试验区条例》,聚焦扩区赋权后的浙江自贸试验区被赋予的"五大功能"定位,重点围绕打造油气自贸区、数字自贸区、枢纽自贸区这三张"金名片",加强政策、措施创新,进一步凸显浙江优势和浙江特色。进一步探索创新宁波舟山港打造世界一流强港的建设路径,持续推进义甬舟开放大通道建设,克服疫情、地缘政治、恐怖主义等影响,畅通对外贸易及航空物流网、铁路运输物流通道,提升国际贸易服务能力。推进 eWTP 建设,抓好跨境电商政策落实、主体培育、生态建设,打造跨境电商产业创新发展集群,完善跨境电商基础设施建设,积极发展外贸细分服务平台。深化境外经贸合作区和海外站(仓)、前置仓等的建设,高水平推进"17+1"经贸合作示范区、中国印尼综合产业园区等国际产业合作园建设,创新华商华侨创业创新试验区建设,并积极开展各种国际交流活动,构建"联盟、指数、指南"三大体系,构筑更多的对外开放平台和合作交流渠道。

(三)聚焦枢纽建设,推动重大项目创新

认真实施《纲要》《规划》中确定的"一带一路"重大项目,进一步健全"一带一路"重大项目库,推动重大项目落地落实。坚持制度创新和项目建设双管齐下,深化义甬舟开放大通道建设,全面推进"四港"联动发展,做好境内外重大项目协调服务。围绕高能级创新平台体系和"一带一路"重要枢纽建设,完善国家产业创新中心、技术创新中心、工程研究中心、制造业创新中心等项目布局,推进杭州城西科创大走廊、浙江大学杭州国际科创中心、阿里巴巴达摩院南湖园区,以及温州环大罗山、浙中等科创走廊建设,高标准建设浙江自贸试验区和一批省级特色小镇等项目。

(四)聚焦国际形势,推动风险防控机制创新

统筹好发展和安全两件大事,健全完善"一带一路"境外安全保障体系,加强标准联通共建,指导企业强化风险防范和行为规范,提高风险评估、预警预报、矛盾调解、应急处置、技术性贸易措施应对等综合能力。健全完善与国家相关部委以及国际机构、侨团组织等的信息沟通和协调联动机制,保障"走出去"的企业、赴境外人员的合法权益和人身财产安全。健全完善涉外知识产权风险预警和纠纷应对指导快速响应等机制,用好"订单+清单"监测预警系统,防范产业链供应链风险,倒逼涉外制造业企业转型升级,推动制造业"腾笼换鸟、凤凰涅槃",向产业链价值链中高端迈进。通过推广上线外贸风险亮灯解码数字应用场景等措施,运用外贸风险亮灯解码数字应用场景及时进行外贸风险亮灯更新,提供信保在线询保、风险直播、买家资信查询、丝路外贸信息、展会在线报名等服务。

(五)聚焦重点任务,推动工作机制创新

充分发挥省委、省政府以"一带一路"建设为统领的对外开放"1+X"领导体制作用,加强重大规划、重大政策、重大问题、重大项目的统筹部署和统一协调。围绕全国全省"一带一路"建设总体部署,充分发挥多主体共推共建的积极性和创造力,进一步加强与国家有关部委及亚洲基础设施投资银行、国家开发银行、中国进出口银行、中国出口信用保险公司等金融机构的对接,进一步加强省市县之间、政府与企业、省内与省外、国内与国外的协调沟通,凝聚多方合力深入推进"一带一路"建设。加强重点领域、重要事项和重大工程的统筹协调,健全重大事项定期会商、协调落实、信息通报等制度,及时协调解决工作中的重大问题。以"最多跑一次"为抓手,对标对表国际先进水平,不断深化政务服务改革,进一步打造国际化、法治化、便利化的营商环境。

新一轮"一带一路"建设中,浙江省将持续围绕忠实践行"八八战略"、奋力打造"重要窗口"的目标,通过各种创新举措,更加深入拓展"21 世纪海上丝绸之路"建设,更加深入推进"丝绸之路经济带"建设,必将打造出高质量开放发展的新的增长极,展现出新的先行示范效应。

(审校:王　珩)

分报告

浙江省"一带一路"数字创新枢纽发展报告

陈彦宇　柳喆勍

摘要：近年来，浙江省以习近平新时代中国特色社会主义思想为指导，认真落实党中央、国务院关于"一带一路"建设的各项决策部署，在"八八战略"指引下，以"一带一路"为统领，构建全面开放新格局，高质量打造数字创新枢纽，扎实推动标志性工程，聚焦全球数字贸易中心建设，持续放大数字贸易领域的集成优势，深入开展金融科技应用试点，率先推出引领数字变革的规则标准，大力推进"数字丝绸之路"建设，加速布局世界电子贸易平台（eWTP），使移动支付、"城市大脑"等走向"一带一路"沿线国家，形成了鲜明优势和众多可视性成果，为构建浙江全面开放新格局提供了源头活水和不竭动力。

关键词：数字创新枢纽；"数字丝绸之路"；跨境电商；新发展格局；浙江省

作者简介：陈彦宇，管理学博士，浙江师范大学中非国际商学院讲师。

柳喆勍，浙江师范大学非洲研究院（非洲区域国别学院）2020级政治学硕士研究生。

自2013年"一带一路"倡议提出以来，浙江省坚持以"一带一路"建设为统领，推动高水平对外开放，奋力推进"一带一路"重要枢纽建设，着力服务构建新发展格局，牢牢抓住共建"一带一路"纵深推进的重大历史机遇，锚定新目标新任务，全力以赴参与共建"一带一路"。浙江省牢牢抓住自身特色与国家政策的结合点，形成了鲜明的数字经济优势，大力推进"数字丝绸之路"、杭州"数字丝绸之路"核心区建设，加速在"一带一路"沿线布局世界电子贸易平台（eWTP），使移动支付、"城市大脑"等走向"一带一路"沿线国家。海上丝路指数体系两次被列入"一带一路"国际合作高峰论坛成果清单，宁波出口集装箱运价指数在波罗的海航交所挂牌。以"一带一路"大数据中心、航运大数据中心、应对技术性贸易壁垒信息服务平台等为支撑的数据服务体系不断完善，浙江省正努力成为

"一带一路"的数字创新枢纽。

一、背景意义

2021年11月召开的浙江省委常委会会议提出，浙江省要高水平打造"一带一路"数字创新枢纽，聚焦全球数字贸易中心建设，持续放大数字贸易领域的集成优势，深入推进金融科技应用试点，率先推出引领数字变革的规则标准；要着力探索"数字丝绸之路"建设新路径，加快建设数字自贸区，筹备好全球数字贸易博览会，加强数字经济国际合作，打造全球数字变革新高地。浙江省建设"一带一路"数字创新枢纽意义重大、基础扎实。

（一）符合加速形成全面对外开放局面的必然要求

新时期的"一带一路"建设，在古代丝绸之路的基础上提出了全新的时代内容，在当前亚欧各大国间经贸发展阻力日益加大的情形下，全球经贸发展也同样要求沿线各方联合共建，开放包容，互惠共赢，形成改进现代经贸合作方式的新型示范。"丝绸之路经济带"的建立和现代化经济革新，为我国逐步实现全方位深化改革和对外开放规划了未来愿景，也为亚非欧区域经济合作带来了鲜活生命力。

（二）顺应加快构建双循环新发展格局的内在趋势

面对百年未有之大变局和新冠肺炎疫情，世界笼罩在俄乌战争的阴霾下，能源危机和粮食危机的不确定性影响程度进一步加大，全球贸易和供应链受到大幅影响，全球投资者悲观情绪不断上升，人力资本大量流失，这些因素对我国以及世界经济格局产生了重大且深远的影响。我国正着力构建以国内大循环为主体、国内国际双循环相互促进的新发展格局。浙江借助自身独特发展优势打造可以连接国内国际两个循环的数字创新节点，实质就是不断增强我国的国内市场优势，从而有效吸引全球高端要素和市场资源，更好地联通国内国际两个市场，为构建新发展格局提供强大支撑。

（三）具备发挥浙江数字经济比较优势的现实基础

浙江有优越的数字营商环境。到2021年，浙江省内民营经济500强企业数量连续23年居国内第一；在国家发展改革委2020年中国营商环境评价中，浙江标杆指标数量也居国内首位。浙江有强大的数字经济引擎。浙江深入实施数字经济"一号工程"2.0版,加快推进数字产业化、产业数字化,国家数字经济创新发展试验区和数字经济系统建设成效显著;在推进国家数字经济创新发展试验区建设的同时,联动抓好18个省级数字经济创新发展试验区建设。2021年,浙江省规模以上数字经济核心产业营业收入达29780.80亿元,同比增长25.4%;数字经济核心产业增加值总量达8348.27亿元,同比增长13.3%。①浙江有深厚的数字贸易底蕴。浙江省电子商务发展早,模式成熟,外贸依存度较高,且物流枢纽联运体系发达,相关网络基础设施建设完善。截至2021年年底,全省国家高速公路达5184公里,建有民航机场7个,铁路、公路和水运客货总周转量为12936亿吨/公里,宁波舟山港集装箱吞吐量3108万标箱,连续4年排名全球第三。2021年全省中国电信业务总额为1088亿元,居全国第三,同比增长27.3%;移动电话用户8860万户,普及率达137.2部/百人,居全国第三;5G基站数量达到11.3万户,每万人拥有5G基站数达17.6个,居全国第四,仅次于北京、上海、天津;固定互联网宽带接入用户3117万户,普及率达48.3%,居全国第一。②

二、发展历程

"一带一路"倡议提出以来,浙江省与"一带一路"沿线国家和地区在海外电商、"数字丝绸之路"、数字基础设施建设等领域的交往与合作关系渐深,新进展不断涌现。亮丽的数字后面,有着浙江省为推动数字经济社会高质量建设而做出的努力和奋斗。

(一)起始阶段:"数字浙江"孕育电商破茧成蝶

浙江省"一带一路"数字创新枢纽的创建历程,离不开"数字浙江"建设过程中政策、技术、经验的积淀。2003年,时任浙江省委书记习近平高瞻远瞩地做出建设"数字浙江"的战略决策,把打造"数字浙江"作为"八八战略"的重要内容,绘制了"数字浙江"的美好蓝图。在此背景下,浙江的数字经济快速发展,以阿里巴巴为代表的电子商务公司迅速壮大。2003年,浙江电子商务份额占全国的50%。2008年5月29日,中国电子商务协会正式批复了杭州市政府的有关申

① 《浙江省互联网发展报告2021》新闻发布会.(2022-06-01)[2022-06-02].http://www.scio.gov.cn/xwfbh/gssxwfbh/xwfbh/zhejiang/Document/1725498/1725498.htm.
② 2021年浙江省国民经济和社会发展统计公报.(2022-02-24)[2022-06-01].http://tjj.zj.gov.cn/art/2022/2/24/art_1229129205_4883213.html.

请,决定授予杭州市"中国电子商务之都"称号。2013 年,"一带一路"倡议正式提出,凭借着浙江在互联网信息数字化领域蓬勃发展的资源优势,2015 年 3 月 7 日,国务院同意设立中国(杭州)跨境电子商务综合试验区。同年,浙江省实现跨境电商出口超 40 亿美元,约占全国的 16%,居广东之后列全国第二位。一年后,宁波市也被列入第二批跨境电子商务综合试验区名单。2016 年,浙江实现跨境电子商务出口 319.26 亿元,同比增长 41.7%。同时,阿里巴巴呼吁世界建立一个 eWTP,并于该年年底在杭州跨境电子商务综合试验区率先行动,打造全球首个 eWTP 试验区。第二年,中国以外的第一个 eWTP 数字中枢在马来西亚的"数字自由贸易区"建成。在网络贸易平台的推动下,"一带一路"沿线国家开始布局跨境电商产业园建设,使沿线国家、企业都能享受到"一带一路"倡议带来的巨额经济社会增长红利。

(二)成长阶段:"数字丝绸之路"与"一号工程"交相辉映

2017 年 5 月 14 日,国家主席习近平在第一届"一带一路"国际合作高峰论坛开幕式上指出,要坚持创新驱动发展,与各方加强在数字经济、人工智能、纳米技术、量子计算机等前沿领域合作,推动大数据、云计算、智慧城市建设,建成 21 世纪的"数字丝绸之路"。自从"数字丝绸之路"提出以来,浙江集中精力全力营造"数字丝绸之路"蓬勃发展核心区。2017 年年底,时任浙江省委书记车俊在省委经济工作会议上提出,要把数字经济作为"一号工程"来抓,深化数字浙江建设。2018 年 7 月 24 日,在浙江省数字经济发展大会上,时任省长袁家军强调实施数字经济"一号工程"是省委、省政府推动高质量发展、提高竞争力、迈向现代化、实现"两个高水平"的重大战略决策,要以"数字产业化、产业数字化"为主线,全面实施数字经济"一号工程",持续加力推进数字经济发展,争创国家数字经济示范省。2018 年 9 月,由浙江省政府主办的"数字经济暨数字丝绸之路国际会议"在杭州举行,"数字(网上)丝绸之路国际产业联盟"工作机制正式启动。同期,eWTP 首次进入非洲、欧洲的"一带一路"沿线国家,并在当地建设数字枢纽,为当地电子商务的发展、经济水平的提高提供了强劲动力。经过较长时间的技术积累和经验总结,浙江在电子商务、虚拟现实与互联网、人工智能等应用领域蓬勃发展,态势迅猛,已成为我国数字经济建设的领衔者和"数字丝绸之路"的主要力量。

(三)跃升阶段:丝路中枢、丝路指数精彩纷呈

2020 年 12 月通过的《浙江省数字经济促进条例》是中国首部以促进数字经

济发展为主题的地方性法规,将数字经济领域的相关基础性概念上升为法律概念,聚焦数字基础设施、数据资源两大支撑和数字产业化、产业数字化、治理数字化三大重点,努力在建设"数字丝绸之路"中做好引领示范。之后数字创新枢纽建设又进入了一个新阶段。在这一阶段,浙江各地"数字丝绸之路"建设多点开花,精彩纷呈,为"数字丝绸之路"锦上添花。杭州以其特有的资源禀赋与积极行动致力于构建"一带一路"倡议中枢,以"数字丝绸之路"建设工程为切入点,抢抓机遇,全方位布置,强化与"一带一路"沿线国家的沟通和协作。浙江省充分运用我国互联网电商平台资源优势,开拓世界互联网电商蓬勃发展的新兴市场,同"一带一路"沿线国家开展数字经济研究领域协作,推进互联网、虚拟现实、智能城市工程建设,促进建立以"一带一路"大数据中心、航运大数据中心、应对技术性贸易壁垒信息服务平台等为支柱的数据服务体系,促进各方企业联合发展,共享数字经济的发展红利,为世界发展提供新的社会经济动力。

此外,指数建设是一个产业和一个区域的创新与竞争力的重要表现。随着浙江省与世界市场的深入融合,浙江省正逐步提升其国际能力和社会影响力,在国际竞争中彰显出浙江省发展实力。由宁波出口集装箱运价指数、海上丝路贸易指数、17＋1贸易指数、宁波港口指数和宁波航运经济指数等五大指标构成的海洋丝路指数体系①,两次被纳入"一带一路"全球城市联合高峰论坛成果目录,其指标和相关报告受到全球近千家公司和金融机构关注与订阅。

(四)新发展阶段:数贸先行、数字新基建出海

数字贸易是传统贸易在数字经济时代的拓展与延伸。数字贸易作为跨境电商未来发展的高级形态,具有虚拟化、平台化、集约化、普惠化、个性化、生态化等特点。2021年11月2日,浙江省商务厅正式发布《浙江省数字贸易先行示范区建设方案》,提出要做大做强数字安防、集成电路、智能计算和智能光伏等产业,推进类脑智能、量子信息等未来产业发展,力争数字经济核心产业增加值增长12％;大力推进传统制造业数字化改造;办好首届全球数字贸易博览会,加快打造全球数字贸易中心。②浙江省不断推进数字贸易先行示范区建设,以此作为推进中国(浙江)自由贸易试验区建设的重要平台,也是推进全球数字贸易

① 海上丝路指数:一带一路"风向标".(2017-05-23)[2022-06-01]. https://zjnews.zjol.com.cn/zjnews/nbnews/201705/t20170523_4029063.shtml.
② 2022年浙江省政府工作报告(全文).(2022-01-24)[2022-06-01]. http://zrzyt.zj.gov.cn/art/2022/1/24/art_1289955_58989607.html.

中心建设的重大突破口。浙江省与"一带一路"沿线国家数字基础建设等应用领域的交流与协作也在不断深入。"一带一路"沿线国家当前的数字基础工程建设尚有很大的提升空间,要将"一带一路"沿线国家的发展核心产品基本要素、特色优势资源连接起来,让所有沿线国家都能共享数字经济发展的红利。截至 2020 年年底,浙江电子信息制造业、软件业规模位居全国前列,电子商务、数字安防等细分领域具有国际竞争优势,云计算、大数据、人工智能、区块链等新兴领域形成了特色优势;一批龙头骨干企业引领发展,全省拥有数字经济核心产业超千亿元企业 1 家、超百亿元企业 25 家、上市企业 129 家,2020 年入选全国电子信息百强、软件百强、电子元器件百强和互联网百强企业分别达 16 家、9 家、19 家和 4 家。① 浙江数字经济核心产业形成的扎实基础将为"一带一路"的互联互通带来更加有力的数字基建保障,数字新基建出海的想象空间巨大。

三、建设成效

数字时代背景下,处于"一带"与"一路"有机衔接交会地带的浙江,正视蜕变,主动求变,乘变而上,以"一带一路"数字创新枢纽建设为抓手,大力实施数字经济"一号工程"2.0 版,推动数字要素高能级高效率的变革,为世界透视中国经济韧性与活力打开了一扇"数字之窗"。2022 年 1—4 月,浙江省对"一带一路"沿线国家和地区进出口额达 5119.4 亿元,同比增长 24.2%,占全省进出口总值的 35.7%。②

(一)在推动高水平对外开放中展示"浙江窗口"

在打造"一带一路"数字创新枢纽的进程中,浙江省进一步推动"一带一路"投资贸易增长,增速稳居全国前列,实现了从对内对外开放向深度融入全球的跃变,充分展示了高水平对外开放的"浙江窗口"。2021 年,浙江省对"一带一路"沿线国家和地区进出口额达 1.42 万亿元,同比增长 22.9%。③ 其中 1—9

---

① 浙江省数字基础设施发展"十四五"规划. (2021-06-01)[2022-06-02]. http://jxt. zj. gov. cn/art/2021/6/1/art_1562871_58926650. html.

② 1—4 月浙江出口突破万亿元 外贸增速居东部沿海主要省市首位. (2022-05-20)[2022-06-01]. http://nanchang. customs. gov. cn/hangzhou_customs/575609/zlbd/575612/575613/4352868/index. html.

③ 4 万亿! 全国前三! 浙江外贸再上新台阶. (2022-01-20)[2022-06-01]. https://www. hangzhou. gov. cn/art/2022/1/20/art_812268_59048338. html.

月,浙江省在"一带一路"沿线国家和地区设立企业和机构 265 个,同比增长
0.38%;对外直接投资备案额达 28.40 亿美元,投资额占全省比重为 52.31%。[①]
出口商品内部结构进一步优化,机械高新产品出口比例稳步提升。同时,浙江
自贸试验区成功实现赋权扩区,积极探索数字自贸区建设,有序推进数字贸易
先行示范区建设,开发和上线多个数字贸易子系统应用场景。在高质量推动浙
江自贸试验区建设的过程中,2021 年,10 个自贸试验区所在县市区固定资产投
资同比增长 10.6%,新增注册企业 42629 家,同比增长 54.5%,实际使用外资
25.3 亿美元,同比增长 73.1%。[②]

(二)在建设"数字丝绸之路"中形成"浙江示范"

浙江加快建设全球数字贸易中心,2021 年全省数字贸易进出口额达
5279.0 亿元,其中数字服务贸易进出口额达 1975.56 亿元,同比增长 12.47%。
上线跨境电商综试区线上数字化综合服务平台、市场采购贸易联网平台、"四
港"联动智慧物流云平台等数字化场景,跨境网络零售(B2C)出口额达 2430.2
亿元。[③] 2021 年,浙江省跨境电商进出口总额占全国的 16%;全省与"一带一
路"沿线国家跨境人民币结算额达 1809.5 亿元,同比增长 69.1%;[④]全省运输、
仓储和邮政等服务业增加值为 2252 亿元,同比增长 10.3%。[⑤] 由中国互联网金
融协会和世界银行共同支持建设的全球数字金融中心落户杭州;联合国全球地
理信息知识和创新中心落户德清并高效运行;"浙江数字文化国际合作区"入选
第二批"国家文化出口基地"。浙江加速在"一带一路"沿线布局 eWTP,使移动
支付、"城市大脑"等走向"一带一路"沿线国家,以此缓解或弥合数字鸿沟,帮助
数字技术欠发达的国家和地区共享数字红利,这也形成了建设"数字丝绸之路"
中的"浙江示范"。

---

① 2021 年 1—9 月浙江省对外投资统计快报. (2021-10-15)[2022-06-01]. https://www.investgo.cn/article/yw/dfzcq/202110/563099.html.

② 2021 年浙江省国民经济和社会发展统计公报. (2022-02-24)[2022-06-01]. http://tjj.zj.gov.cn/art/2022/2/24/art_1229129205_4883213.html.

③ 浙江省数字贸易先行示范区建设方案. (2020-11-02)[2022-03-11]. http://www.zcom.gov.cn/art/2020/11/2/art_1384587_58926633.html.

④ 金梁,拜喆喆. 浙江推进"一带一路"建设结硕果. 浙江日报,2022-03-11(1).

⑤ 2021 年浙江省国民经济和社会发展统计公报. (2022-02-24)[2022-06-01]. http://tjj.zj.gov.cn/art/2022/2/24/art_1229129205_4883213.html.

(三)在构建双循环新格局中率先扛起"浙江担当"

浙江抢抓重大机遇,勇当构建新发展格局的开路先锋,努力打造双循环战略节点、战略枢纽,在探索构建新发展格局的有效路径上率先扛起"浙江担当"。2021年1—11月,浙江新设外商投资企业3240家,同比增长37.8%,实际使用外资163.6亿美元,超额完成了全年目标。浙江自贸试验区以占浙江不到四百分之一的面积贡献了全省8%的新增注册企业、12%的实际利用外资,区域经济增长极的动能不断释放。[①] 更值得一提的是,2021年浙江进口规模首次突破1万亿元。"进"与"出"之间,浙江构建起了内外市场联动,形成了与世界新的连接。同时,浙江也在有序推进数字贸易先行示范区建设,启动杭州本外币合一银行账户体系结算试点,宁波新型离岸国际贸易和跨境贸易投资高水平开放。以数字化改革为指引,浙江省参与"一带一路"建设呈现出新的澎湃动力,全力打造全球数字变革高地。

(四)在追求数字技术迭代升级中实现"浙江创新"

浙江省大力实施创新驱动发展战略,加快网络信息技术攻坚,积极打造"互联网+"科创高地。浙江省高水平建设省级实验室,其中之江实验室在网络信息、人工智能领域积极开展科研活动,在智能超算、人工智能开源平台、先进工业互联网安全平台核心设备等方面取得了积极成果,已经被纳入国家实验室体系。大数据挖掘平台AMiner公布的2022年度"AI 2000人工智能最具影响力"榜单中,阿里巴巴入选计算机网络领域全球十大最具影响力的网络研究机构。2021年,浙江省在互联网关键核心技术方面有不少突破创新。例如,半导体材料新技术不断涌现,光刻胶、碳化硅等光刻产品取得行业突破;核心软件领域涌现出一批重大标志性成果;全省数字经济领域有效发明专利89198件,比上年增长26.8%。与此同时,浙江省针对短板瓶颈进行突破,已形成自主知识产权替代进口成果197个。[②]

四、未来展望

习近平主席强调:"当今世界正在经历新一轮科技革命和产业变革,数字经

---

① 翁杰.浙江率先行动率先破题　构建新发展格局　实现高质量发展.浙江日报,2021-12-23(1).
② 夏丹.《浙江省互联网发展报告2021》发布　7800万人用"浙里办"　乡乡都有5G基站.浙江日报,2022-05-31(2).

济、人工智能等新技术、新业态已成为实现经济社会发展的强大技术支撑。要大力发展智慧交通和智慧物流,推动大数据、互联网、人工智能、区块链等新技术与交通行业深度融合,使人享其行、物畅其流。"①在全球技术快速发展的阶段,处于"一带"和"一路"有机衔接交会地带的浙江充分领会中央战略意图,面向世界,对标国际一流标准,主动作为,善做善为,充分发挥自身在数字化改革方面的先行优势,通过数字化推进浙江建设成为高质量的"一带一路"数字创新枢纽,成为连接国内大循环和国内国际双循环的关键节点,从而在形成新发展格局中实现率先突破。

(一)以加快数字基础设施建设为重点,夯实数字创新枢纽根基

数字基础设施是数字社会的基石,加强数字基础设施建设对落实网络强国战略、促进经济社会高质量发展、实现新时期战略目标具有重要意义。数字枢纽作为枢纽的一种类型,需要借助牢固的基础设施,借助物联网、大数据、云计算等技术手段打破信息孤岛,实现数据的互认、相通、共享以及在经济、社会、生态等各个领域的应用,从而提升城市在全球城市网络中的资源配置能力。面向未来,浙江需要适度超前建设数字基础设施,高水平建设信息通信网络,确保重点应用区域和场景实现连片优质覆盖;完善新型城域网建设部署,推进骨干网、城域网扩容和升级,提高端到端业务承载能力;深化国家(杭州)新型互联网交换中心建设,优化互联网骨干网络结构,优化网间互联生态,打造国内"互联主体最多、互通能力最强、疏导流量最大"的国家级基础网络设施;提升国际互联网出口专用通道建设水平,提高杭州、宁波、嘉兴等重点区域的国际通信服务能力;加快建设较高通达度的信息网络,推动安全可控的云计算基础设施建设,建设高性能云计算公共服务平台。

(二)以建设全球领先创新高地为目标,推动数字技术更新迭代

数字创新枢纽的快速发展离不开基础学科的建设,也离不开先进技术的支持。浙江通过聚焦数字信息、网络安全、互联网技术等领域的基础研究与应用研究,为数字创新枢纽建设提供强劲动力。要继续加快推进数字经济领域实验室体系建设,加快之江、湖畔等实验室建设,加强数字科技基础研究和关键核心技术攻关,聚焦智能计算、新一代通信与智能网络、新一代智能芯片、量子科技等重大科学问题和人工智能、集成电路、智能计算、区块链等关键核心技术,深

---

① 习近平. 与世界相交 与时代相通 在可持续发展道路上阔步前行. 人民日报,2021-10-15(2).

入实施基础研究专项和产业关键核心技术攻坚工程,形成一批标志性创新成果。推进开源开放平台建设,加强云原生架构、关键算法资源、低代码工具等供给,培育具有国际竞争力的开源生态。推进"5G＋工业互联网""5G＋虚拟现实/增强现实（VR/AR）""人工智能物联网（AIoT）""区块链＋物联网"等融合创新产业化,构建"硬件＋软件＋平台＋服务"产业生态。同时依托智库及产业创新中心、制造业创新中心、技术创新中心、工程研究中心建设,加强科研创新,加速科技成果转化,实现产学研要素全面融通,加快培育数字经济领域新的增长点。

(三)以建设一流智慧治理体系为关键,深挖数字政府治理潜力

数字枢纽建设需要政府提高数字治理水平。在国内,应坚持各类经济主体地位平等、对各类财产权应平等保护的原则,提高立法和执法的实践水平;平等看待吸收外资和对外投资,从而利用吸收外资带来的资金技术、高端人才、先进管理经验等,建设公平公正的社会主义市场经济体系;在公平竞争中筛选出综合竞争力、生命力较强的企业,促进整个产业效率和竞争力的提高,实现高质量的双循环;深挖数字政府治理效能,深化数字化改革。在国际上,应以多双边平台为契机,借助"一带一路"倡议,从探索数字治理经验与协调利益诉求出发,共同制定全球数字治理规则;积极与"一带一路"沿线国家和地区打造数字贸易协同发展机制和国际贸易治理机制,加强数字贸易规则多边磋商,讨论建立数据保护与共享机制,探索数字贸易数据的跨区域共建共享机制;深化数字贸易领域国际合作,加快对接数字贸易高标准规则议题谈判步伐,逐步缩小数字贸易负面清单范围,形成数字贸易争端解决机制;梳理与欧美等国家和地区在数字贸易中的分歧和做法,并在"一带一路"和《区域全面经济伙伴关系协定》（RCEP）国际贸易新场景中进行检验和完善,总结浙江争端处理经验和规则建议,为国家制度和国际规则提供参考。

(四)以推动数字产业转型升级为路径,优化跨境电商产业生态

浙江推动数字技术与传统产业深度融合,利用数字技术对设计、生产、运营、营销以及管理等全产业链条进行整合优化,打破产业协同转型的技术壁垒和资金鸿沟,市场主体积极引导、合理利用和充分释放数据资产红利,全局协同合作,实现产业数字化转型全方位、多环节、长链条的现代化数字改造,统一谋划新常态下的经营理念、战略、组织、运营观念,避免认知缺位、自主性差、应用

处于浅层等问题。积极培育跨境新国际贸易模式,促进互联网国际贸易等新模式新产业的创新应用,促进中国形成以高新技术、标准、质量、服务为核心的数字外贸新优势。突出发展数据追踪、在线交易、智能物流、数字金融、知识付费等枢纽性功能。助力省内产业园区进一步发展跨境电商的 B2B、B2C 服务出口,有效整合地方资源优势,广泛整合公司、人员、资本等服务要素资源,为跨境电商企业的发展创造更为完善的全产业链金融服务,最终建设成为世界一流的数字创新策源地,构建和完善跨境电商生态圈。

基于开放共享的 21 世纪"数字丝绸之路",将激发"一带一路"沿线国家和地区的经济活力,促进各国经济繁荣发展,实现互利共赢。浙江正以其独特优势与积极行动努力打造"一带一路"枢纽,以"数字丝绸之路"建设为抓手,抢抓机遇,全面布局,加强与"一带一路"沿线国家和地区的交流与合作,为世界数字经济发展提供浙江方案,迸发出新的活力与生机。

(审校:王　珩)

浙江省贸易物流枢纽建设发展报告

陈越柳

摘要：浙江省积极推进"一带一路"建设，"一带一路"交通互联互通不断取得新突破。义甬舟开放大通道的建设，向东辐射"21世纪海上丝绸之路"，向西辐射"丝绸之路经济带"和长江经济带，全面打造陆海双向开放格局；充分发挥通道优势，海港、陆港、空港、信息港"四港"联动取得实质性进展；四大国家物流枢纽深度融合"一带一路"，国际物流枢纽地位全面提升。在"十四五"时期，浙江将继续推进现代物流体系建设，高水平打造"双循环"战略枢纽，实现全方位、多层次、宽领域、高质量的对外开放新格局。

关键词：浙江省；物流枢纽；现代物流；"一带一路"

作者简介：陈越柳，人类学博士，浙江师范大学非洲研究院（非洲区域国别学院）助理研究员。

自"一带一路"倡议提出以来，浙江省积极响应国家号召，构筑"一带一路"通道，深耕"一带一路"市场，建设"一带一路"枢纽，与"一带一路"沿线国家和地区建立良好的经贸往来，在创新、务实、综合的实践中勇于开拓、奋力前行，为"十四五"时期推动共建"一带一路"高质量发展提供了宝贵的浙江经验与智慧。

2018年《浙江省打造"一带一路"枢纽行动计划》发布实施以来，浙江省的物流枢纽建设和物流行业发展取得了可喜成绩。面对新冠肺炎疫情和国际形势变化带来的巨大挑战，在"构建以国内大循环为主体、国内国际双循环相互促进的新发展格局"的国家战略下，作为全国改革开放先行地和物流强省的浙江，与国家战略同频共振，与沿线国家与地区和衷共济，主动肩负新时期新形势的时代使命，加快构建全面开放新格局，合力打造更通畅、更强大、更全面的"一带一路"物流枢纽，实现自身全方位、多层次、宽领域、高质量的对外开放新格局。

一、浙江省贸易物流枢纽的建设历程

物流是国民经济发展的动脉和基础产业,关系到整个贸易供应链的效率,对促进贸易与经济发展,改善投资与营商环境具有基础性意义。"十三五"时期,浙江省物流业立足供给侧结构性改革,紧紧围绕国家物流枢纽建设、物流降本增效综合改革试点等重点工作,取得了显著发展成效。浙江省物流发展规模和综合实力持续增强,物流业增加值年均增长超 8％。①

浙江省紧紧围绕国家"一带一路"倡议及自身"一带一路"枢纽发展定位,充分发挥浙商优势、通道优势和平台优势,发展现代物流产业,建设国际物流枢纽。自 2013 年"一带一路"倡议提出至今,具有区位优势与基础设施优势的浙江省积极深挖"一带一路"发展潜力,在主动作为和开拓创新中不断发挥排头兵作用,向内辐射内陆腹地,向外拓展海洋空间,以高标准、可持续、惠民生为目标,统筹、谋划、构建新的发展格局,将全省域打造成"一带一路"国际贸易供应链中海陆通达的重要节点。

随着"一带一路"建设的全面推进,浙江省在深度参与和勇创新高的同时,对物流中心的需求更加迫切。2018 年,浙江省发布了《浙江省打造"一带一路"枢纽行动计划》。该年年底,浙江省为整合全省物流资源,积极参与长三角区域中欧班列资源统筹,做大做强"义新欧"品牌,推进义甬舟开放大通道建设,发起了浙江省"一带一路"国际物流联盟。联盟成立后,浙江省依托自身区位优势,以建设国际性商贸物流枢纽强省为目标,以服务进出口贸易、促进开放型经济和发展现代物流业为方向,积极支持"义新欧"班列常态化运营,努力推进海陆空铁多式联运国际物流资源整合,完善了国际运输体系,提升了公共服务能力,为"一带一路"建设中的"引进来"和"走出去"提供了有力支撑和保障。

在"十三五"时期,宁波舟山港口型国家物流枢纽、金华(义乌)商贸服务型国家物流枢纽(简称"金义枢纽")成功入围国家首批建设名单,累计创建 3 批共 20 家省级物流示范园区;"一带一路"和长江经济带、长三角区域一体化联动加强,大大增强了义甬舟开放大通道建设;海港、陆港、空港、信息港联动得以深化,"四港"联动引领着现代物流提质增效,运输体系持续完善;金华义乌国际陆港和舟山江海联运中心日益完善,集装箱海铁联运、江海联运取得突破发展,快递业务总量稳居全国第 2 位;中欧班列("义新欧")运行量突破千列,成为国内

---

① 浙江省现代物流业发展"十四五"规划与公众见面. (2021-04-30)〔2022-06-01〕. http://www.chinadevelopment.com.cn/news/zj/2021/04/1724164.shtml.

市场化程度最高、竞争力最强的中欧班列之一;全省物流业降本增效工作深入推进,浙江成为全国 6 个综合改革试点省之一;全省物流数字化智能化创新发展优势凸显,绿色物流、物流标准化等走在全国前列。

"十三五"期间的物流枢纽建设为 2020 年年初全球疫情蔓延背景下的国际物流畅通提供了重要保障。2020 年年初疫情全球化蔓延,海运中断,空运一仓难求,中欧班列"义新欧"承担起保障国际物流畅通的重要使命。2020 年"义新欧"班列共开行 1232 列,发运 101780 个标箱,同比增长 196.7%。[①]"义新欧"中欧班列的常态化运营,为浙江省外贸提供了稳定的物流通道;作为商贸物流枢纽的组成部分,该班列为"一带一路"提供了高质量、高效率、高保障的物流护航。

到"十四五"时期,依托于"一带一路"大市场,得益于"一带一路"物流枢纽的便利,浙江省外贸增速领跑全国。根据杭州海关发布的数据,2022 年前 4 个月,浙江省进出口总值达 1.43 万亿元,同比增长 19.3%,其中出口突破万亿元,达到 1.05 万亿元,同比增长 23.0%,进口 3816.1 亿元,同比增长 10.0%。[②]

至此,浙江省"一带一路"交通互联互通取得新突破,初步形成了"两核一带两辐射"格局,海港、陆港、空港、信息港"四港"联动取得了实质性进展。2009—2019 年,宁波舟山国际枢纽港年货物吞吐量连续 11 年蝉联世界首位,成为全球首个"11 亿吨"大港。2020—2021 年,在疫情全球蔓延的局势下,宁波舟山国际枢纽港年货物吞吐量依然保持全球第一。

2021 年年底,国家发展改革委印发了《关于做好"十四五"首批国家物流枢纽建设工作的通知》,将 25 个枢纽纳入"十四五"首批国家物流枢纽建设名单。其中,温州商贸服务型国家物流枢纽、金华生产服务型国家物流枢纽榜上有名。加上此前宁波舟山港口型国家物流枢纽、金义枢纽,浙江省目前共有 4 个物流枢纽入选国家物流枢纽建设名单,国家物流枢纽数量位居全国前三、长三角三省一市第一,为浙江加快建设"通道+枢纽+网络"的现代物流运行体系,支撑构建新发展格局奠定了坚实基础。同时这也对浙江省商贸物流枢纽的建设提出了新的要求,指明了新的方向。

---

① 浙江奋力推进"一带一路"重要枢纽建设. (2020-12-29)[2022-06-17]. https://www.yidaiyilu.gov.cn/xwzx/dfdt/159805.htm.

② 1—4 月浙江出口突破万亿元　外贸增速居东南沿海主要省市首位. (2022-05-20)[2022-06-18]. http://www.customs.gov.cn/hangzhou_customs/575609/zlbd/575612/575613/4352868/index.html.

二、浙江省四大国家物流枢纽概况

浙江省的四大国家物流枢纽,即宁波舟山港口型国家物流枢纽、金义枢纽、金华生产服务型国家物流枢纽、温州商贸服务型国家物流枢纽,各有所长、布局均衡、相互配合,共同构成浙江省物流枢纽建设的总体格局。这四大国家物流枢纽是浙江省建设"一带一路"物流枢纽的重要依托,也是浙江省在现代物流体系建设发展上的关键节点,并且嵌于国家整体的物流枢纽布局,将大力服务于"双循环"背景下的高质量开放与发展。

(一)宁波舟山港口型国家物流枢纽

宁波舟山港是浙江省宁波市、舟山市港口,位于中国大陆海岸线中部、长江经济带的南翼,由宁波港、舟山港合并重组而来,在 2015 年实现实质性一体化。目前,宁波舟山港是中国对外开放一类口岸,中国沿海主要港口和中国国家综合运输体系的重要枢纽,中国国内重要的铁矿石中转基地、原油转运基地、液体化工储运基地和华东地区重要的煤炭、粮食储运基地。①

得益于悠久的港口历史、得天独厚的地理位置以及国家"一带一路"政策的大力扶持,2021 年 12 月 16 日,宁波舟山港成为继上海港、新加坡港之后,全球第 3 个 3000 万级集装箱大港。2022 年 1—4 月,宁波舟山港完成货物吞吐量 4.1 亿吨,同比增长 4.0%;完成集装箱吞吐量 1094.5 万标箱,同比增长 5.2%。其中 4 月,宁波舟山港完成货物吞吐量 1.1 亿吨,同比增长 4.7%;完成集装箱吞吐量 303.2 万标箱,实现月度集装箱吞吐量 300 万的历史突破,同比增长 11.8%。②

数据展现出硬实力。习近平总书记在宁波舟山港考察时说:"宁波舟山港在共建'一带一路'、长江经济带发展、长三角一体化发展等国家战略中具有重要地位,是'硬核'力量。"③目前,经历了疫情大考的宁波舟山港找到了新坐标:东西双向开放,海陆联通发展,为构建双循环新发展格局做出新贡献。

---

① 浙江省人民政府关于宁波舟山港总体规划(2014—2030 年)的批复. (2020-06-30)[2022-06-17]. https://xxgk. mot. gov. cn/2020/jigou/zhghs/202006/t20200630_3319765. html.

② 今年 1 至 4 月 宁波舟山港货物吞吐量超 4 亿吨. (2022-05-15)[2022-06-17]. https://www.cls. cn/detail/1014676.

③ 宁波:海陆双向发力锻强"硬核力量" 城乡同频共振打造"共富之都". (2022-10-07)[2022-10-08]. http://finance. people. com. cn/GB/n1/2022/1007/c1004-32540239. html.

(二)金华(义乌)商贸服务型国家物流枢纽

金义枢纽位于浙江省地理中心、全球最大的小商品集散中心义乌,由国内贸易物流片区和铁路口岸国际物流片区构成。截止到 2021 年 5 月 21 日,义乌已实施枢纽核心项目、基础道路及配套项目 26 个,累计完成投资 82.54 亿元,其中建成投用铁路口岸、快递物流集聚中心、国内公路港物流中心等核心项目 15 个。招引并集聚干线物流、国际货代、电商快递、同城配送、多式联运企业 500 余家,推动物流供应链体系、商业模式和技术运用创新,物流信息化普及率达到 70%,智能化水平得到大幅提升。[①]

疫情暴发以来,金义枢纽充分发挥"铁公机、海网邮、义新欧、义甬舟"的"新八路"综合物流体系优势,在畅通国内国际医疗物资运输、生活生产物资配送、商贸物资流通等方面勇于担当、主动作为,为全国疫情防控贡献重要力量,为助力企业复工复产提供坚实保障。在新发展阶段的时代背景下,物流枢纽的战略地位不断凸显,通过叠加"一带一路"、长三角一体化发展等优势,金义枢纽奋力推进建设辐射区域更广、集聚效应更强、服务功能更优、运行效率更高的国家物流枢纽,为"双循环"战略和共建"一带一路"提供强有力的物流支撑。

(三)金华生产服务型国家物流枢纽

金华生产服务型国家物流枢纽位于金华市金东区华东国际联运港。华东国际联运港按照"生产服务型国家物流枢纽,长三角国际大宗物资集散、交易(交割)中心、'一带一路'中欧班列华东区域集结中心"的发展定位进行了布局,规划范围东至沪昆铁路外绕线,西至二环东路,南面东侧沿东阳江,西侧沿金义东轨道,北面东侧沿金义东轨道过金丽温铁路,西侧沿金义中央大道,面积 14.6 平方公里,其中核心区 8.8 平方公里。

位于港区的"义新欧"中欧班列自 2020 年 5 月"双平台"机制运行之后,实现了高质量迅猛发展。很多国内外客商可以在华东国际联运港看到"联通全球"的景象。截至 2022 年 10 月,"义新欧"中欧班列共开通运行 17 条国际货运点对点直达班列线路,辐射欧亚大陆 50 个国家和 160 多个城市。

未来,金华市将围绕打造华东物流中心的目标,按照国际内陆港"以港促产、以产兴港、港城共荣"的发展规律,把华东国际联运新城建设成为国际智慧

---

① 义乌商贸服务型国家物流枢纽:加快数字化,释放新动能.(2021-05-21)[2022-06-17]. http://www.yw.gov.cn/art/2021/5/21/art_1229187636_59252496.html.

陆港和枢纽经济高地。重点建设三大核心功能,包括国家生产服务型物流枢纽,长三角国际大宗物资集散、交易、交割中心,"一带一路"中欧班列华东区域集结中心,这将成为金华市双循环战略枢纽标志性工程、都市能级提升核心工程。

(四)温州商贸服务型国家物流枢纽

温州地处浙江东南部,素有"东南山水甲天下"之美誉,同时也是国务院批复确定的东南沿海重要的商贸城市和区域中心城市。温州商贸服务型国家物流枢纽由乐清湾物流园与温州机场航空物流园共同打造而成,总用地面积 632公顷。两个片区之间可通过 G15 沈海高速、温州绕城高速北线,以及多条城市主干道互联互通。

目前,温州港集装箱年吞吐量已稳定至百万标箱以上,2021 年全年完成港口货物吞吐量 7979.89 万吨,集装箱 103.6 万标箱。[①] "十四五"时期,温州商贸服务型国家物流枢纽将以"智慧物流+"为引领、多式联运为核心、内外贸一体化联动为特色,实现海港集装箱突破 200 万标箱,航空货邮突破 15 万吨,国际海运航线突破 15 条,国际航空货运航线突破 5 条,多式联运运行成本降低 10%。[②]

三、浙江省贸易物流枢纽的发展趋势

"一带一路"倡议提出已过 9 年,当前在逆全球化、单边主义、保护主义以及疫情反复暴发等挑战下,"一带一路"建设进入了新阶段,这意味着"一带一路"建设在走向高质量发展的同时也面临种种困难。如今百年未有之大变局已经出现,浙江更需要把握新形势、抓住新机遇,与国家战略同频共振,不断攻坚克难、开拓创新。新时期的政策环境与发展形势,不仅对浙江现代物流发展提出了更高要求,同时也为浙江物流产业发展和经济发展提供了机遇。

(一)构建国内国际双循环的新格局成为发展关键

党的十九届五中全会明确提出,"加快构建以国内大循环为主体、国内国际

---

① 温州港迎来"开门红" 货物和集装箱吞吐量实现"双增长". (2022-03-22)[2022-06-17]. http://wzjt.wenzhou.gov.cn/art/2022/3/2/art_1692220_58925258.html.

② 温州商贸服务型国家物流枢纽获批. (2021-12-03)[2022-06-17]. http://www.wenzhou.gov.cn/art/2021/12/3/art_1217829_59113360.html.

双循环相互促进的新发展格局"。这是对当前国内国际形势做出的重大判断，是重塑我国国际合作与竞争新优势的战略抉择，也是国家长期的战略部署。推动双循环相互促进，要立足新发展阶段，贯彻新发展理念，以高质量发展为主题，构建更高水平开放型经济新体制，在形成全方位对外开放新格局基础上推动双循环体系建设。国内国际双循环新格局的构建依托于交通和物流网络的全面、通畅、便捷与高效。浙江省在物流枢纽建设中，不仅要继续优化对外开放，同时也要统筹区域、协调城乡、辐射内地，发挥区位优势和通道优势，全面串联两个市场，合理利用两种资源，在推进物流枢纽建设的同时，全面有效地发挥枢纽功能。

(二)新形势推动共建"一带一路"走向高质量发展

2021年11月19日，习近平主席在第三次"一带一路"建设座谈会上发表重要讲话，从6个方面对新时代继续推动共建"一带一路"高质量发展做出重要部署：要正确认识和把握共建"一带一路"面临的新形势；要夯实发展根基；要稳步拓展合作新领域；要更好服务构建新发展格局；要全面强化风险防控；要强化统筹协调。这6个方面的部署深刻洞察当今世界时势，准确把握国内国际两个大局，锚定"硬连通""软连通""心连通"目标，精准、全面、细致地指明了共建"一带一路"高质量发展方向，为新时代推进共建"一带一路"工作提供了根本遵循。"一带一路"倡议有助于整合两个市场、两种资源，共建"一带一路"的高质量发展在驱动物流枢纽不断创新的同时，也为物流枢纽的建设推进与功能发挥提供了更强劲的动力和更广阔的市场。

(三)建设国家物流枢纽带来新发展机遇

国家物流枢纽是物流体系的核心基础设施，是辐射区域更广、集聚效应更强、服务功能更优、运行效率更高的综合性物流枢纽，在全国物流网络中发挥着关键节点、重要平台和骨干枢纽的作用。在全国统一大市场和双循环新发展格局背景下，市场开放、物流通畅、信息及时是建设国家物流枢纽的重要保障。国家物流枢纽的布局与规划，加快了现代流通网络建设，优化运输组织，推进市场设施高标准联通，对全国统一大市场建设产生极大的助力作用。国家物流枢纽的全面布局与建设有助于实现资源在全国范围内顺畅流动和优化配置，也推动共建"一带一路"和对外开放走向更高质量的发展，更是浙江省建设"一带一路"物流枢纽和发挥枢纽功能的重要助力和基础设施依托。

（四）物流创新发展赋能"一带一路"枢纽建设

交通运输部、科技部联合印发的《"十四五"交通领域科技创新规划》，贯彻中央关于加快建设交通强国、科技强国重大战略部署，落实《交通强国建设纲要》《国家综合立体交通网规划纲要》有关任务，系统谋划"十四五"期间交通运输科技创新重点方向和主要任务，从基础设施、交通装备、运输服务3个要素维度和智慧、安全、绿色3个价值维度，布局了六大领域18个重点研发方向。该规划提出，到2025年，初步构建适应加快建设交通强国需要的科技创新体系，创新驱动交通运输高质量发展取得明显成效。物流技术的创新将为"一带一路"赋能，为"一带一路"物流枢纽高效释能，提高物流枢纽和中心城市的综合服务水平，进而推动共建"一带一路"。

（五）浙江现代物流发展"十四五"规划引领物流枢纽建设

浙江省发展改革委印发的《浙江省现代物流业发展"十四五"规划》是浙江立足高水平全面建设社会主义现代化国家新征程这一崭新历史起点编制的现代物流业发展五年规划，对畅通流通体系和强化现代产业体系、服务构建新发展格局具有重要指导意义。"十四五"时期是推动浙江省现代物流业实现更高质量发展的关键期、攻坚期，浙江省发展改革委将充分发挥发展规划的战略导向作用，着力完善规划实施要素保障机制，确保规划落地见效。该规划提出，到2025年，浙江省要成为物流成本最低、效率最高的省份之一，物流综合实力位居全国前列；规划建设快递专业类物流园区12个，快递集散中心11个；建成智能化、便利化的同城即时配送网络，实现城市建成区智能快递末端收投设施和行政村快递服务全覆盖，加快形成全国领先的邮政快递服务体系；全省快递业务量突破300亿件，形成日处理峰值超2亿件的服务网络，邮政、快递业务收入超2000亿元。《浙江省现代物流业发展"十四五"规划》将引领浙江省的"一带一路"物流枢纽建设，为未来发展提供方向与路径。

四、浙江省建设贸易物流枢纽的未来展望

"十四五"时期，在国家战略和地方规划背景下，浙江省"一带一路"物流枢纽将进一步推进建设、发挥功效，在未来发展上具有强劲的内生动力和广阔的市场空间，为新阶段的高质量发展提供源头活水。

(一)发挥通道优势,构筑国内国际三大物流循环圈

浙江省积极推进"一带一路"建设,"一带一路"交通互联互通不断取得新突破。义甬舟开放大通道的建设,向东辐射"21世纪海上丝绸之路",向西辐射"丝绸之路经济带"和长江经济带,全面打造陆海双向开放格局。在此基础上,浙江省在交通基础设施和道路运输方面,需要进一步促进区域整合、城乡串联,同时继续扩大"一带一路"国际合作市场,增强与沿线国家和地区的合作深度。在双循环的国家战略下,浙江省根据自身区位优势与通道优势,围绕长三角一体化,提出构筑国内国际三大物流循环圈,即围绕长三角一体化的长三角物流循环圈、围绕打造海陆联动的国内物流循环圈和围绕全球布局的国际物流循环圈。浙江省将协同推进长三角世界级港口群、世界级机场群建设,打造"轨道上的长三角",重点建设沪杭甬现代湾区主通道,推动长三角产业链和供应链协同,构建高效循环、一体联动的物流循环体系。在未来,依托国家物流枢纽、中心城市和交通要道,浙江省在打造"一带一路"物流枢纽上将形成更为顺畅的物流循环圈。

(二)加强"四港"联动,提升国际物流服务能力

"四港"联动是浙江省积极响应国家"四位一体联通"、建设智慧物流的重要发展战略。2019年,浙江省就印发了《加快推进海港陆港空港信息港"四港"联动发展建设方案》,明确以海港为龙头、陆港为基础、空港为特色、信息港为纽带,着力推进设施联通、标准联接、信息联网、企业联盟、多式联运,构筑开放互通、一体高效、绿色智能的"四港"联动发展格局,到2025年全面形成"四港"高效联动发展格局。"四港"联动的浙江实践,形成公海数字化的多式联运,未来将继续加强资源联动、深化服务,高效助力推进共建"一带一路"高质量发展。

(三)加强科技赋能,推进物流数字化、智能化、自动化

通过科技创新驱动产业发展升级是现代物流行业发展的主旋律,如今智能仓储、智慧物流发展的时代已经到来。提升城市智慧物流体系建设、推动物流各领域数据共享、推进浙江省现代物流发展数字化、完善数字化监管服务系统已成为时代需求。浙江省将持续推动物联网、大数据、人工智能等现代信息技术与物流业发展深度融合,并且政企联动、平台发力、高校参与,助力物流体系全面深入、产业链供应链稳定畅通。在"一带一路"物流枢纽的建设上更需要科

技赋能,这种赋能必须以持续提升物流的创新能力为基础,通过数字化、自动化、智能化的物流系统与物流制造,推动行业转型升级,进一步助力物流业提质降本增效的高质量发展,以科技赋能"一带一路"物流,加强浙江省在共建"一带一路"高质量发展中的国际物流服务水平。

(四)创建产业集群,打造现代化物流体系

如今,物流业在社会经济的方方面面都显示出重要作用,已不仅仅是商贸的基础与保障。一个完整可靠的物流体系,可成为产业链的重要支撑,甚至可以孕育出一个产业集群。现代物流业在发展中的作用,正在逐渐从"通脉"转向"造血",针对制造业的现代物流业发展布局将有序开展。浙江省将紧密衔接中国(浙江)自由贸易试验区、省级新区、"万亩千亿"产业平台等重大战略部署,推进物流业制造业空间规划布局衔接。物流不再只是制造业的配套,其优化升级将有效提升制造业的效能,成为推动制造业发展的重要催化剂。而创建产业集群,打造现代化的物流体系,是"一带一路"物流枢纽建设发展的新高地。

浙江省提出,到 2025 年,浙江省要成为物流成本最低、效率最高的省份之一,物流综合实力位居全国前列。相信随着浙江省深入打造现代化物流以及共建"一带一路"全面高质量地推进,浙江省"一带一路"贸易物流枢纽在基础建设与功能发挥上将创造更多佳绩,惠及更多人民,服务更多领域。

(审校:周　倩)

浙江省产业合作枢纽建设发展报告

贺轶洲

摘要："一带一路"倡议提出至今,国际产业合作日趋成为我国与"一带一路"沿线国家的重要职责。浙江省以科技、品牌、资源、物流以及规模为核心,打造全球产业链,积极对接产业合作枢纽建设,促进了区域性产业链开放,在世界范围内实现了强链、补链的通力合作。浙江省在加快建设"17+1"经济贸易合作示范区的同时,建立了国际产业合作园体系,通过国际产业合作园建设与境外并购,实现了在海外市场高水平、深层次的对外发展与合作。浙江省在积极推进"一带一路"倡议实施的同时,不仅为中国企业"走出去"带来了更多机遇,也为中国在"一带一路"建设中的产业国际化注入了新的生机。

关键词：浙江省;"一带一路";产业合作;枢纽建设;产业链

作者简介：贺轶洲,国际开发合作学博士,浙江师范大学非洲研究院(非洲区域国别学院)助理研究员。

"一带一路"倡议自 2013 年由习近平主席提出以来,经历了从理念到行动、筹备到执行的阶段,如今已为"一带一路"沿线国家和地区搭建了一个覆盖广、规模大、国际社会参与的重要合作舞台。其高水平、深层次的国际合作不仅为世界经济的可持续发展做出了重要贡献,也为我国区域发展带来了新的机遇。我国各个省区市充分结合自身优势,加大开放力度,积极响应对接"一带一路"建设。作为我国东部沿海地区的经济强省,浙江省始终认真落实党中央、国务院关于"一带一路"建设的各项决策部署,坚持以"八八战略"为统领,构建全面开放的新格局,高质量参与"一带一路"和长江经济带建设。为促成"一带一路"枢纽建设,浙江省长期以来持续扩大高水平对外开放,全力推进建设共同富裕示范区,并在助推产能合作发展和互联互通技术上取得了令人瞩目的成绩。

一、浙江省产业合作枢纽建设情况

2015 年,《推动共建丝绸之路经济带和 21 世纪海上丝绸之路的愿景与行动》发布,对我国各省区市参与"一带一路"建设做出了总体部署。浙江省为进一步响应政策,于 2018 年先后发布《浙江省标准联通共建"一带一路"行动计划(2018—2020 年)》(简称《行动计划》)和《浙江省打造"一带一路"枢纽行动计划》,提出全省要积极参与"一带一路"枢纽建设,建立"一区、一港、一网、一站、一园、一桥"的总体架构。同时,《行动计划》还强调浙江省要把推动十大领域[①]合作、实施三大提升行动[②]和构建三个支撑平台[③]作为重点任务,建设浙江特色的全方位开放发展新格局。其中,深化产业合作成为浙江企业"走出去"的重要窗口,使浙江省成为其他国家企业进入中国市场的桥头堡。

(一)浙江省国际产业合作稳中求进

2021 年,浙江省全省生产总值为 73516 亿元,同比增长 8.5%,提早一年实现省第十四次党代会计划于 2022 年实现 7 万亿元的目标。[④] 2022 年一季度,浙江省全省生产总值为 17886 亿元,同比增长 5.1%,位居全国第四。[⑤] 第一、二、三产业增加值分别较上年增长 2.2%、10.2% 和 7.6%。[⑥] 2021 年 7 月发布的《浙江省全球先进制造业基地建设"十四五"规划》提出,到 2025 年,浙江省将打造成"全球先进制造新支点、全球智能制造践行地、全国创新驱动新典范、全国绿色制造标杆地、全国营商环境最优省"。

从表 1 可知,浙江省在 2021 年增速最快的是数字经济核心产业制造业,其增幅高达 20.0%,与规模以上工业相比增速高 7.1 个百分点,拉动规模以上工业增加值增长 2.9%;其次是装备制造业、高技术产业和战略性新兴产业,增速分别为 17.6%、17.1% 和 17.0%,分别带动规模以上工业增加值增长 7.5%、2.7% 和 0.7%。

---

① 产业领域、外贸领域、金融领域、医药领域、政务服务领域、节能环保领域、人文领域、基础设施领域、海洋领域和基本公共服务领域。
② 互联互通行动、对标对位提升行动和助力助跑行动。
③ 技术性贸易措施信息平台、标准化综合服务平台和标准联通共建合作平台。
④ 2021 年浙江经济十大亮点——《2021 年浙江省国民经济和社会发展统计公报》解读. (2022-03-01) [2022-06-05]. http://tjj.zj.gov.cn/art/2022/3/1/art_1229129214_4885649.html.
⑤ 排名前三分别为:广东省、江苏省和山东省。
⑥ 2021 年浙江经济高质量发展再上新台阶 共同富裕示范区建设扎实开局. (2022-01-18)[2022-06-05]. http://tjj.zj.gov.cn/art/2022/1/18/art_1229129214_4862189.html.

表1 2021年规模以上工业分产业增加值及增速

产业	增加值/亿元	较上年增长/%
规模以上工业	20248	12.9
高技术产业	3202	17.1
高新技术产业	12669	14.0
装备制造业	9072	17.6
战略性新兴产业	6750	17.0
数字经济核心产业制造业	3095	20.0
节能环保制造业	2539	13.2
健康产品制造业	995	14.6
时尚制造业	1661	9.2
高端装备制造业	5023	14.2
文化制造业	598	9.5

来源:2021年浙江省国民经济和社会发展统计公报. (2022-03-25)[2022-06-05]. http://tjj. hangzhou. gov. cn/art/2022/3/25/art_1229279685_4026417. html.

根据《2021年浙江省国民经济和社会发展统计公报》,2021年浙江省对"一带一路"沿线国家的货物进出口额为1.42万亿元,同比增长22.9%,其中出口额为9912亿元,同比增长18.7%;进口额为4314亿元,同比增长33.8%(见表2)。鉴于浙江省更青睐产业互补性强且市场潜力大的地区,"一带一路"沿线国家逐渐成为浙江省主要的对外贸易合作对象。

表2 2021年浙江省对主要市场货物进出口情况

国家和地区	出口额/亿元	出口额较上年增长/%	进口额/亿元	进口额较上年增长/%
"一带一路"沿线国家	9912	18.7	4314	33.8
欧盟	5769	22.9	985	18.7
东盟	3406	17.9	2007	30.2
RCEP国家	5865	13.6	4526	25.4
拉丁美洲	2973	38.3	1113	31.0
非洲	2256	12.2	511	45.6

续表

国家和地区	出口额/亿元	出口额较上年增长/%	进口额/亿元	进口额较上年增长/%
美国	5513	18.1	681	42.9
日本	965	2.4	798	18.3
德国	1291	24.6	308	20.3
韩国	793	9.7	799	15.2
澳大利亚	617	13.7	830	32.2
印度	1039	34.2	260	—3.0
巴西	690	37.1	517	37.8
越南	794	13.8	344	7.8

来源:2021 年浙江省国民经济和社会发展统计公报. (2022-03-25)[2022-06-05]. http://tjj.hangzhou.gov.cn/art/2022/3/25/art_1229279685_4026417.html.

浙江省产业开发区主要集中于 11 个城市,分别为杭州、温州、绍兴、舟山、台州、金华、嘉兴、宁波、丽水、衢州和湖州(见表 3)。据浙江省人民政府办公厅公布的《浙江省开发区(园区)名单(2021 年版)》,浙江省经济开发区共 84 家,其中,国家级经济技术开发区 21 家,省级经济开发区 63 家。

表 3　浙江省产业及开发区分布情况

城市	主导产业	主要园区
杭州	文创、旅游休闲、金融服务、电子商务、信息软件、先进装备、物联网、生物医药、节能环保、新能源	杭州高新技术产业开发区、杭州经济技术开发区、萧山经济技术开发区、钱江经济开发区、建德经济开发区、临安经济技术开发区、淳安经济开发区、桐庐经济开发区、富阳经济技术开发区、余杭技术经济开发区
温州	电器、泵阀、汽摩配件、鞋帽服装、电子信息、仪器仪表、货币专用设备(金融机具)、船舶、家具、合成革、塑料制品、化工、钢压延加工(不锈钢及制品)、眼镜、五金锁具、打火机	温州经济技术开发区、平阳经济开发区、瑞安经济开发区、瓯海经济开发区、乐清经济开发区
绍兴	纺织、鞋帽服装、通用设备、电气机械及器材、通信设备、计算机及其他电子设备、医药、化学原料及化学制品、化学纤维、饮料	诸暨经济开发区、上虞经济开发区、嵊州经济开发区、绍兴柯桥经济开发区、绍兴经济开发区

续表

城市	主导产业	主要园区
舟山	船舶修造、石油化工	岱山经济开发区、普陀经济开发区、舟山经济开发区
台州	电力能源、汽摩配件、医药化工、家用电器、塑料模具、服装机械、水泵阀门、工艺美术、新兴材料、鞋帽服装	玉环大麦屿经济开发区、温岭经济开发区、临海经济开发区、黄岩经济开发区、台州经济开发区
金华	机械(汽车及零部件)、建材、医药、纺织、化工、五金、小商品零售	永康经济开发区、东阳经济开发区、义乌经济开发区、武义经济开发区、兰溪经济开发区、浦江经济开发区、金西经济开发区、金东经济开发区、金华经济开发区
嘉兴	服装、光机电、箱包、纸业、皮革、汽配	平湖经济开发区、海宁经济开发区、海盐经济开发区、桐乡经济开发区、嘉善经济开发区、乍浦经济开发区、嘉兴经济开发区
宁波	电气机械及器材、石油加工及炼焦、机械工业、汽车配套、服装及其他纤维制品、钢铁工业(不锈钢及有色金属冶炼、深加工)、烟草加工	宁波高新技术产业开发区、宁波梅山保税港区、宁波保税区、宁波大榭开发区、宁波经济技术开发区、镇海经济开发区、象山经济开发区、宁海经济开发区、余姚经济开发区、奉化经济开发区
丽水	化工产品、竹木制品、金属制品、通用设备、传统工艺品	景宁经济开发区、青田经济开发区、丽水经济开发区
衢州	氟硅化学品与新材料、金属制品深加工、矿山机械和风动机械、高档特种纸、单晶硅、输变电设备、新型干法水泥、高档汽车沙发革、非标圆锥轴承、特种钙产品、电光源	开化工业园区、常山工业园区、龙游经济开发区、衢江经济开发区、江山经济开发区、衢江经济开发区、衢州高新技术园区
湖州	生物医药、新能源、金属管道与不锈钢、装备制造、特色纺织品、木地板	德清经济开发区、安吉经济开发区、长兴经济开发区、南浔经济开发区、湖州经济开发区

来源:浙江省产业及开发区分布情况.(2021-10-30)[2022-06-05]. https://www.renrendoc.com/paper/159668927.html.

(二)浙江省国际产业合作园发展欣欣向荣

国际产业合作园是指一个国家或地区在某一区域形成一条具有一定规模的产业链,从而形成符合自身发展特点的产业园区。设立国际产业合作园的主要目的是吸引外资项目,吸纳人才,有效集成全球资源和生产要素,是产业聚集和区域经济发展的重要方式之一。

浙江省于2014年就开启了国际产业合作园的创建工作。浙江国际产业合作园的设立目的在于通过政府、园区和产业之间的相互影响,推动产业与高端项目的国际合作。在"一带一路"倡议的推动下,浙江国际产业合作园有了更好的外商投资环境,同时也为实现产业合作,深度发展国际产业园,加强国际经贸交往搭建了桥梁。

2021年,浙江省继续深入加强国际产业链合作,实际使用外资位于全国第五,同时有效保障国际供应链的稳定性,在国内市场份额已经达到了三分之一以上。2021年11月,浙江省委书记袁家军再次强调,浙江省要打造高水平产业合作枢纽,并着眼于建设互利共赢的产业链供应链体系。

根据浙江省商务厅官方网站,截至目前,浙江省共有20家国际产业合作园(见表4)。不仅有外资聚集、成绩突出的国际园区,还有逐渐多元化、品牌化的产业合作项目。从地域来看,嘉兴拥有4家国际产业合作园,杭州、宁波以及湖州各有3家,舟山有2家,温州、衢州、绍兴、台州以及金华分别有1家。从国际合作伙伴来看,以欧美国家为主,此外还有6家国际产业合作园的合作国家来自亚洲,其中韩国是主要的合作伙伴。浙江省在"一带一路"倡议的产业合作枢纽建设中,重点合作方是欧美国家,这主要是由于欧美国家能与浙江省形成优势产业互补及资源整合,实现有效融合与创新,促进区域互利共赢。另外,从产业发展定位可以看出,浙江省以汽车及其零部件生产、装备制造、生物制药等制造加工以及科技研发产业作为合作重点。浙江省国际产业园无论是在招商引资还是项目引进方面均实现了新的突破。2021年,浙江省还有9个园区[①]被列入国际产业合作园创建培育名单。

表4 浙江省国际产业合作园

所在城市	国际产业合作园名称	主要产业
舟山	舟山航空产业园	整机制造、大部件与系统集成、零部件、运营保障、现代服务
杭州	新加坡杭州科技园	软件研发、生物制药、工业设计
杭州	浙江中瑞(萧山)产业合作园	装备制造、信息通信、关键零部件、生物医药

① 浙江中芬(南浔)产业合作园、浙江中德(德清)产业合作园、浙江中英(秀洲)产业合作园、浙江中德(平湖)产业合作园、浙江中英(海宁)产业合作园、浙江中韩(桐乡)产业合作园、浙江中日(武义)产业合作园、浙江中德(丽水)产业合作园、浙江中德(缙云)产业合作园。

续表

所在城市	国际产业合作园名称	主要产业
宁波	宁波北欧工业园	新能源汽车及关键零部件、智能装备、大健康产业、生产性服务业
宁波	中意宁波生态园	新能源汽车及新材料、节能环保、通用航空、生命健康、综合产业
温州	温州韩国产业园	汽车、电子信息、高端装备、时尚、生命健康
湖州	浙江中德（长兴）产业合作园	新能源汽车及关键零部件、智能装备、大健康产业、生产性服务业
嘉兴	浙江中德（嘉兴）产业合作园	高端精密机械设备、汽车关键零部件、电子信息产品
嘉兴	浙江中荷（嘉善）产业合作园	数字经济、生命健康、新能源新材料、高端食品、装备制造、工业设计
嘉兴	浙江中日（平湖）产业合作园	装备制造、汽车部件、电子信息
嘉兴	浙江中法（海盐）产业合作园	节能环保、装备制造、新材料、港口物流业
衢州	浙江中韩（衢州）产业合作园	化工新材料、化纤、含氟化学品、膜材料、重工装备
绍兴	浙江中丹（上虞）产业合作园	机械装备、精细化工、轻工纺织、照明电器、新能源新材料
舟山	浙江中澳（舟山）产业合作园	农产品贸易
台州	浙江中德（台州）产业合作园	汽车关键零部件、高端精密机械设备、航空航天、工业服务
金华	浙江中捷（浦江）产业合作园	水晶产业集群
杭州	浙江中以（余杭）产业合作园	生物健康医药
宁波	浙江中捷（宁波）产业合作园	轻型通航制造、户外保温箱、电子魔墙
湖州	浙江中韩（吴兴）产业合作园	化妆品
湖州	浙江中美（湖州）产业合作园	生物医药、新能源汽车及关键零部件、科技创新

来源：国际产业合作园．［2022-06-25］．http：//www．zcom．gov．cn/col/col1416320/index.html．此外还结合了网上的其他资料。

二、浙江省产业合作枢纽建设发展特点

（一）发挥区位优势，建设开放性强省

浙江省地处长三角南部，位于长江经济带和东部沿海经济带的"T"字形交

会处,富有深水码头和内陆水道,拥有极为丰厚的港口资源。除了宁波港是其三大启运港和目的港之一,杭州、绍兴、温州等地也都曾是海上丝绸之路的关键枢纽城市。因此,借助如此得天独厚的区位优势,浙江省大力发展海洋经济发展示范区和舟山群岛新区,构建宁波舟山港口一体化发展的主枢纽港区,统筹海陆,扩大国际产业合作。浙江省凭借较好的发展实力和市场化根基,利用优越的区位优势扩展了海洋空间,在"一带一路"倡议下提升了浙江省的国际知名度。

(二)民营企业成为国际产业合作主力军

浙江省是民营经济大省,2022年一季度,其生产总值占比中,民营工业增长贡献率达到75.8%,①民营企业的境外投资项目数和中方投资备案额均占浙江省境外投资比重的95%以上。可见,民营企业对浙江省的经济发展至关重要。浙江省民营企业以欧美发达国家为主要合作对象,并通过跨国技术并购提升本省制造业竞争力,通过拓展国外合作领域和途径带动浙江省"一带一路"产业合作水平。

浙江省民营企业在国际产业合作中占主导地位。民营企业拥有优秀的创业能力,能够快速占有资源,迅速获取客户需求并做出快速反应,使产品拥有更强的竞争力,因此,民营企业能更好地汇聚"浙江力量"并推进浙江省"一带一路"产业合作枢纽建设。浙江省民营企业在"四化一体"推进海外投资中承担着主力军的作用。浙江省作为外向型出口大省,"一带一路"倡议的实施,为省内民营企业"走出去"和周边各国的经济发展带来了新的机遇与空间。

(三)实现产业链管理体制创新

2011年,浙江省发布《关于加快培育发展战略性新兴产业的实施意见》,提出要将新兴产业作为重点发展对象。政府因此加大了对新兴产业的政策和资金扶持,逐渐培育出众多更具竞争力和发展潜力的中小企业,形成了具有鲜明特色的国内优秀新兴产业基地。为了激励产业发展,2019年浙江省出台了以"链长制"为核心的产业链管理体制创新改革。推行至今,已有7个经济开发区的8条产业链入选"链长制"优秀示范单位,来自10家经济开发区的10条产业链被列入"链长制"特色示范试点单位(见表5)。此外,还有42家开发区的43

---

① 一季度浙江全省生产总值17886亿元 同比增长5.1%.(2022-04-26)[2022-06-05]. https://hznews.hangzhou.com.cn/jingji/content/2022-04-26/content_8238552.htm.

条产业链加入了"链长制"的试点单位,6家开发区的6条产业链被列入"链长制"绿色低碳试点单位。[①]

表5 2021年度浙江省开发区产业链"链长制"优秀示范单位及试点单位

2021年度浙江省开发区产业链"链长制"优秀示范单位		2021年度浙江省开发区产业链"链长制"特色示范试点单位	
开发区名称	产业链名称	开发区名称	产业链名称
杭州经济技术开发区	芯制造	宁波大榭开发区	化工聚氨酯
杭州经济技术开发区	生物医药	浙江安吉经济开发区	绿色家居
宁波经济技术开发区	集成电路	嘉兴经济技术开发区	健康食品
杭州湾上虞经济技术开发区	新材料	浙江嵊州经济开发区	高端智能厨电(厨具电器)
浙江南浔经济开发区	光电通信	浙江瓯海经济开发区	眼镜
桐乡经济开发区	前沿新材料	浙江武义经济开发区	电动工具
衢州经济技术开发区	化学新材料	浙江江山经济开发区	木门
丽水经济技术开发区	滚动功能部件	浙江仙居经济开发区	甾体医药
	特色机器人	丽水经济技术开发区	生态合成革
		浙江景宁经济开发区	幼教木玩

来源:产业链再升级,"链长制"结新果——2021年度浙江省开发区产业链"链长制"名单公布.(2022-01-26)[2022-06-05]. http://swj.sx.gov.cn/art/2022/1/26/art_1488908_58914792.html.

2020年,习近平总书记指出"要围绕产业链部署创新链、围绕创新链布局产业链,推动经济高质量发展迈出更大步伐"[②]。《浙江省全球先进制造业基地建设"十四五"规划》特别指出,浙江省将大力发展新兴产业,主要包括新一代信息技术产业、生物医药和高性能医疗器械、新材料、高端装备、节能环保与新能源五大标志性产业链;计划到2025年,要打造世界级的浙江龙头企业,创建拥有核心自主知识产权的知名品牌,成为全球领先水平的制造业基地。2022年一季度,舟山市规模以上工业企业研发费用达14.95亿元,较上年增加108%;同时,舟山市高新技术产业增加值达143.61亿元,较上年增长33.1%,增速高居全省

---

① 产业链再升级,"链长制"结新果——2021年度浙江省开发区产业链"链长制"名单公布.(2022-01-26)[2022-06-05]. http://swj.sx.gov.cn/art/2022/1/26/art_1488908_58914792.html.

② 习近平总书记关切事|经济发展新亮点透视.(2020-5-17)[2022-11-02]. https://www.chinacourt.org/article/detail/2020/05/id/5229786.shtml.

第 1 位。① 作为制造业大省,浙江省以产业创新链为核心,引导创新资本集中于制造业,推进创新基础设施建设,致力于发展特色优势产业集群,重点发展产业链和创新链,促进新兴产业的纵向一体化。

三、浙江省产业合作枢纽建设未来展望

"一带一路"倡议是在风云变幻的国际政局下中国做出的重要决策。"一带一路"倡议的提出旨在加强国际战略互信,推动国际交流与合作,促进中国与其他国家的可持续发展。该倡议在深化对外开放,扩大国际合作方面起到了积极的推动作用。"一带一路"倡议也因此获得了国际社会及各个国际机构组织的广泛认同与支持。2022 年是"一带一路"倡议提出的第 10 个年头,在与沿线国家的贸易往来中,产业合作不仅加深了区域经济间的联系,同时也提升了我国全球产业链的影响力,使我国对外投资和产业合作的规模有了很大幅度的提升。

作为沿海开放大省,浙江省应当继续发掘自身潜力,坚持具有浙江辨识度的对外开放,积极推动与"一带一路"沿线国家的合作,优化产业布局。同时,浙江省需要贯彻习近平总书记的重要讲话和最新部署,推动自身特色与国家战略相结合,探索构建互惠互利的产业链供应链合作体系,高水平推进"一带一路"产业合作枢纽建设。"一带一路"倡议下浙江省产业合作枢纽建设的实施,不仅能够为浙江省经济增长注入新的活力,也给浙江企业"走出去"并拓展海外市场提供了新的机遇。为打造"浙企主导、植根省内、面向全球"的产业链、创新链发展模式,我们对浙江省的"一带一路"产业合作枢纽建设做出如下建议。

(一)持续推进浙江省产业结构优化升级

《浙江省全球先进制造业基地建设"十四五"规划》中强调,浙江省仍需强化产业基础和产业链现代化的战略部署,提升产业基础能力。浙江省应振兴优势产业,例如汽车、绿色石化、现代纺织和智能家居等。充分发挥浙江省的特色和优势,充分调动市场主体活力,全面提升产业整体发展水平,实现"浙江制造"品牌建设,加强全球产业合作。深入实施"链长制"创新试点,形成具有"浙江特色"的产业合作园、科技合作园和重大境外并购合作园等特征鲜明的产业集群。积极推进国际产业合作园的建设,加强浙江重点产业链招商,提高传统优势制

---

① 一季度我市多项科技创新指标增速领跑全省.(2022-05-10)[2022-06-05]. http://www.zhoushan.gov.cn/art/2022/5/10/art_1276164_59072381.html.

造产业的智能化水平,力争在未来的竞争中占有更大的市场份额。围绕浙江省十大具有代表性的产业链,统筹推进"一带一路"优势产业和重点产业的布局,建立海外物流园区、仓储平台和配送中心,使浙江民营企业在国外能够建立具有代表性的海外产业基地。

(二)鼓励浙江省中小企业融通创新发展

中小企业在拉动经济发展和技术革新等领域发挥着巨大的作用,对扩大我国就业、维护社会稳定也具有积极意义。在国际产业合作过程中,中小企业在浙江省占有重要地位。党的十九大报告提出,要深化科技体制改革,建立以企业为主体、市场为导向、产学研深度融合的技术创新体系,加强对中小企业创新的支持,促进科技成果转化。近年来,浙江省中小企业在生产运营过程中整体向好。在"一带一路"倡议下,浙江省中小企业应拓展海外市场,探索产业合作的模式和创新方法,提高自身竞争力。

此外,浙江省需引进国外的资金和先进的技术、管理经验,培养高素质的专业技术人员,推动区域内中小企业的高质量发展,主动扶持科技型中小企业。有效参与"一带一路"产业合作建设,打响"浙江制造"品牌。随着"一带一路"建设的推动,浙江省将以龙头企业为核心,以出口企业为主导,促进上下游中小企业的发展,打造一个对外合作的集群体系。

(三)构筑国内国际产业供应链双循环新格局

"构建以国内大循环为主体、国内国际双循环相互促进的新发展格局"是驱动国家繁荣富强的重要方略。"十四五"时期,浙江省计划将扩大内需战略与推进供应体制相结合,从而助推全国市场的统一建设并构筑国内国际双循环发展格局。浙江省应充分发挥其资源禀赋和地缘优势,在对国内市场进行有效衔接的同时实现国际发展合作。因此,浙江省需加强"固链、补链、强链"的统筹谋划,有序地布局重点项目,以龙头公司带动产业链贯通、供应链循环,大力支持自主可控、能力优秀的"链主"企业产业链。在全球范围内,以国际产业链和供应链为依托,引领和组织企业"走出去"。在"一带一路"倡议下,浙江省应实现创新链共享、供应链与产业链并驾齐驱。在产业合作枢纽建设中,浙江省需形成一个既有开放性又有内循环和外循环的全球性产业链。鼓励本地的私营企业通过并购国外优质的技术、品牌、渠道、资金等,加速培养一大批浙江企业集团,建立"浙江总部十世界(全国)"的国际化经营格局,打造一批具有创新性、成长性和国际性的大型跨国企业。为吸纳更多外部要素资源、促进省内产业链循环,需扩大实施产业链招商制度,深入实施准入前国民待遇加负面清单管理制度,营造良好营商环境。通过立足国内、面向全球,建立更多合作机制,推动参与全球产业链、价值链的重构。

(四)打造"一带一路"产业合作高标准示范平台

浙江省在2001年颁布的《关于加快实施"走出去"战略的意见》中提出要积极推进国际合作的步伐。浙江省的国际产业合作园应从"内生型"发展模式向"开放型"发展模式转变,借助国际产业合作枢纽建设使浙江省的相关产业迅速成长为国际高端产业。在"一带一路"建设中,浙江省应加强与欧洲、非洲和东盟等地区的产业合作和枢纽建设。要稳步推进中印尼区域综合经济走廊产业园区合作,同时要为青山、锦江、金帝以及红狮等民营企业园区提供更为完善且优质的服务和政策支持。①

2021年发布的《浙江省国际投资"十四五"规划》提出了到2025年实现产业基础高级化的愿景,因此浙江省要更进一步促进与"一带一路"沿线国家的产业合作,建立海外一体化服务体系,为省内企业"走出去"提供全面的保障和支撑。

在经济全球化的背景下,浙江省还需继续全面落实习近平总书记及党中央关于"一带一路"的各项方针政策,全面积极参与"一带一路"建设,坚持开放、绿色、廉洁理念,在"一带一路"的发展中开拓新的对内对外开放通道,为"一带一路"的互联互通做出贡献。

(审校:周　倩)

① 一带一路　春暖花开　2019年度浙江省推进"一带一路"建设十大标志性工程建设成果.(2020-03-20)[2022-06-05].http://zjrb.zjol.com.cn/html/2020-03/20/content_3315878.htm? div=-1.

浙江省"一带一路"人文交流枢纽建设发展报告

王　珩　周星灿

摘要：人文交流为浙江省高质量参与"一带一路"建设夯实了民意基础，具有重要意义。基于人类命运共同体的理念指引、共同富裕示范区的建设需求，作为古代丝绸之路的重要起点，浙江省打造"一带一路"人文交流枢纽取得了积极进展。传统领域的医疗合作、教育培训、文化交流深入开展，新兴领域的科技、旅游、媒体、智库、影视等交流取得了诸多成果，有效促进了民心相通。立足本来，面向未来，浙江还需重视汉语国际教育，夯实软实力与硬实力，凝聚浙江商人、华侨、学者等多方力量，通过政策灵活化、内容特色化、表达分众化、评估多向化，推动浙江与外部世界交流合作，高质量建设"一带一路"人文交流枢纽，为构建新发展格局贡献浙江力量。

关键词：浙江省；"一带一路"；人文交流；枢纽建设

作者简介：王珩，浙江师范大学非洲研究院（非洲区域国别学院）党委书记、副院长、教授。

周星灿，浙江师范大学非洲研究院（非洲区域国别学院）2021 级硕士研究生。

《浙江省打造"一带一路"枢纽行动计划》指出，要打造以"一区、一港、一网、一站、一园、一桥"为框架的"一带一路"建设格局。其中，"一桥"指民心连通桥，即以文化、教育、医疗、旅游、高端智库等交流合作为桥梁纽带，发挥全球浙商优势、深化民间交往，促进与"一带一路"沿线国家和地区民心相通，打造国际人文交流基地。近年来，浙江省与"一带一路"沿线国家和地区不断拓展人文交流的广度与深度，逐步提升国际合作水平，形成了一批具有较强国际影响力的人文交流平台、国际展会以及特色文化品牌，为"一带一路"建设夯实了民意基础，筑牢了社会根基。面对新形势，浙江需在系统总结合作经验、发展成果的基础上，进一步加强与"一带一路"沿线国家和地区的合作,构建多层次、多领域、多渠道的人文交流新格局,打造具有浙江特色的"一带一路"人文交流枢纽,促进民心相通、文化共通、思想融通。

一、浙江省打造"一带一路"人文交流枢纽的基础

浙江作为中国革命红船起航地、改革开放先行地、习近平新时代中国特色社会主义思想重要萌发地,肩负着打造新时代全面展示中国特色社会主义制度优越性的重要窗口的神圣使命,面临着高质量发展建设共同富裕示范区的重大机遇。作为古代丝绸之路的起点之一,浙江打造"一带一路"人文交流枢纽具有独特优势。[①]

(一)客观基础:人类命运共同体的理念引领

习近平主席指出:"我们要树立你中有我、我中有你的命运共同体意识,跳出小圈子和零和博弈思维,树立大家庭和合作共赢理念,摒弃意识形态争论,跨越文明冲突陷阱,相互尊重各国自主选择的发展道路和模式,让世界多样性成为人类社会进步的不竭动力、人类文明多姿多彩的天然形态。"[②]"一带一路"正推动经济全球化朝着更加开放、包容、普惠、平衡、共赢的方向发展,为破解和平、发展、治理、信任"四大赤字"、推动构建人类命运共同体贡献了中国智慧和中国方案。[③] "一带一路"是中国倡导引领全球化的新型形态,旨在打造共商共建共享共赢的人类命运共同体。"浙东唐诗之路"目的地天台的"和合文化",蕴含着"协和万邦、求同存异、和而不同、和实生物"的人类命运共同体内涵,为不同族群相处提供了"和合共生"的文化支撑。[④]

(二)现实基础:共同富裕示范区的建设需求

习近平主席指出,"一带一路"倡议的提出就是要实现共赢共享发展。[⑤] 共同富裕示范区建设的推进,将为"一带一路"沿线国家、地区和城市提供更多合

① 黄慧仙. 开放交流让文明更璀璨. 浙江日报,2020-08-14(7).
② 习近平. 在第七十五届联合国大会一般性辩论上的讲话. 人民日报,2020-09-23(3).
③ 李丹. 构建"一带一路"文化共同体的基础条件与现实路径. 中国人民大学学报,2021(6):165-175.
④ 构建人类命运共同体的浙江担当. (2021-07-09)[2022-06-14]. https://zj.zjol.com.cn/news/1693954.html.
⑤ "一带一路"——习近平之道. (2017-05-19)[2022-06-17]. http://www.xinhuanet.com/politics/2017-05/19/c_129607528.htm.

作机遇,后者也将为浙江共同富裕示范区的建设注入更多动力,形成良性循环,在"一带一路"协调发展中推进共同富裕。浙江坚持陆海统筹、山海互济,率先探索"一带一路"区域协调发展的新路径,在"一带一路"共建进程中做好共同富裕的示范作用。共同富裕不仅是物质富裕,还包括精神富裕。以精神富裕引领"一带一路"建设,目的就是强调文化对于实现民心相通的重要意义。实现民心相通的立足点之一就是促进人文交流,使浙江文化与其他文化碰撞融合,让其他国家的民众听懂浙江故事,理解浙江理念,从而搭建起民心相通的桥梁。

(三)历史基础:古代丝绸之路的重要起点

古代丝绸之路将中华文明、古印度文明、古巴比伦文明、古埃及文明等世界重要文明资源贯通起来,成为联结人类主要文明体系的通道。浙江是古代海上丝绸之路的起点之一,地处我国东部沿海乃至欧亚大陆东部漫长海岸线的中间点,是西太平洋北方航线和南方航线的交接点。浙江自古以来就是我国对外开放的门户和对外交往的前沿,在海上丝绸之路尤其是在东亚地中海航线乃至南太平洋航线的开拓中,浙东先民古越族人居功甚伟。[1] 这种区位优势在现代世界航运网络中的地位更加突出。在唐宋元明海上丝路的繁盛时期,浙江三大港城杭州、宁波、温州,三大特产丝绸、瓷器、茶叶,三大群体使臣、僧人、舶商,在我国海外贸易和对外文化交流中起到了重要作用。

二、传统领域人文交流深入开展

浙江与"一带一路"沿线国家的人文交流年深日久,在医疗、教育、文化等传统领域积累了丰富的经验和丰硕的成果,为民心相通打下了深厚基础。

(一)医疗合作走深走实

浙江与"一带一路"沿线国家的医疗合作已取得很大进展。

首先,开展对外物资、技术输出。浙江积极做好对重点国家医疗物资援助任务。新冠肺炎疫情暴发后,浙江与"一带一路"沿线国家保持密切沟通,提供医疗设备、检测试剂、药品等抗疫物资,保持跨境货物的运输畅通。[2] 截至 2020

[1] 张晓芬. 在"一带一路"背景下,浙江——优势在手,未来可期//浙江省社会科学界联合会. 浙江打造"一带一路"战略枢纽研究学术研讨会论文集. 杭州:浙江省社会科学界联合会,2018:131-132.
[2] 商务部国际贸易经济合作研究院. 中国"一带一路"贸易投资发展报告 2021. 北京:商务部国际贸易经济合作研究院,2021.

年 9 月,浙江已向"一带一路"相关国际友城、友好组织及驻华使领馆等捐赠各类防疫物资 152 批,总金额约 3000 万元人民币;举办了 2020 浙江出口网上交易会,帮助意大利、澳大利亚等国家约 140 余家防疫物资采购商连线 100 余家浙江本土企业,达成意向成交额超 5000 万欧元。① 2020 年 11 月,省商务厅牵头发起"浙江企业自愿为非洲国家捐赠抗疫物资活动",10 多个非洲国家收到了浙企的捐赠物资。其中,浙江东方基因生物制品股份有限公司向南非捐赠 10 万剂价值 25 万美元的新冠检测试剂,这批捐赠是南非政府收到的来自中国民间最大的捐赠之一。② 作为中国–中东欧国家医院合作联盟首批成员单位,2018 年年初,浙大一院与马来西亚卫生部临床研究院签署谅解备忘录,将最先进的医疗技术和资源输送到印度尼西亚、匈牙利、捷克、马来西亚等国家。浙江省中医院与以色列麦卡碧医疗中心开展临床合作,把浙江的中医药技术逐步推广到以色列 70 多家诊所。③

其次,执行援外医疗任务。1968 年至 2020 年,浙江向"一带一路"沿线部分非洲国家派遣医疗队 56 批、1166 人次,累计为当地患者提供门急诊服务超 1226 万人次。④ 新冠肺炎疫情暴发后,浙江迅速组织抗疫医疗专家组赴意大利、马里、纳米比亚等国开展国际医疗援助。组建境外应对指导专家组,举办疫情防控经验和技术交流会,向当地医疗机构介绍防控措施和方案,制作外文版《防控新冠肺炎之中国经验》幻灯片和新冠肺炎公众防疫手册,将国内临床实战医疗经验直通受援国,协助受援国共同应对疫情、服务当地侨胞。⑤ 2022 年 6 月,浙江省嘉兴市选派 10 名医护人员前往中非共和国,开展为期 18 个月的援非医疗工作。自 1968 年派出嘉兴市第一医院内科医师陈山春参加浙江首批援马里医疗队以来,嘉兴市共派出 27 批次、86 人次医疗队员援非。⑥

最后,搭建多元载体平台。浙江建立了互联网医院海外侨胞健康关爱咨询平台。全省多家医疗机构接受多国主流媒体采访,与多国顶级医院开展视频连

① 对标"重要窗口"目标定位　在国际抗疫合作中展现浙江担当. 中国经贸导刊,2020(17):69.
② 新冠测试剂捐赠仪式在省商务厅举行. (2021-07-16)[2022-06-13]. http://zjydyl. zj. gov. cn/text/rwjl/ylws/202107/307550. html.
③ 这座桥,让"一带一路"民相亲. (2018-11-08)[2022-06-13]. http://zjnews. china. cn/jrzj/2018-11-08/153235. html.
④ "疫往情深·浙非同行",部分非洲国家驻华使节浙江行交流会在杭举行. (2020-09-15)[2022-06-13]. https://baijiahao. baidu. com/s? id=1677888737997844579&wfr=spider&for=pc.
⑤ 对标"重要窗口"目标定位　在国际抗疫合作中展现浙江担当. 中国经贸导刊,2020(17):69.
⑥ 第 19 批援中非中国医疗队浙江嘉兴启程:使命在怀　大爱无疆. (2022-06-13)[2022-06-14]. http://zjydyl. zj. gov. cn/text/rwjl/ylws/202206/309157. html.

线,为当地重症患者全程会诊。百余篇论文发表于《柳叶刀·精神病学》《英国医学杂志》等国际知名学术期刊。面向国际多角度多渠道分享浙江抗疫经验,营造良好国际舆论氛围,取得务实抗疫成果。① 2022 年 1 月,在中以建交 30 周年之际,浙江大学"一带一路"国际医学院与以色列耶路撒冷希伯来大学医学院签署合作备忘录。② 浙江省中医院还在以色列雷德曼学院建立中医药教育中心,帮助其构建全面的中医人才培养体系。"浙派中医"国际影响力不断提升,浙江与以色列、罗马尼亚、白俄罗斯共建的"一带一路"中医药中心,被列入国家中医药管理局中医药国际合作专项建设项目,并成为全国样板。浙江还在葡萄牙科英布拉大学和南非西开普大学成功建立两家中医孔子学院,举办匈牙利"中医健康养生展"等。

(二)教育培训成果丰富

教育合作是人文交流的重要组成部分。浙江与相关国家的教育合作在培养高端人才、助力教育外交中作用突出。

首先,搭建合作平台。浙江设立了全国首个中意(意大利)人才交流合作国家级试点,全国首个"一带一路"产教协同联盟(宁波),以及全国首个"国际学生教育教学指导委员会",并启动了"一带一路'丝路学院'"建设。"丝路学院"为浙江省境外办学机构的统称,涵盖人才培养、技能培训、国别研究、政策咨询、文化交流等,重点鼓励高校与"走出去"企业携手,到"一带一路"沿线国家举办境外合作办学机构。2022 年 6 月,首批"一带一路'丝路学院'"确定为 29 所。③ 目前,"丝路学院"针对马来西亚、柬埔寨、白俄罗斯等 30 多个"一带一路"沿线国家开展了各类培训项目,共举办 80 期培训,培训人数 7300 余人。培训涵盖了水电站设备运行维护、港口综合物流技术、继续教育创新能力提升、保育教育领导力提升等内容。④

其次,培养外籍人才。浙江高校通过学历教育和短期培训两种方式对"一带一路"沿线国家的人才进行培养。例如,浙江师范大学长期从事对非文化和

---

① 对标"重要窗口"目标定位 在国际抗疫合作中展现浙江担当. 中国经贸导刊,2020(17):69.

② 浙江大学国际医学院"牵手"以色列希伯来大学,打造"一带一路"医学高峰. (2022-01-26)[2022-06-13]. http://zjydyl.zj.gov.cn/text/rwjl/ylws/202201/308669.html.

③ 首批 29 所入选!浙江公布"一带一路'丝路学院'"名单. (2022-06-13)[2022-06-14]. http://news.10jqka.com.cn/20220613/c639730973.shtml.

④ 加快职业教育"走出去"步伐——浙江省全力培育"一带一路'丝路学院'"品牌. (2022-05-10)[2022-06-14]. http://jyt.zj.gov.cn/art/2022/5/10/art_1229634286_58937210.html.

教育交流,建有非洲研究院、中非国际商学院,设有"非洲学"交叉学科硕士点、博士点,每年有 1000 多名非洲留学生在该校学习,每年培训非洲汉语人才数万人。温州大学自 2016 年起大量招收"一带一路"沿线国家留学生,其中三分之二来自非洲国家和地区。① 截至 2020 年 6 月,金华职业技术学院为"一带一路"沿线 60 多个国家培养了 1000 多名留学生。自 2017 年始,杭州科技职业技术学院分批为南非培养了模具制造专业、电子商务专业学历教育留学生 62 人次。2017 年 10 月,浙江商业职业技术学院成立中尼商学院,几年来,共接收了 214 位尼泊尔留学生。宁波职业技术学院作为商务部"中国职业技术教育援外培训基地",已经为来自 122 个发展中国家的官员、技术人员等培训达 3326 人次。从 2017 年开始,浙江旅游职业学院相继成立中俄旅游学院、中塞旅游学院和中意厨艺学院,近年来共招收来自南非、中非、斯里兰卡、孟加拉国、越南、俄罗斯、土库曼斯坦等"一带一路"沿线国家留学生 218 人。温州职业技术学院成立了"海外人才联络站",服务海外温州企业及人才引进。②

最后,推进教育国际化。浙江高校通过积极推进与"一带一路"沿线国家教育机构合作办学,为"一带一路"建设培养中国海外建设需要的人才。浙江大学在"一带一路"教育合作中具有重要定位,于 2016 年成为中东欧管理发展协会(CEEMAN)理事会成员。宁波大学与中国-中东欧国家投资贸易博览会组委会办公室签约翻译教学实践基地,选派翻译硕士专业学生驻点开展专业实践。浙江交通职业技术学院在东南亚和非洲建有 4 所"鲁班学校"(包括东盟国家首个"鲁班学校",该校位于柬埔寨)、2 所"丝路交通学院",培训了 2800 余名海外员工。金华职业技术学院在卢旺达建设了海外分校,联合开展职业技术教育与培训,现已成为卢旺达北方省最大的职业技能培训中心。浙江经济职业技术学院发起成立了"一带一路"国际应用型人才培养协作联盟并担任秘书长单位,在柬埔寨设有"浙经院-柬创院国际教育中心",开展对"一带一路"沿线国家职业教育官员、师生的各类培训。③

---

① 这座桥,让"一带一路"民相亲. (2018-11-08)[2022-06-13]. http://zjnews. china. com. cn/jrzj/2018-11-08/153235. html.

② 周易知,游路湘. 高职院校高质量参与"一带一路"建设人才培养研究——以浙江为例. 南京开放大学学报,2022(1):40-44.

③ 周易知,游路湘. 高职院校高质量参与"一带一路"建设人才培养研究——以浙江为例. 南京开放大学学报,2022(1):40-44.

(三)文化交流不断深化

随着网络文学的兴起,以咪咕公司为代表的浙江数字阅读企业纷纷布局"一带一路"市场,与亚马逊等海外企业联合开发电子阅读器,截至 2018 年 1 月,已有约 100 部文学作品上线,访问用户已超 400 万。浙江教育出版集团还为马来西亚出版了高中理科教材。泰国、印度尼西亚、越南和蒙古等国购买了《甄嬛传》《芈月传》等优秀网络小说的版权。截至 2017 年 1 月,浙江出版联合集团及其下属的浙江文艺出版社向欧美主流国家及"一带一路"沿线国家版权输出累计逾 150 余项。[①] 截至 2017 年 12 月,浙江出版联合集团与沿线国家进行合作出版的品种已达 100 余种,涉及 20 多个国家,包括俄罗斯、马来西亚、印度、孟加拉国、吉尔吉斯斯坦、伊朗、哈萨克斯坦、蒙古、塞尔维亚、波兰、罗马尼亚、捷克、匈牙利等。莫言、麦家、王旭烽、沈石溪等中国著名作家的作品已经在这些国家实现了多语种翻译出版。浙江省新华书店集团与尚斯国际出版公司合办了俄罗斯第一家中文书店——尚斯博库书店,第二家建在吉尔吉斯斯坦首都比什凯克,这也是中亚及吉尔吉斯斯坦第一家中文书店。

三、新兴领域人文交流日益凸显

浙江与"一带一路"沿线国家在人文交流中不断开辟新的领域,近年来在科技、旅游、媒体、智库、影视等领域的合作不断加强,为浙江深入"一带一路"建设发挥了独特作用。

(一)科技合作受到关注

"一带一路"倡议提出以来,浙江积极构建多元化、多层次的科技创新合作机制,全面谋划推进浙江与"一带一路"沿线国家的科技交流、联合研究等合作,精准实施科技政策和人才政策,构建有利于创新创业的最佳营商环境和一流城市生态。

一是积极拓展政府间合作。浙江省科技厅制定了《浙江省推进"一带一路"建设科技创新合作实施方案》,截至 2018 年 7 月,浙江已经与以色列、捷克、芬兰、葡萄牙中部大区等 10 余个沿线国家和地区签订了政府间科技合作协议,并设立和启动了联合研发项目计划;与泰国科技部、俄罗斯西伯利亚科学院、乌克

---

① 莫言透露新作将翻译成"一带一路"沿线国家文字. (2017-08-25)[2022-06-14]. http://www.chinaqw.com/zhwh/2017/08-25/158973.shtml.

兰国家科学院等签署了政府间合作协议。二是加大项目支持力度。2014年开始,浙江就与重点合作国家共同设立了产业联合研发计划,与加拿大、芬兰、以色列、葡萄牙、捷克等国采取对等支持方式,共同支持双方科技企业的产业研发合作项目,共资助项目22项,资助金额达3160万元人民币。其中,支持"一带一路"项目19个,资助金额达2900万元人民币,项目合作单位涵盖10余个沿线国家和地区。三是积极打造国际科技合作平台。浙江根据前期《关于引进"大院名校"联合共建科技创新载体的若干意见》《关于对引进大院名校共建科技创新载体实行以奖代补的意见》落实情况,积极谋划引进和设立海外创新载体。截至2018年7月,浙江共有国家级科技合作基地40家,在以色列等国牵头设立海外创新孵化中心7家,累计引进落地浙江项目163个,人才226人。[①] 2020年,共有32家省级国际科技合作基地,3家省级海外创新孵化中心创建单位和培育单位,12家省级"一带一路"联合实验室,5家省级企业海外研发机构。[②] 2021年,杭州电子科技大学与奥地利MUT环保技术与机械设备工程有限公司、维也纳技术大学合作的"人工智能与先进制造联合实验室"成功入选第三批"一带一路"联合实验室建设名单。[③] 四是参与或举办国际科技交流活动。2016年,浙洽会国际高技术展示对接会共有来自以色列等15个国家和地区的政府、企业、科研院所和技术转移机构的90余名外国代表参会,携带350余项技术成果与浙江企业对接。连续举办日本专家浙江行、浙江国际科研医疗仪器设备技术交流展览会等活动,持续打造国际技术对接交流品牌。浙江国际科研医疗仪器设备技术交流展览会影响力逐渐增大,累计引进国际先进科研、医疗器械价值总额超过100亿元人民币。浙江还打造了世界青年科学家峰会、国际学术交流中心、浙江院士之家、浙江省青年高层次人才协会等品牌活动和载体。2021年,浙江全方位深化国际科技精准合作,与挪威、新加坡联合设立双边产业创新合作项目,双边签约国家和地区累计达9个,数量位居长三角第一、全国前列。浙江开展国际科技合作载体绩效评价工作,新认定国际科技合作载体53家。[④]

---

① 浙江省科技厅设立"一带一路"国际科技合作项目.(2018-07-28)[2022-06-14]. https://www.yidaiyilu.gov.cn/xwzx/dfdt/61261.htm.

② 浙江公布2020年度国际科技合作载体认定名单.(2020-12-07)[2022-06-14]. https://m.gmw.cn/baijia/2020-12/07/1301910714.html.

③ 浙江省新增1家国家级"一带一路"联合实验室.(2021-09-02)[2022-06-14]. http://www.most.gov.cn/dfkj/zj/zxdt/202109/t20210902_176657.html.

④ 浙江省科学技术厅2021年工作总结和2022年工作思路.(2022-03-14)[2022-06-14]. http://kjt.zj.gov.cn/art/2022/3/14/art_1229514792_4892711.html.

（二）旅游交流受到追捧

世界旅游联盟总部落户杭州，浙江"东亚文化之都"城市数量位居全国首位，缔结友城和建立友好交流城市关系总数超过 500 对，成功举办"美丽中国·诗画浙江"主题展览、"丝绸之路上的跨文化对话""万人游非洲"等大型文旅交流活动，以及国际海岛旅游大会（会址永久落户舟山）、世界乡村旅游大会（会址永久落户湖州吴兴）、中国（宁波）中东欧国家旅游合作交流会等重大旅游主题活动，有力地打响了浙江的国际知名度和影响力。浙江正在成为越来越多沿线国家人民的旅游目的地，各类面向海外游客的"私人定制"旅游路线相继推出，一批重大旅游资源和投资项目相继落地，并与相关中东欧国家和旅游企业签订了合作协议。[①] 宁波和匈牙利签署了旅游合作备忘录，中国国旅（宁波）国际旅行社和捷克达成了互送客源协议，金华旅游文化推介会开展了德国和奥地利专场。在 2017 年中国（宁波）中东欧国家旅游合作交流会上，慈溪安徒生丹麦童话乐园、洋山航海旅游特色小镇、温州梦幻海湾度假城等 26 个项目成功签约，总签约额近 800 亿元。温州创建了世界华商综合发展试验区，金华创建了中非文化合作交流示范区，青田创建了华侨经济文化合作交流试验区，打造了一批"一带一路"特色窗口。[②]

（三）媒体交流日益密切

浙江不断加强与浙商背景的华文媒体合作，建设"1＋11＋N"省市县英文网站和海外社交媒体集群，打造海外文化矩阵。在传播模式、手段上，《浙江日报》将重点定位在建立与海外媒体的全媒体融合交流机制，与"一带一路"沿线国家媒体实行新闻交流合作，互换稿件，互设专栏，围绕华人华侨诠释浙江故事。该报与沿线媒体合作出版了《今日浙江》专版和新媒体专题专栏，同时还开设了英、日文版和新媒体专题，专版分别在美国《侨报》、法国《欧洲时报》、澳大利亚《华厦传媒》、美国《世界日报》、南非《非洲时报》、日本《静冈新闻》等近 10 家媒体上刊出，同时在合作媒体的电脑端和移动端刊发。该报版面从原来的每月 3 个扩大到 2017 年的每月近 20 个，年刊发版面 200 个以上，新媒体专题专栏 200

① 这座桥，让"一带一路"民相亲.(2018-11-08)[2022-06-13]. http://zjnews.china.com.cn/jrzj/2018-11-08/153235.html.

② 陈睿宁. 在打造"一带一路"战略枢纽中浙江文化产业更好更快"走出去"的对策建议//浙江省社会科学界联合会. 浙江打造"一带一路"战略枢纽研究学术研讨会论文集. 杭州:浙江省社会科学界联合会,2018:133-141.

个以上,年总发稿量在万篇以上。[①] 另外,浙江还积极畅通海外传输渠道。温州市利用在世界 131 个国家和地区的 68 万驻海外温州人,建设海外"传播官"队伍,实施海外传播基地建设工程,让国际友人讲中国故事,让温籍华侨讲家乡变化,探索海外传播的新路子。浙江博尚电子有限公司在中东迪拜成立了视博国际传媒集团,成为全球首家 L 波段移动卫星"非洲之星"(AfriStar)在中东及北非地区的电视运营商。目前,该平台向中东、北非地区的观众提供中国文化、体育、商贸的直播卫星电视和广播移动收看收听服务。在吉尔吉斯斯坦,浙江金华邮电工程有限公司创办了德龙电视台,24 小时不间断免费转播我国卫星电视频道,传播中国好声音。[②]

(四)智库合作持续推进

2011 年,浙江师范大学创立"中非智库论坛",至 2022 年已举办 11 届会议,该论坛已经成为中国与非洲国家学术思想界和智库机构共同推进落实中非全面合作、提供维护发展中国家独立知识产品与思想智慧的重要平台,其中有多届会议在浙江举行。2021 年,根据浙江省委、省政府提出的《建立完善智库大成集智工作建议方案》工作部署,浙江省"一带一路"研究智库联盟正式成立,由浙江师范大学非洲研究院牵头,首批成员单位由省内 15 个高校的区域国别研究机构共同组成,2022 年更名为浙江省区域国别与国际传播研究智库联盟。浙江围绕"一带一路"建设等研究领域,已组建 10 个智库联盟,区域国别与国际传播研究智库联盟是全省第 4 个成立的智库联盟。该联盟的主要任务是建设"一带一路"研究协同平台,开展重大项目攻关研究,打造高端人才队伍,构建具有中国气派和浙江特色的"一带一路"话语体系。浙江师范大学长期深耕非洲以及"一带一路"沿线国家,充分发挥国家和省内高端智库试点单位及各类研究机构的作用,积极开展决策咨询、投资贸易促进等研究,深化智库国际合作交流,形成了非洲学术研究、汉语国际推广、涉非人才培养、对非校际交流、中非经贸合作五大领域的良性互动、协同发展的格局,是浙江省对外智库合作交流的重要

① 鲍洪俊,章建民. 以国际视角讲好"一带一路"的浙江故事——浙江日报报业集团海外版的实践与启示. 新闻战线,2017(9):18-20.
② 陈睿宁. 在打造"一带一路"战略枢纽中浙江文化产业更好更快"走出去"的对策建议//浙江省社会科学界联合会. 浙江打造"一带一路"战略枢纽研究学术研讨会论文集. 杭州:浙江省社会科学界联合会,2018:133-141.

阵地。2021年11月,浙江举办中国(浙江)-捷克智库论坛,[①]持续增进中国(浙江)与中东欧(捷克)各类主体理解互信,推进宽领域合作交流,拓展国际合作网络,助力浙江省参与"一带一路"建设。

(五)影视交流方兴未艾[②]

影视作为生动形象的文化窗口,对推动交流有重要作用。浙江横店影视产业实验区与中国出口信用保险公司签订了出口保险合作协议,降低了影视企业作品出口风险,促使实验区影视出口大增。正午阳光集团向韩国出口《琅琊榜》,使得"琅琊榜"成为韩国网民热门搜索词;花儿影视出品的《芈月传》已被10多个国家和地区买下版权;在哈萨克斯坦,浙江影视剧《神医喜来乐传奇》《全家福》等受到当地观众的喜爱。华策影视海外发行已覆盖全球180多个国家和地区,实现了"一带一路"沿线主要国家全覆盖,并与10余家海外知名网络媒体达成数字贸易合作协定,影视出口覆盖美洲、欧洲、亚洲等大洲的40多个国家和地区,网络年播出时长超过1万小时。中国(浙江)影视产业国际合作区正式入选国家文化出口基地。合作区以提升中华文化国际传播力和竞争力为目标,打造以出口为导向的影视作品创作生产和出口产品译制的重要平台、中华文化"走出去"的重要窗口、中国影视产业国际化发展的重要基地。依托合作区,华策影视、华谊兄弟、爱奇艺等数十家企业,共同发起成立了中国电视剧(网络剧)出口联盟。联盟通过联合议价、联合推广,打造中国影视品牌的国际影响力,推动影视产业升级。

四、浙江省打造"一带一路"人文交流枢纽的建议

"一带一路"人文交流追求的是发展,崇尚的是共赢,传递的是希望。面向未来,浙江需继续以人文交流为国际合作的支柱,以"一带一路"统领浙江新一轮对外开放,加快培育参与国际竞争与合作的新优势,全力打造"一带一路"人文交流枢纽工程,努力成为参与"一带一路"建设的排头兵。

---

① 推动中国与捷克务实合作,助力"一带一路"建设——中国(浙江)-捷克智库论坛在杭举办.(2021-12-01)[2022-06-13].https://www.zjskw.gov.cn/art/2021/12/1/art_1229556934_43176.html.

② 陈睿宁.在打造"一带一路"战略枢纽中浙江文化产业更好更快"走出去"的对策建议//浙江省社会科学界联合会.浙江打造"一带一路"战略枢纽研究学术研讨会论文集.杭州:浙江省社会科学界联合会,2018:133-141.

（一）打造汉语文化圈，强化语言支撑

"命运与共，需要语言互通。"[1]"一带一路"通用语中，除英语、俄语、阿拉伯语等语种使用人口较多外，日常生活中普通民众使用更多的是民族语言、地方方言，大多是不常见的小语种，彼此之间沟通困难。中国是"一带一路"的倡导者，也是主要建设者，汉语文化圈在一定意义上标识着文化共同体的存在，汉语在"一带一路"沿线国家和地区具有重要地位。[2] 因此，浙江应该抓住"一带一路"建设机遇，促进汉语国际教育，打造汉语文化圈。一是要提升个体汉语能力。加强对"一带一路"沿线国家高水平本土汉语教师队伍的培养，提升对相关友城汉语教师的培训力度，选拔知识基础扎实且业务能力较强的优秀汉语教师到浙江进修，有效提高其汉语教学质量。提供"语言＋专业"的 CSP（专门用途汉语）课程教育。探索开办丝路汉语预科教育，设立"丝路汉语预科班"，为"一带一路"沿线国家的优秀留学生提供本、硕、博不同层级的系统性汉语预科教育。[3] 二是要拓宽汉语教育渠道。灵活采取不同的汉语国际人才培养方式，在坚持高校常规教育的同时探索校企合作教育模式，做好学历教育，重视短期培训、继续教育、学术交流、游学和文化体验项目等多种教育形式。三是要打造汉语传播基地。借鉴湖南省"汉语桥"比赛的经验，打造浙江国际汉语传播实践基地、研究基地和汉语明星人才选拔基地，对每一位汉语学习者的基本信息和汉语学习方法、经历等进行详细记录，建立"世界汉语明星数据库"，加强对国外教学环境及学习群体的案例研究，为打造"汉语圈"提供理论支撑和参考范例。

（二）提升软硬巧实力，优化文化传承

为建成"中国气派、古今辉映、诗画交融"的文化强省，在率先实现社会主义现代化上走在前列，着重构建纵横交织、贯通古今、山海呼应、串珠成链、覆盖全域的"两地五区一带"文化建设格局，浙江需着眼于"硬实力"和"软实力"的协同聚合能力，使人文交流更有韧性、更可持续。一是要提升硬实力。浙江可探索建设完整的文化产业链。增强文化创新能力，包括内容创新、科技创新、观念创新，将文化与科技融合，走产学研相结合的道路。增强文化经营实力，构建开放、自由、全面、多元化的文化市场体系，鼓励民营企业进入文化产业领域，促进

① 李宇明. 语言与人类文明. 中国社会科学报,2021-02-09(A01).
② 李丹. 构建"一带一路"文化共同体的基础条件与现实路径. 中国人民大学学报,2021(6):165-175.
③ 张婧姝,赵丹宁. "一带一路"背景下中突人文交流发展研究. 阿拉伯研究论丛,2022(1):19-38.

文化产业可持续发展。二是要提升软实力。要大力塑造各领域的文化品牌，既重"量"，又重"质"，实现以宋韵文化为代表的浙江历史文化的创造性转化和创新性发展，把具有浓厚浙江特色的文化门类和文化精品推向世界。进一步挖掘浙江历史文化资源，提升文化信息资源共享，打造新时代浙江文化高地，进一步对接和发展"八八战略"中加快建设文化大省的"四梁八柱"，开拓浙江文化发展新高地，推动文化建设取得新突破。三是要提升"巧实力"。通过深入的市场调研，在文化产品、营销渠道、市场细分等方面，充分运用经营智慧、竞争策略和传播手段等软硬实力的协同聚合，发挥"巧实力"，深入了解对象国的文化需求，运用对象国能够接受的表述方式和营销方式，促进企业竞争力、产业竞争力和人才竞争力彼此拉动，提高资本、技术、渠道、产品、人才、制度和管理相互渗透的综合效果，推动浙江文化产业"走出去"获得持续的竞争优势。[①]

（三）凝聚多方力量，拓展交流平台

分布在"一带一路"沿线国家和地区的广大浙商、浙籍华人华侨以及浙江学者是浙江在人文交流领域的宝贵资源，具有在地化优势、流动性优势、跨国性优势。为了拓展与"一带一路"沿线国家和地区的交流平台，浙江可以从以下三方面凝聚已有资源。一是要打造浙商"一带一路"服务平台。发挥互联网优势，依托云计算、物联网和大数据等技术，建立全球浙商信息互联互通互享服务平台，为浙商提供政策指导、项目信息、资金融通、法律咨询、金融资讯、危机公关等，为浙商"走出去"规避一定风险，推动浙商参与"一带一路"项目落地。二是要强化浙籍华人华侨凝聚力。浙江可从浙籍侨商群体中选择德才兼备的代表人士，为他们参政议政、建言献策、报效家乡创造条件。定期举办浙籍华人华侨文化论坛、艺术文化节等文化交流活动，在沿线国家浙籍华人华侨聚集地区建设文化展示中心，凝合浙籍华人华侨对家乡和祖国的向心力。注重对华人华侨资源的妥善利用，正确引导其对祖国的文化认同，尊重他们在身份认同等方面的不同诉求，塑造华人华侨的命运共同体意识，以及双赢、多赢和共赢的理念，增强其对家乡的向心力，为浙江建设"一带一路"人文交流枢纽工程注入强大动力。[②]三是要构建研究学术共同体。从"一带一路"人文外交顶层设计、推动全球治理

---

① 刘早荣,陈苑. 中美人文交流的结构性困境与应对. 江汉大学学报（社会科学版）,2022(2);15-26, 125.

② 吴燕,尚维来. "一带一路"倡议下江苏对外人文交流的战略规划. 湖北开放职业学院学报,2020 (17);110-111,114.

体系变革的主动作为等视角选题,加强与沿线国家研究合作,建立高效的"一带一路"研究合作纽带,在重要领域、方法上推出高质量的研究报告。浙江学术界、智库界要重视以儒家思想为核心的传统"浙学",从时代出发,以整体史、全方位的视野,丰富"浙学"的新时代内涵,构建理论体系,阐释研究好"浙学"与"一带一路"的关系,凸显"浙学"品牌,扩大影响力。

(四)高质量协同创新,助力行稳致远

要克服"一带一路"建设中的重重困难和障碍,需要政策、内容、表达、评估四方面协同并进、精准发力,推动与沿线国家优势互补、互利共赢,为浙江参与"一带一路"建设打下良好的社会根基和民心基础。一是要做到政策灵活化。要建立并完善人文交流政策和相关机制,为打造"一带一路"人文交流枢纽提供保障和依据,确保人文交流的可持续性和稳定性,提升人文交流的层次和质量,打造地方政府对外人文交流合作的典范。二是要做到内容特色化。浙江可继续深耕人文交流合作品牌,尤其是海洋人文交流和数字人文交流的创新路径,做到有的放矢、因国施策,形成更多可视性成果,努力把"浙江品牌"转化为建设"一带一路"的生产力、竞争力和长远发展动力。三是要做到表达分众化。浙江要针对不同的国家构建不同的传播策略,锚定对象国的文化习俗、话语体系和媒体习惯进行分类表达,寻找浙江与其的共通点进行切入,以对象国更易接受的方式,实现浙江故事"走向世界"。四是要做到评估多元化。要重视对人文交流"做得怎么样"进行总结,制定人文交流效果评估与反馈机制,对交流主体、内容、路径、机制等进行自我评估,并结合目标受众评估和第三方评估等方式,多管齐下,及时协调解决人文交流过程中出现的各类问题,推动浙江打造"一带一路"人文交流枢纽行稳致远,为构建新发展格局、践行全球发展倡议贡献浙江力量。

(审校:周　倩)

区域国别报告

浙江省与非洲合作交流的现状、特点与前景

卢秋怡

摘要：浙江是中国对非合作的重点省份。近年来，浙江与非洲以共建"一带一路"为背景，以构建中非命运共同体为追求，以互利共赢、共同发展为目标，在政策沟通、经贸联通、民心相通等多方面取得了丰硕的合作交流成果。互利互惠、合作共赢、友好往来始终是双方往来的主旋律。双方在长期的合作交流中逐步形成了以政府为主导、企业为主体、需求为基础、优势为路径、智力为助推的多位一体的联动合作交流模式。新冠肺炎疫情背景下，浙江与非洲合作的韧性凸显，并展示出广阔的发展前景。在后疫情时代，双方应以强化优势、补齐短板、抓住机遇、开拓创新为发力方向，携手共建健康、绿色、数字、创新丝绸之路，加大浙江与非洲合作交流的广度和深度，为构建更高水平的中非命运共同体贡献地方力量。

关键词：浙江省；非洲；"一带一路"；中非命运共同体；新冠肺炎疫情

作者简介：卢秋怡，法学博士，浙江师范大学非洲研究院（非洲区域国别学院）助理研究员。

一、浙江省与非洲合作交流的现状

浙江省是中国对非合作的重要省份，也是地方开展对非合作的重要窗口。在中国与非洲共同建设"一带一路"的背景下，近年来，浙江省与非洲在政治、经贸、人文等多方面的合作稳步拓展，取得了务实的合作交流成果。

（一）高层往来频繁

扎实推进"一带一路"建设离不开地方政府与中央政府的协调与共同努力。近些年来，浙江省政府在中非深入推进发展合作的大背景下，高度重视发展与

非洲各国的友好关系。据统计,2010 年至 2021 年,先后有 40 多个非洲国家和国际组织的官员到访浙江省交流合作。[①] 2018—2019 年,南非总统拉马福萨、塞内加尔总统萨勒、多哥总统福雷、津巴布韦总统姆南加古瓦、埃塞俄比亚总理阿比等非洲领导人相继到访浙江省共商发展合作。浙江省政府领导也多次赴非寻求发展合作,如时任省委书记车俊、时任省政协主席葛慧君、时任省长袁家军也于 2018—2019 年先后率团访问非洲,会见了包括卢旺达总统卡加梅、毛里求斯代总统沃亚普里、津巴布韦总统姆南加古瓦等在内的非洲领导人,并共同交流双边关系的进一步发展。新冠肺炎疫情暴发后,双方政府也展示了进一步合作以应对当前共同挑战的愿望。2020 年 9 月,袁家军会见了由 23 个非洲国家驻华使节及非盟驻华大使组成的使节团,各方就如何抗击新冠肺炎疫情交流了经验,并进一步围绕疫情之下如何开展浙非合作进行了探讨;2022 年 1 月,南非驻华大使谢胜文、埃塞俄比亚驻华大使托加、吉布提驻华大使米吉勒等一行到访浙江省文化和旅游厅,各方就建立战略合作伙伴关系、增设航班、举办文旅主题活动等议题深入交换了意见,并表达了强烈的合作愿望。可以说,近年来,浙江省与非洲的高层频繁互访在扎实推进浙非交往方面取得了实际性成果,不断推动浙非合作迈向更高水平、更高质量发展。

(二)经贸联系加深

非洲是浙江外贸进出口与浙江企业"走出去"的重点地区。据悉,2016—2020 年,浙江是中国对非进出口额最大省份,其中对非出口额占全国的四分之一。[②] 2017 年,浙江对非贸易额为 257.3 亿美元,占全国对非贸易额的 15.2%,与 2010 年相比提高了 5 个百分点,其中,浙江对非进口额为 39.8 亿美元,同比增长 77.1%。[③] 2018 年,浙江对非贸易额为 301 亿美元,其中,浙江对非进口额为 50 亿美元,同比增长 24%。[④] 2020 年,浙江对非贸易额为 341.1 亿美元,占

① 6 个浙江案例入选《中非经贸合作案例方案集》 数量居全国第三. (2021-09-26)[2022-05-01]. https://zj.ifeng.com/c/89nndvAdzob.
② 浙非经贸合作呈现新形态. (2021-09-27)[2022-04-30]. http://www.zj.xinhuanet.com/2021-09/27/c_1127906694.htm.
③ 这些年,浙江人的"非洲情缘". (2018-09-02)[2022-05-17]. http://zjnews.zjol.com.cn/zjnews/201809/t20180902_8162780.shtml.
④ 中国(浙江)-非洲投资贸易对接会顺利举办. (2019-07-02)[2020-05-02]. https://zcom.zj.gov.cn/art/2019/7/2/art_1384590_35237457.html.

全国对非贸易总额的 18.2%。① 据浙江省商务厅消息,2018—2020 年,浙非贸易额连续 3 年超 300 亿美元,占全国中非贸易额的 15% 以上;②2021 年 1—7 月,浙江对非出口额为 182.7 亿美元,同比增长 18.2%,占全国总量的 24%;进口额为 40.3 亿美元,同比增长 55.9%。③ 此外,浙江对非投资也迅速发展,对非出口遍布非洲地区,贸易商品的结构也日益多元化。截至 2017 年年底,浙江累计对非投资额达 30.8 亿美元,经浙江省商务厅核准或备案的在非浙江企业超过 525 家。④ 据悉,"十三五"期间,经备案(核准),浙江在非洲累计投资 142 家企业,对外直接投资备案额为 17.71 亿美元,投资主要集中在非金属矿物制品业、采矿业、纺织服装业等行业;浙江企业在非洲完成对外承包工程营业额 82.57 亿美元,新签合同额 44.26 亿美元。⑤ 截至 2022 年 2 月底,浙江对非投资备案额为 45.51 亿美元,对非投资项目 572 个,投资行业遍布纺织业、批发业、有色金属矿采选业等行业。⑥ 还值得一提的是,浙江省对非合作蓝图中明确提出,到 2022 年年底,对非贸易总额力争达到 400 亿美元,占全国份额的 20% 以上;对非累计投资力争达到 40 亿美元,并在非洲建立 3 个省级以上境外经贸合作区。⑦ 简言之,浙非不断增长的贸易额和投资量体现了双方经贸往来强劲发展的态势。

(三)人文交流密切

在共建"一带一路"背景下,浙非双方在推动民心相通方面成果显著。在卫生合作方面,浙江长期以来承担了对马里、中非以及纳米比亚三国的医疗援助任务,从 1968 年至 2021 年,浙江累计派出医疗人员超 1100 人次,救治病人超

---

① 浙江对非合作走在全国前列 将举行中非经贸论坛. (2021-10-29)[2022-05-02]. http://focac. org. cn/dfhz/202110/t20211031_10416861. htm.

② 6 个浙江案例入选《中非经贸合作案例方案集》 数量居全国第三. (2021-09-26)[2022-05-01]. https://zj. ifeng. com/c/89nndvAdzob.

③ 浙非经贸合作呈现新形态. (2021-09-27)[2022-04-30]. http://www. zj. xinhuanet. com/2021-09/27/c_1127906694. htm.

④ 这些年,浙江人的"非洲情缘". (2018-09-02)[2022-05-17]. http://zjnews. zjol. com. cn/zjnews/201809/t20180902_8162780. shtml.

⑤ 浙江-非洲共建"一带一路"经贸合作对接会举行 共商发展. (2021-09-27)[2022-05-01]. http://news. zjnu. edu. cn/2021/0927/c8451a368998/page. htm.

⑥ 以"丝路电商"扩展"一带一路"经贸合作,"非洲好物网购节"在浙江启动. (2022-04-29)[2022-05-01]. http://zj. cnr. cn/zjyw/20220429/t20220429_525811023. shtml.

⑦ 浙非经贸合作行动计划公布 六大举措支持浙企开拓非洲市场. (2019-03-01)[2022-05-03]. http://js. zjol. com. cn/ycxw_zxtf/201903/t20190301_9566178. shtml.

万人次。① 2021年,浙江是全国各省(市、区)中援外培训承办单位最多、承担援外培训项目最多、培训人次最多的省份;2019—2021年,共承办商务部对非援助培训项目200余期,培训学员人数4200余人。② 浙江对非医疗援助不仅对受援国的医疗卫生事业做出贡献,还有力地服务于中国对非外交大局。在教育和培训方面,教育长期以来都是中国对非合作的重要组成部分,尤其是职业教育领域的合作。浙江省教育厅数据显示,2019年浙江共招收非洲留学生13150人,来自非洲47个国家,占浙江外国留学生总数的31.8%;虽然受新冠肺炎疫情影响,2021年7月在册非洲留学生仍有7000余人,占浙江外国留学生总数的40.52%。③ 另外,截至2022年5月,浙江师范大学、浙江工业大学、宁波职业技术学院、杭州职业技术学院、金华职业技术学院等20余所浙江院校结合自身的办学特色与非洲高校建立了合作关系,其中6所高校在非建立共8所孔子学院。浙非高校在对非人才培养、区域国别研究、合作办学等方面取得了丰硕的合作交流成果。在旅游文化交流方面,近年来,影视、展览、旅游、文化团体交流成为双方加深了解,增进友谊,夯实合作的有效方式。有《老爸的心愿》《妈妈的花样年华》《少年阿凡提》等一批优秀影视作品走进非洲,纪录片《我从非洲来》2018年在央视中文国际频道首播,为双方加深了解提供了窗口;还有浙江・南非文旅合作交流大会(2019)、"万人游非洲"(2019)、"非洲情・婺州缘"中非文化合作交流摄影展(2020)、中非友好合作图片展(2021)等一系列活动也顺利举办;更有如来自莱索托、尼日利亚、坦桑尼亚三国的陶艺创作艺术团等非洲文化交流团、非洲12国文化代表团到访问浙江,均促进了浙非文化、经贸、人员等要素的流动。

(四)服务平台发展迅速

在中非合作深入推进、中非经贸快速发展的新时代背景下,结合浙江发达的数字经济和电商服务优势,一批浙非合作交流服务平台应运而生,影响力较为广泛的有以下几个。其一,中非桥跨境贸易服务平台。该平台创建于2016年,以"搭建中非贸易服务桥梁,打造中非青年创客平台"为使命,已先后与10

---

① 浙江援外医疗50周年 仁心医术搭建中非友谊之桥. (2018-12-11)[2022-05-10]. http://zjnews. china. com. cn/yuanchuan/2018-12-11/157795. html.
② 浙江对非合作走在全国前列 将举行中非经贸论坛. (2021-10-28)[2022-05-03]. http://news. zjnu. edu. cn/2021/1028/c8451a372242/page. htm.
③ 浙江省教育厅关于省政协十二届四次会议第370号提案的答复. (2021-07-02)[2022-05-10]. http://jyt. zj. gov. cn/art/2021/7/2/art_1229266358_4674431. html.

余个非洲国家的政府、商协会、高校及企业等建立了紧密合作关系,为国内100多个地方政府或企业提供了现代商贸服务,获得了广泛关注和普遍认可,成为促进浙非乃至中非经贸合作发展的重要桥梁。[①] 其二,2016年由阿里巴巴提出的世界电子贸易平台(eWTP)。该平台旨在促进公司对话,推动相关规则的建立与数字基础设施的建设,助力全球发展中国家、中小企业、年轻人更加便利地参与全球经济发展。[②] 该平台已于2018年、2019年先后落地卢旺达与埃塞俄比亚,进一步推动了浙非共建共享21世纪"数字丝绸之路",成为双方发展合作的亮点。其三,2018年中非民间商会在杭州设立的办事处。该办事处的设立意在积极推动企业参与"一带一路"建设,搭建中非企业间友好交流的合作平台,为浙江企业提供精准的优质服务,帮助浙商"走出去",深化企业交流合作。其四,2020年中非民间商会、浙江省商务厅、浙江省工商联、浙江师范大学、杭州钱塘新区管委会等多方携手共建的浙非服务中心。该中心在文化交流、信息发布、人才培育、经贸服务等多方面为中非合作交流提供一站式服务。截至2021年9月,1500多家中国企业和4000多家非洲企业因浙非服务中心的服务获得了实实在在的效益。[③] 以上致力于服务浙江与非洲企业的平台,对推动中非合作走深走实做出了积极的贡献。

(五)机制化建设颇有成效

交流合作的机制化建设也为浙非的持续合作注入了有效动力,目前浙非在论坛举办、会议交流和地方政府往来方面取得了一定成绩,较为重要的有如下几个。第一,中非智库论坛。该平台2011年由浙江师范大学非洲研究院发起,2012年被正式纳入中非合作论坛框架中,经过10余年的发展,已经成为促进中非互学互鉴、互利共赢、共享共建的重要对话与交流的机制性平台之一。第二,中非文化合作交流周暨中非经贸论坛。该平台由金华市政府与浙江师范大学联合设立,是落实2018年浙江省开放大会上提出金华要全力建设"中非经贸文化合作交流示范区"的重要举措之一;自2018年举办以来获得了广泛的社会反响,影响深远,2022年升级为部省合作项目,成为深化"一带一路"务实合作的又一具有影响力的机制性交流平台。第三,地方政府交流的机制化建设。根据浙

---

① 更多关于该平台的信息,请参见其网站:http://www.zhongfeiqiao.com/Index/about.html.
② 古有丝绸之路,今有eWTP打造的"数字贸易之路".(2017-05-24)[2022-05-03].http://kpzg.people.com.cn/n1/2017/0524/c404389-29295835.html.
③ 浙非经贸合作呈现新形态.(2021-09-27)[2022-04-30].http://www.zj.xinhuanet.com/2021/09/27/c_1127906694.htm.

江省人民政府外事办公室 2020 年 6 月公布的信息,浙江的省、市级政府已至少与 14 个非洲国家的省(州、大区)、市建立了 26 对友城或友交关系,[①]不仅成为夯实浙非友好合作民意和社会基础的重要路径,也是浙江加强与非洲国家在各领域合作的重要渠道之一。以上交流合作的机制化建设不仅在帮助政界、企业界、学界、媒体界团结力量、凝聚共识、共同发展方面取得了积极成效,还为服务中非关系走向更高水平的发展合作注入了持久动力。

二、浙江省与非洲合作交流的特点

在共建"一带一路"的推动下,浙江省与非洲的合作交流无论在广度还是深度上均稳步拓展,双方交往呈现出鲜明的特征,真诚友好、互利共赢、共同发展始终是浙非合作的底色。

(一)服务中非发展合作,推动地方经济发展

浙非合作交流服务于中非关系与地方发展。在中非合作论坛的框架下,中国与非洲于 2006 年建立新型战略伙伴关系,2015 年升级为全面战略合作伙伴关系,2018 年双方提出要构建更加紧密的中非命运共同体,2021 年提出推动构建高水平中非命运共同体,并先后以"八项举措"(2006)、"十大合作计划"(2015)、"八大行动"(2018)、"九项工程"(2021)等务实举措为合作主线,推动中非关系不断向好发展。在中非共建"一带一路"的大背景下,作为中国对非合作重要省份,浙江结合自身对非洲的合作优势,通过多项政策与行动服务中国对非合作大局。2019 年 3 月,浙江发布的《浙江省加快推进对非经贸合作行动计划(2019—2022 年)》,围绕规划指导、产业对接、设施联通、贸易畅通、数字经济、人文交流六大重点领域积极布局浙非合作,开创了国内地方出台对非经贸合作计划的先例,为浙非往来做好积极谋划与服务。在中央统筹规划、地方协调落实的推动下,浙江一大批优秀企业和项目在非洲落地、扎根、开花、结果,有效地推动了两地的经济发展,同时成为推动非洲包容性经济发展的重要力量之一。例如,浙江华友钴业、巨石、正泰、建投、阿里巴巴、中地海外水务、宁波中策等一批优秀企业扎根非洲,积极推动了浙非、中非的经贸互利合作,为两地经济发展带来了实实在在的好处。2019 年与 2021 年,浙江多家企业入选《中非经贸合作案例方案集》,数量位居全国前列,成为引领中非合作的地方对非合作典范。

---

① 浙江省友好关系一览表.(2020-06-19)[2022-04-30]. http://fad.zj.gov.cn/art/2020/6/19/art_1229135651_515340.html.

（二）基于自身特色优势，立足各自发展需求

浙江与非洲的合作交流高度契合彼此的发展需求。浙江具有区位优势明显、人文积淀深厚、块状特色产业突出、市场经济体制相对完善的优势，经济发展水平的不断提升对其内外开放程度提出了更高的要求。非洲成为浙商"走出去"的重要新兴市场。非洲国家拥有巨大的人口红利和丰富的资源储备，制造业极具发展潜力，大多有着迫切的发展和改革意愿，对资金、人才、技术、经验等发展要素的需求较大。因此，蓬勃发展的浙非合作不仅是浙江省与非洲国家探索积极参与"一带一路"建设、推动构建中非命运共同体的重要体现，同时也迎合了浙江企业开拓国际市场和非洲国家寻求发展合作的现实需求，互利互惠、合作共赢、友好往来得以成为双方合作交流的主旋律。双方在长期的发展合作中逐步形成了以政府为主导、企业为主体、需求为基础、优势为路径、智力为助推的多位一体的联动合作交流模式。例如，浙江华友钴业股份有限公司联合浙江大学、刚果（金）卢本巴希大学合作开发的华友-刚果（金）现代农业示范园区，是企业牵手高校并在政府的支持下联合推进浙非互利合作的优秀范例，获得了中国农业农村部和商务部、联合国粮农组织与刚果（金）等多方的高度肯定。还值得一提的是，浙江的数字化优势同样为推动中非合作行稳致远发挥了积极的作用。例如，2022年"第四届双品网购节暨非洲好物网购节"浙江专场通过线上直播间、线下展厅和非洲原产地多方联动的创新模式，助力非洲国家优质特色产品出口，帮助非洲小店接入中国电商平台。可以说，在疫情与数字经济发展的背景下，电子商务等新贸易形态成为浙非经贸务实高效合作的助推器。

（三）以节点城市为支撑，引领浙非合作交流

长时间以来，义乌在浙非往来尤其是经贸往来方面扮演了相当重要的角色，是撬动浙江与非洲合作交流的一个重要支点。非洲是义乌重要的出口市场之一，义乌则是非洲对外贸易的重要节点城市之一。义乌拥有全球最大的小商品市场，在浙非合作中具有显著的商贸优势，在新冠肺炎疫情暴发前吸引了50多个非洲国家的3000余名外商常驻进行采购，同时也是服务全国中小企业对非贸易的重要城市。2020年，义乌对非出口额达663.11亿元，占义乌出口总额

的 22.1%,占全国对非出口总额的十二分之一。① 2021 年,义乌对非洲进出口总额达 762.6 亿元,同比增长 14.5%。② 不仅如此,义乌在数字化引领商品市场现代化高质量发展方面走在全国前列,其"买全球、卖全球"的全球化贸易功能和地位,在推动、引领浙非经贸合作中发挥了相当积极的作用。义乌的"非洲产品展销中心"(搭建于 2011 年)经营着来自非洲 29 个国家和地区的 5000 余种特色产品,成为推动优质的非洲商品通过义乌走进中国乃至走向世界的重要集散地。此外,2019 年 eWTP 全球创新中心落户义乌后,义乌在创新进出口贸易模式、建设智慧物流枢纽等方面也做出了有益尝试,成为数字化经济快速发展背景下推动浙非合作的重要力量。

三、浙江省与非洲深化合作交流的建议

蓬勃发展的浙江省与非洲的合作交流,不仅是双方积极推动"一带一路"建设、构建中非命运共同体的重要体现,还是浙江省不断提升自身对外开放水平和非洲国家寻求发展合作的现实需求。如何在"危"与"机"并存的今天进一步深化浙非的合作交流,不仅意蕴深厚,而且影响广泛。为此,笔者建议以"强化优势,补齐短板,抓住机遇,开拓创新"为主要发力方向,进一步激发浙非交往的活力,携手构建更高水平的中非命运共同体。具体的推进路径建议如下。

(一)进一步发挥民营企业优势

中国是非洲最大的投资来源国之一,其中民营企业是对非投资的主力军,2020 年民营企业对非投资约占中国对非投资的 70%。而浙江是中国民营企业发展的强省,民营经济是其发展的特色与优势。2021 年,中国民营经济 500 强企业中,浙江的数量连续 23 年居全国第一,浙江的民营经济创造增加值占全省生产总值的 67% 左右。③ 可以说,浙江的民营企业在推动中非合作方面大有可为,尤其在推动非洲现代化与工业化进程以及浙商"走出去"方面可发挥重要作用。一方面,这是由于非洲国家拥有丰富的资源储备、巨大的人口红利、极具发

① 深耕非洲市场 打造中非经贸合作示范窗口. (2021-12-02)[2022-05-20]. https://mp.weixin.qq.com/s? biz = MzI2NzkyOTMwNA = = & mid = 2247491266&idx = 2&sn = 1a57de8f104aac80245 b27e73f9ac935&chksm = eaf60d75dd818463a6641103c3a3a365b0f96546f776739fac1156b2bc1a63e8 b83bc2b485bc♯rd.

② 2021 年义乌市国民经济和社会发展统计公报. (2022-04-04)[2022-05-20]. http://www.yw.gov.cn/art/2022/4/4/art_1229143247_3967254.html.

③ 浙江省第十四次党代会以来经济社会发展成就之民营经济篇. (2022-05-05)[2022-05-10]. http://tjj.zj.gov.cn/art/2022/5/5/art_1229129214_4920185.html.

展潜力的制造业,且大多有着迫切的发展和改革意愿,对资金、人才、技术、经验等各发展要素的需求较大;另一方面,浙江具有区位优势明显、块状特色产业突出、市场经济体制相对完善的优势,且希望以更高水平的开放促进更高质量的发展。显然,进一步发挥民营企业的优势不仅高度契合彼此的发展需求,也将服务于推动中非合作提质增效的大局。未来如何进一步发挥民营企业优势,稳步落实浙江民营企业走进非洲、扎根非洲,在更大程度上激活浙非合作交流的活力,已成为当前思考推进浙非合作的关键问题。

(二)进一步发挥院校智库作用

2021年8月发布的《中国企业投资非洲报告》指出,中企对非投资的问题主要体现在:缺乏长期规划;中国企业之间缺乏协作,存在同质化竞争;欠缺海外经营经验和抗风险能力;跨文化交流沟通能力弱,与当地社区交流沟通和融入不足;缺乏金融、法律、商事、财税等专业服务机构支持;民营企业尚未形成可持续的投融资模式与支持体系。① 而院校智库可以在企业"走向非洲""落地非洲""扎根非洲"的各个发展阶段提供建设性支持与服务,在人才培养、智力支持、对外传播与民心相通等方面为浙非往来发挥更加积极的作用。在当前复杂的形势下,应当考虑进一步拓展和发掘院校智库在浙非合作交流中的职能,并建立"院校智库+企业+政府"的三方合作交流机制,以在人才培养、投资咨询、信息交流等方面开展广泛合作,实现智力支持与企业需求和政府谋划的有效衔接,从而助力浙江企业深入了解非洲不同区域、不同国家、不同合作对象的需求并予以响应,推动浙非务实合作的提质升级。

(三)重视构建有为政府与有效市场

商品、资金、人才、服务等市场要素的自由流动离不开规则、管理、标准、规划等制度性要素的协调谋划。要进一步激发浙非交往的活力,"服务型的有为政府"对打造高活力市场至关重要。现阶段,浙江企业对非投资大多缺乏长期规划,尚未形成可持续的投融资模式与支持体系,且投资较为分散,难以形成聚合作用,同时还存在同质化竞争的现象。对此,省政府可基于浙江块状特色产业优势,结合投资国国情,联合在非的浙商力量,加大对境外产业合作园区建设的支持力度,为企业在非的经营活动提供良好的环境秩序和高质量的服务,从

---

① 《中国企业投资非洲报告》发布会举行.(2021-08-26)[2022-05-15]. http://world.people.com.cn/n1/2021/0826/c1002-32209784.html.

而在当地建立具有辐射力和影响力的产业集群。非洲国家也可通过建立工业园与经济特区来招商引资,提升本国的竞争力。因此,政府方面需要以问题为导向,积极协调谋划,重视建设政府的公共服务职能,在更大程度上激活浙非合作交流的活力。例如,面对疫情之下企业的生存与发展难题,省政府可以通过提供补助等方式帮助一些受疫情影响较大的在非企业渡过短期难关,而非洲国家政府也可以通过减免税收、租金等途径稳定在非投资企业等。

(四)重视数字化服务贸易的潜力

新冠肺炎疫情背景下,数字化服务贸易在推动浙非合作方面不仅展示出强大的活力与创新性,还展现出广阔的发展前景与潜力,符合未来双方经济发展的趋势。2020年,浙江的民营经济产业结构已呈现出"三、二、一"的格局,第三产业成为份额最大的产业领域,[①]并开始从传统领域向信息传输、软件和信息技术服务业等新兴领域拓展。而新冠肺炎疫情也使得非洲的数字化建设及应用处于加速发展的状态。跨境电商、远程医疗、在线教育、共享平台、协同办公等服务被广泛应用,在促进浙非经济稳定和疫情防控方面发挥了重要作用。因此,在疫情常态化的背景下,数字化服务贸易的高质量发展应当成为双方加强合作交流的重要路径。此举不仅高度契合浙江推动"数字浙江"建设和"以信息化带动工业化"的发展战略,而且还有助于消除非洲存在的"数字鸿沟",并提升数字化服务贸易在非洲的普惠性和可及性。

(五)稳步拓展浙非合作新领域

新冠肺炎疫情大大限制了国际人员流动和贸易活动,全球供应链危机正从多方位渗入生产及消费领域。但疫情的风险同时也伴随着新的机遇,尤其是各国政府和企业开始意识到打造更加独立、更有韧性的供应链与价值链的必要性。当前此种变化突出表现在:数字经济、新基建、5G等新业态更抓人眼球;医疗卫生、绿色经济、高端服务业迎来了重要的发展契机;全球供应链、产业链与价值链的调整和升级也出现了难得的发展机遇。现阶段非洲国家仍普遍面临着应对新冠肺炎疫情和气候变化、缓解民生压力、加强能力建设、恢复和发展经济等迫切需求,而浙江恰在数字经济、特色产业、绿色发展等方面优势突出。可以说,当前阶段是浙非加强相关产业链联系的重要机遇,也应成为浙江优化产

---

① 浙江省第十四次党代会以来经济社会发展成就之民营经济篇. (2022-05-05)[2022-05-10]. http://tjj.zj.gov.cn/art/2022/5/5/art_1229129214_4920185.html.

业链与非洲加快融入全球产业链的重要契机。展望未来,双方可围绕健康、绿色、数字、创新等新领域培育合作新增长点,共同推动浙非间的合作交流向广度拓展、向深度推进,共建"健康丝绸之路""绿色丝绸之路""数字丝绸之路"和"创新丝绸之路"。

（审校：王　珩）

浙江省与东南亚国家经贸合作的基础与前景

张　璐

摘要：东南亚是"21世纪海上丝绸之路"建设的首选区域,涉及"一带一路"倡议框架下六大经济走廊中的两条,即中国-中南半岛国际经济合作走廊和孟中印缅经济走廊。2020年,东盟已经超过欧盟成为中国的第一大贸易伙伴。本研究报告利用"一带一路"数据库、海关数据、"2020年东南亚电子商务报告"等数据资料,翔实探究了共建"一带一路"背景下中国与东南亚商贸合作的现状,"一带一路"背景下浙江省与东南亚地区贸易投资的现状,并在此基础上,从抓住《区域全面经济伙伴关系协定》(RCEP)发展机遇、降低民营企业经营壁垒、树立"入乡随俗"经营策略、完善风险防范体系4个方面提出建议。

关键词：浙江省;东南亚;"一带一路";经贸合作

作者简介：张璐,管理学博士,宁波大学中东欧经贸合作研究院讲师。

一、共建"一带一路"背景下中国与东南亚国家经贸合作的现状

东南亚是"21世纪海上丝绸之路"建设的首选区域,涉及"一带一路"倡议框架下六大经济走廊中的两条,即中国-中南半岛国际经济合作走廊和孟中印缅经济走廊。在两大经济走廊的推动下,中国与东南亚国家[①]的商贸合作不断加强。

2017年至2020年,大多数东南亚国家与我国的进出口贸易总额均呈现稳步增长态势。其中,越南与中国的进出口贸易总额在东南亚国家中排名第一。2020年,我国对越南进出口值约为1.33万亿元人民币,占同期我国对东盟进出口总值的28%,占比较2019年提升2.8个百分点,增速势头强劲(见表1)。

---

① 本文主要阐述与中国签订《区域全面经济伙伴关系协定》(RCEP)的东南亚国家,包括印度尼西亚、缅甸、泰国、柬埔寨、老挝、越南、菲律宾、马来西亚、新加坡、文莱,即东盟十国。

表1　2017—2021年东盟各国与中国进出口商品总值(亿元人民币)

国别	年份				
	2017年	2018年	2019年	2020年	2021年(1—7月)
越南	8240.69	9772.72	11181.70	13282.83	8431.95
马来西亚	6510.99	7163.50	8556.82	9093.13	6141.11
泰国	5427.93	5769.12	6326.19	6834.80	4805.07
新加坡	5368.45	5452.53	6211.30	6179.51	3381.85
印度尼西亚	4287.91	5100.42	5502.76	5431.52	4133.98
菲律宾	3474.71	3669.72	4204.21	4234.45	2880.97
缅甸	912.65	1003.56	1288.96	1306.23	685.31
柬埔寨	392.48	487.60	649.68	661.21	472.03
老挝	204.78	229.64	270.26	247.50	168.42
文莱	66.97	121.45	76.23	134.57	103.37
总值	34887.55	38770.27	44268.11	47405.76	31204.07

数据来源:中华人民共和国海关总署统计快讯.[2022-10-01]. http://www. customs. gov. cn/eportal/ui? pageId=302275.

东盟从2020年一季度开始,已经超过欧盟,成为中国第一大贸易伙伴。2021年前7个月,中国与东盟贸易总值约为3.12万亿元人民币,与2020年同期相比增长24.6%,占中国外贸总值的14.6%,保持快速增长态势。欧盟为中国第二大贸易伙伴。2021年前7个月,中国与欧盟贸易总值约为2.96万亿元人民币,同比增长23.4%,占中国外贸总值的13.9%。同一时期,中美贸易总值约为2.62万亿元人民币,同比增长28.9%,占中国外贸总值的12.3%;中国与拉丁美洲贸易总值约为1.59万亿元人民币,同比增长35.1%,占中国外贸总值的7.45%。[①]

中国与东南亚积极推动双方在互联网经济行业、基础设施行业、制造业等领域的合作,加强互联互通,采取积极措施促进商贸发展。

(一)东南亚互联网经济行业市场前景广阔

东南亚互联网经济已经步入高速增长期。即使在全球经济复苏放缓的情况下,2020年东南亚互联网经济的商品交易总额(GMV)仍超过1000亿美元,

① 2021年7月进出口商品主要国别(地区)总值表(人民币值). (2021-08-07)[2022-03-01]. http:// www. customs. gov. cn/customs/302249/zfxxgk/2799825/302274/302275/3807932/index. html.

预计到 2025 年,东南亚互联网经济 GMV 将增长 2 倍,达到 3000 亿美元。①

越南和印度尼西亚的数字经济仍在以两位数高速增长。2019—2020 年,印度尼西亚、越南、泰国、菲律宾、马来西亚各国数字经济均呈现正增长,仅有新加坡出现了 24% 的负增长。尽管如此,新加坡依然是东南亚地区电子商务繁荣的关键推动者,孕育着数量众多的独角兽公司(例如 Lazada、SEA 集团)和广阔的创业生态系统。②

不仅如此,东南亚大部分国家人口平均年龄低、年轻化特征显著,互联网经济发展潜力巨大。根据世界银行的统计(见表 2),除了泰国和新加坡以外,其他国家 0—14 岁人口占总人口百分比都超过中国(17.7%)。从 PopulationPyramid 网站数据来看,印度尼西亚和菲律宾的人口结构呈金字塔形,20 岁以下的人口占比分别为 34.7%③、40.1%④,而中国仅为 23.5%⑤。

表 2　东盟国家和中国人口结构情况

国别	0—14 岁的人口占比/%	15—64 岁的人口占比/%
老挝	31.9	63.8
柬埔寨	30.9	64.2
菲律宾	30.0	64.4
印度尼西亚	25.9	67.8
缅甸	25.5	68.3
马来西亚	23.4	69.4
越南	23.2	68.9
文莱	22.3	72.1
中国	17.7	70.3
泰国	16.6	70.5
新加坡	12.3	74.3

数据来源:世界银行. 0—14 岁的人口(占总人口的百分比). [2022-04-01]. https://data. worldbank. org. cn/indicator/SP. POP. 0014. TO. ZS? view=chart;世界银行. 15—64 岁的人口(占总人口的百分比). [2022-04-01]. https://data. worldbank. org. cn/indicator/SP. POP. 1564. TO. ZS? view=chart.

---

① 谷歌,淡马锡控股集团,贝恩咨询. 2020 年东南亚电子商务报告. (2020-11-10)[2021-10-01]. https://www. bain. com/globalassets/noindex/2020/e_conomy_sea_2020_report. pdf.
② 谷歌,淡马锡控股集团,贝恩咨询. 2020 年东南亚电子商务报告. (2020-11-10)[2021-10-01]. https://www. bain. com/globalassets/noindex/2020/e_conomy_sea_2020_report. pdf.
③ Indonesia 2019. [2022-04-15]. https://www. populationpyramid. net/indonesia/2019/.
④ Philippines 2019. [2022-04-15]. https://www. populationpyramid. net/philippines/2019/.
⑤ China 2019. [2022-04-15]. https://www. populationpyramid. net/china/2019/.

与此同时,东南亚地区社交媒体渗透率高。相较于 2019 年,东南亚 2020 年新增互联网用户 4000 万,总用户数量已达到 4 亿。限制出行期间,东南亚互联网用户每人每天的平均上网时长由 3.7 小时增长到 4.7 小时,其中菲律宾的互联网用户每人每天平均上网时长超过了 5 小时,位居榜首。疫情缓和后,东南亚互联网用户每人每天平均上网时长保持在 4.2 小时。[①] 根据市场研究机构 eMarketer 的统计,目前东南亚主要国家的电商渗透率都低于 5%。相较于中国、美国、英国等国家的成熟电商市场,东南亚国家的电商渗透率存在广阔的提升空间。

近年来,东盟各国出台数字化转型支持政策,积极致力于数字经济领域发展。2018 年,东盟各国签署了《东盟电子商务协议》,批准了《东盟数字一体化框架》。同年,中国与新加坡签署了《自由贸易协定升级议定书》,在原有的领域上新增了电子商务、竞争政策和环境 3 个领域。

2019 年,东盟制定了《〈东盟数字一体化框架〉行动计划 2019—2025》和《东盟面向"工业 4.0"的产业转型宣言》。2021 年,柬埔寨政府推出了《数字经济和数字社会政策框架(2021—2035)》,提出了五大发展目标。同年,马来西亚政府发布了《马来西亚数字经济蓝图》,计划在 2025 年创造 50 万个数字经济就业机会。新加坡政府在 2014 年、2020 年先后发布了"智慧国家 2025"的 10 年计划和《研究、创新与企业 2025 计划》,旨在建立数字经济、数字政府和数字社会,同时对人才发展规划加大投入。

2020 年 11 月,东盟十国携手中国、日本、韩国、澳大利亚和新西兰签署《区域全面经济伙伴关系协定》(RCEP),提出在数字经济、电子商务等新兴领域加强合作,共同拓展区域经济增长。2022 年 1 月,中国与东盟共同编制《关于落实中国-东盟数字经济合作伙伴关系的行动计划(2021—2025)》,为中国与东盟深入发展经贸合作提供保障。

可见,东南亚互联网经济存在 4 点特征:(1)各国数字经济高速增长;(2)互联网用户群体不断年轻化;(3)电商市场渗透率较低;(4)数字化转型支持政策相继出台。综上,受益于人口红利、数字化转型支持政策、迅速发展的数字经济等因素,东南亚互联网经济市场规模拥有广阔的发展空间。

---

① 谷歌,淡马锡控股集团,贝恩咨询. 2020 年东南亚电子商务报告. (2020-11-10)[2021-10-01]. https://www.bain.com/globalassets/noindex/2020/e_conomy_sea_2020_report.pdf.

(二)东南亚基础设施行业发展优势突出

得益于东南亚强劲的建设需求、广阔的市场空间、利好政策和成本优势等因素,东南亚地区成为"一带一路"沿线的地区中基建发展优势最突出的地区。

据统计,东南亚地区整体基础设施发展指数位于全球前列(见表3)。印度尼西亚得分131分,位居首位。马来西亚、菲律宾、越南和泰国得分均位列前10位。基础设施发展指数包括发展环境、发展需求、发展热度和发展成本等4个维度。据中国对外承包工程商会统计,就发展环境而言,东南亚得分位于榜首,新加坡得分连续10年居于第1位;就发展需求而言,东南亚基建市场需求连续3年呈现增长态势,为投资者提供了机遇;就发展热度而言,东南亚国家大力支持基础设施投资,项目进展受疫情影响相对较小,因此基建投资活跃度在"一带一路"沿线国家中处于领先地位。其中,菲律宾基建投资活跃度上涨幅度明显,市场吸引力较强。就发展成本而言,东南亚地区是经营成本和融资成本最低的地区。

表3 2021年东盟国家基础设施发展指数得分

全球排名	国别	得分	排名与2020年相比变动
1	印度尼西亚	131	不变
2	马来西亚	125	不变
3	菲律宾	125	不变
4	越南	124	↑1
6	泰国	120	↑9
12	新加坡	117	↑5
13	柬埔寨	116	↑3
17	老挝	112	↑2
21	文莱	110	↑5
32	缅甸	109	↓10

资料来源:2021年"一带一路"沿线国家基础设施发展指数报告.(2021-07-26)[2021-10-01]. http://www.199it.com/archives/1284762.html.

东南亚国家提出的基础设施建设的发展规划和愿景与"一带一路"倡议的"五通"中的"设施联通"高度契合。例如,印度尼西亚提出了"全球海洋支点"战略,越南提出了"两廊一圈"的愿景,柬埔寨发布了"四角战略"等。中国与东南亚地区共同建设重大铁路项目,例如马来西亚东海岸铁路、中老铁路、柬埔寨北线铁路、越南河内轻轨、印度尼西亚雅万高铁、中泰铁路等。此外,中国还投资了缅甸皎漂港、马来西亚关丹港等港口项目。中国与东南亚在基础设施建设方面的合作不断升级。

东南亚国家积极完善基础设施扶持政策。例如,越南政府积极出台政策,破除法律与关税壁垒,大力推进基础设施建设。2019年,本地和国际投资者在越南投资的太阳能项目占据了东南亚太阳能项目的近一半。2020年,越南政府继续扩大对公路、铁路、航海等交通项目的资金投入,积极提升基建现状。此外,RCEP也将助推签署国之间港口、机场、公路和电力等合作升级,为基础建设行业合作起到积极的促进作用。RCEP不仅有助于降低关税门槛和投资壁垒,也为企业投资东南亚提供了制度保障。

可见,东南亚基础设施建设市场存在广阔的提升空间。普华永道会计师事务所指出,电力和铁路建设将是东南亚地区的两大重要基础设施投资领域。[①]然而,在投资过程中,企业要注意政治体制、法律法规和疫情发展等不确定环境因素,做到未雨绸缪,并时常开展精细的风险管理。

(三)东南亚制造业能力逐步提升

基于经济增长吸引力、营商环境、关税政策制度、开放程度以及与我国海陆联通的地缘优势等多种因素的考量,东南亚目前是一个适宜制造业投资的区域。2013年至2019年,东盟制造业产值由4626.77亿美元上升至5491.05亿美元。虽然东盟制造业产值呈现出持续的稳增趋势,但是东盟各国的制造业水平发展不均衡。

据世界银行统计,在制造业增加值方面,印度尼西亚和泰国为第一梯队;马来西亚、新加坡、菲律宾和越南为第二梯队;其他国家为第三梯队。近年来,印度尼西亚的制造业增加值位居区域第一,达到2100亿美元。相较于其他国家,越南的制造业增加值在2016年至2020年间呈现明显增长态势(见表4)。[②]

从制造业进口占商品进口的比重来看,2019年东南亚国家中印度尼西亚、越南、泰国、新加坡、菲律宾、马来西亚六国的制造业进口占商品进口的比重均超过67%。其中,2019年越南制造业进口比重为78.24%,在东南亚地区中表

---

① 新形势下全球化转型与"一带一路"倡议的驱动力. (2021-02-26)[2021-06-10]. https://www.pwccn.com/zh/services/issues-based/globalisation-services/publications/transformation-driving-force-br-initiative-feb2021.html.

② 世界银行. 制造业,增加值(现价美元). [2021-09-01]. https://data.worldbank.org.cn/indicator/NV.IND.MANF.CD? name_desc=true&view=chart.

现强劲。据越南媒体的最新报道,越南外资增长趋势持续加强。越南的主要投资国家新加坡、日本和韩国还指出,今后将进一步扩大投资规模。随着越南政府升级版税收政策的出台,越南成为目前东南亚制造业投资热度最高的国家。

表 4　东盟国家制造业增加值(百万美元)

国别	年份				
	2016 年	2017 年	2018 年	2019 年	2020 年
印度尼西亚	191248.96	204748.97	207028.41	220502.28	210396.30
泰国	112205.10	123283.99	135358.56	139485.31	126596.41
马来西亚	65664.45	69713.86	77241.13	78197.76	75101.47
新加坡	55972.13	63918.46	78412.44	72834.41	69820.40
菲律宾	62419.95	64054.43	66240.76	69774.31	63882.61
越南	29283.70	34308.99	39225.65	43172.04	45272.98
柬埔寨	3201.72	3590.17	4017.34	4409.28	4180.00
文莱	1306.61	1535.20	1908.40	1832.14	1894.80
老挝	1228.35	1261.21	1338.05	1377.31	1461.33
缅甸	14128.66	16265.43	17009.78	—	—

数据来源:世界银行. 制造业,增加值(现价美元). [2021-09-01]. https://data.worldbank.org.cn/indicator/NV.IND.MANF.CD? name_desc=true&view=chart.

2022 年 3 月,在东南亚地区中,菲律宾制造业的表现最为强劲。菲律宾制造业采购经理指数(PMI)[①]为 54.3%,在区域内位居第一。马来西亚制造业PMI 为 49.6%,在连续 5 个月的扩张后转入萎缩状态。按照全球经济指标网站Trading Economics 的预测,预计到 2023 年,大部分东南亚国家制造业 PMI 均将超过 51.0%,菲律宾制造业 PMI 将保持在 53.0%。[②]

除老挝、缅甸和柬埔寨外,东南亚国家和地区的全球竞争力排名都在 100位之内,其中新加坡竞争力排名位于全球榜首。2019 年,世界银行公布了 190个国家的营商便利指数。该指数从 1 到 190 对经济体进行排名,排名越高,表示该经济体的法规环境越有利于营商,第 1 位为最佳。从营商便利指数来看,东南亚 7 个国家都位列全球前 100 位。受益于投资优惠政策、工业基础、开放程度、劳动力成本与可获得性等因素,大多数研究机构在其报告中持续看稳东

---

① 采购经理指数(PMI)通常以 50% 作为经济强弱的分界点,当 PMI 高于 50% 时,反映经济扩张;低于50% 时,则反映经济收缩。

② Forecasts. [2022-04-11]. https://zh.tradingeconomics.com/forecasts.

南亚制造业。

二、"一带一路"背景下浙江省与东南亚地区贸易投资的现状

(一)政策扶持方面:综合试验区、产业园、港口等呈现多点开花态势

浙江省与东盟十国的经贸合作逐步地走向机制化。具体来看,主要体现在以下 3 个方面。

一是创立了政府间扶持政策机制。例如,2020 年浙江省在全国率先开展了 RCEP 宣传培训。2021 年 8 月,省商务厅举办了 RCEP 知识专题视频培训,通过深度解读 RCEP 的各层面内涵,促进企业更好地认识协定内容和规则,为增强企业经贸合作发展提供高质量的意见建议。同年 12 月,省外贸工作办公室发布《浙江省落实 RCEP 三年行动计划(2022—2024)》。另外,自 2020 年开始,温州市政府积极响应国家号召,推出温州港物流扶持补助政策,为推进"一带一路"建设、深化与东南亚国家产能合作提供了坚实的支撑。此外,东盟推出了《东盟互联互通总体规划 2025》等相关政策,旨在推动区域一体化,进一步提高双边互联互通水平和质量。

二是建立了信息交换共享机制。通过举办博览会,建立综合试验区和境外经贸园区,积极加强双方经贸合作,努力推动与当地的联络交流。浙江省积极召开和参与国际贸易博览会,例如主办了浙江国际贸易菲律宾博览会,且鼓励企业家充分利用东盟博览会等平台开拓合作机会。同时浙江省大力推动建设杭州、宁波、义乌跨境电子商务综合试验区,并全面推进宁波"一带一路"综合试验区建设等。

与此同时,浙江省与东盟产业园建设也取得了积极进展和明显成效。浙江省通过成立境外经贸园区,加快推进与当地政府、银行、保险等机构的协作沟通,并取得了良好的经济效益。根据浙江省商务厅数据,在目前公布的 8 个优秀园区中,有 5 个是与东盟相关的境外合作园区,分别是泰中罗勇工业园、印尼纬达贝工业园区、越南龙江工业园、文莱大摩拉岛石油炼化工业园区、百隆(越南)纺织园区。此外,中柬国际农业合作示范园区被确定为良好园区。政府通过搭建交流平台,为促进浙江省与东盟的企业经贸合作发展创造了良好环境。

三是建立了经贸管理与数据分析机制。例如,2019 年绍兴成立了东盟经济研究院。该研究院主要提供东盟与中国经济预测、贸易走势、投资动态等方面的专业化分析,为浙江省与东盟十国在各领域的经贸合作提供了全面的信息支持。

（二）贸易联通方面：印度尼西亚、越南和泰国成为重要贸易伙伴

长久以来，东南亚是浙江省的重要贸易伙伴。RCEP 生效后将带动全球近三分之一的经济体量形成统一的超大规模贸易市场。图 1 反映了浙江省与东盟国家的一般贸易进出口额。据中国海关统计，在"一带一路"建设的背景下，印度尼西亚、越南和泰国成为浙江最重要的贸易伙伴。

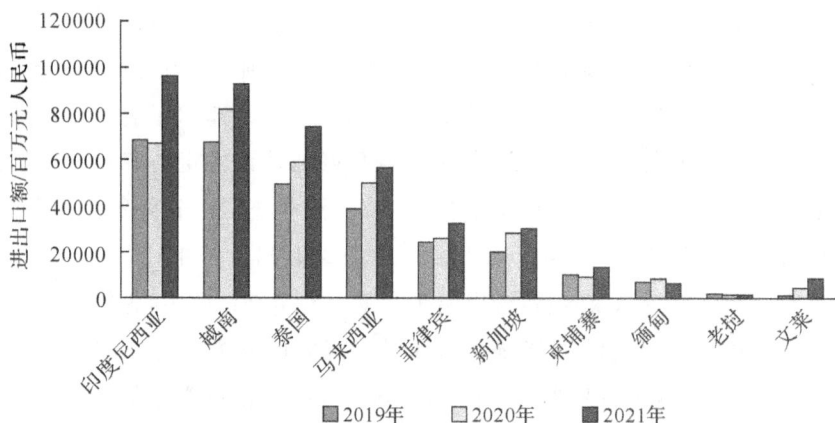

图 1　浙江省与东盟国家一般贸易进出口额

浙江省与主要市场对外贸易呈现稳步增长态势。中国海关的调查显示，近年来，浙江省与东南亚国家的经贸合作不断加强。2021 年，浙江与东盟十国的一般贸易进出口总额约为 4079 亿元人民币，较 2019 年增长了 41.9%（见表 5）。一般贸易进出口额增速排名前三的国家分别为泰国、马来西亚和文莱。

表 5　2019—2022 年浙江省与东盟国家一般贸易进出口额（百万元人民币）

国别	2019 年	2020 年	2021 年	2022 年 1—3 月
印度尼西亚	67863	67585	96385	27789
越南	66605	82413	92162	21957
泰国	49847	58773	73406	17839
马来西亚	38332	50149	56412	12420
菲律宾	24929	25636	31727	7162
新加坡	20847	28114	30071	8071
柬埔寨	9933	9518	12882	3585
缅甸	7395	8011	6087	2218

续表

国别	2019 年	2020 年	2021 年	2022 年 1—3 月
老挝	1120	1186	1201	218
文莱	562	4411	7555	1787
合计	287433	335796	407888	103046

数据来源:中华人民共和国海关总署统计快讯. [2022-05-01]. http://www.customs. gov.cn/eportal/ui? pageId=302275.

印度尼西亚是浙江省对外贸易发展的主要合作力量。2021 年,浙江省与印度尼西亚的一般贸易进出口总额达到约 964 亿元人民币,占浙江省与东盟一般贸易进出口总额比重的近 24%。这一年,印度尼西亚反超越南,成为浙江省最紧密的东南亚贸易伙伴。浙江省与印度尼西亚和越南的一般贸易进出口额约占浙江省与东盟一般贸易进出口总额的 46%,为第一梯队;浙江省与泰国和马来西亚的一般贸易进出口额约占 32%,为第二梯队;浙江省与其他国家的一般贸易进出口额约占 22%,为第三梯队。RCEP 红利的逐步释放,将推动浙江省与东南亚在制造业、科技研发和批发零售等行业的双边经贸合作再上新台阶。

一般贸易继续成为拉动全省出口增长的主力。2022 年一季度,浙江省与大多数东盟国家双边贸易额保持平稳趋势(见表 6)。受各国疫情影响,2022 年 2 月,大部分国家出现一季度最低进出口贸易额,3 月起贸易效益加快转好。2022 年 3 月,在东盟的 10 个国家中,与浙江省一般贸易进出额超过 40 亿元人民币的共有 4 个国家。双边贸易额有望进一步拓宽。

表 6 2022 年一季度浙江省与东盟国家一般贸易进出口额(百万元人民币)

时间	新加坡	老挝	文莱	印度尼西亚	马来西亚
2022 年 1 月	1916.3	122.4	357.0	12026.9	4915.2
2022 年 2 月	2916.4	47.5	805.8	6037.3	3192.5
2022 年 3 月	3238.6	48.4	623.7	9725.0	4312.4
合计	8071.3	218.2	1786.6	27789.2	12420.1
时间	菲律宾	泰国	越南	缅甸	柬埔寨
2022 年 1 月	2625.1	7303.3	9031.8	1013.6	1626.7
2022 年 2 月	1654.5	4114.6	4760.1	426.4	643.9
2022 年 3 月	2882.5	6421.3	8164.6	777.9	1314.2
合计	7162.1	17839.2	21956.5	2218.0	3584.8

数据来源:中华人民共和国海关总署统计快讯. [2022-05-01]. http://www.customs. gov.cn/eportal/ui? pageId=302275.

浙江省与东盟贸易彰显强大韧性。2022年一季度,浙江省与东盟一般贸易进出口总额达到1030亿元人民币。2022年1月,一般贸易进出口总额达到一季度的最高,较上年同期提高了28.6个百分点。受新冠肺炎疫情冲击和全球经济下行的叠加影响,2月,一般贸易进出口总额比1月下降了39.91%。[①] 3月,一般贸易进出口额为375亿元人民币,比2月的246亿元人民币提高了52.48%。2022年一季度以来,一般贸易进出口持续表现出较强的韧性。这一方面得益于我国抗疫政策的巨大比较优势,另一方面得益于浙江省在全省范围内开展的惠企政策。

三、浙江省与"一带一路"东南亚国家贸易投资的政策建议

(一)抓住RCEP发展机遇,助推企业贸易自由化

要充分认清RCEP对浙江省贸易自由化和便利化的重要意义,准确研判浙江省与东南亚地区的贸易形势,加大RCEP宣讲力度,开展RCEP政策研究工作,构建全面开放的东南亚贸易工作新格局。随着RCEP的落地实施,浙江企业可以关注印度尼西亚、越南、泰国和马来西亚等国,利用本省的技术优势和管理优势,依托当地的中国经贸园,进一步推动深化本省与东南亚国家经贸合作,实现更大的规模经济效应。

(二)全面做好贸易政策储备,降低民营企业经营壁垒

面对复杂的国际形势,特别是新冠肺炎疫情的冲击,浙江省民营企业进出口额依然增速稳健,为推动"一带一路"高质量发展做出了积极贡献。浙江省民营企业参与"一带一路"合作,必须考虑所在国家的营商环境。民营企业在东盟地区普遍面临产业基础不完善、当地政务环境风险、投资国货币利率频繁变动、原材料价格高等营商难题。[②] 例如,缅甸、老挝、越南、柬埔寨均存在宏观经济状况不佳、经济发展动力不足、治安状况不良等问题。

目前全球疫情起伏反复,世界经济复苏分化,更影响了企业的经营利润和接单意愿。因此,为了降低贸易公司的经营障碍,浙江要做好贸易政策储备,营

---

① 中华人民共和国海关总署统计快讯. [2022-05-01]. http://www.customs.gov.cn/eportal/ui?pageId=302275.

② "一带一路"沿线中国民营企业现状调查研究报告. (2020-02-20)[2021-10-01]. http://www.chinawyq.com/content.aspx? nsid=11285.

造良好的产业环境,降低企业成本,支持各类大中小微民营企业稳定生产;同时利用自由贸易试验区、境外经贸合作区、联动创新区、跨境电商综合试验区、国家级开发区等开放平台优化营商环境,激发民营企业加快国际化进程,推动形成浙江省参与"一带一路"贸易合作和竞争的新优势。

(三)"因地制宜"针对性选品,树立"入乡随俗"经营策略

互联网经济是"一带一路"未来发展的重要方向。面对东南亚区域互联网经济的现状,结合浙江省互联网经济的发展现状和高质量发展需求,笔者提出以下建议。

(1)以《浙江省数字经济五年倍增计划》等相关政策为指引,利用中国(杭州)、中国(宁波)跨境电子商务综合试验区平台,加快建设以东南亚国家数字经济为核心的新型贸易中心,为浙江和东南亚国家跨境电商注入新机遇,全面推动浙江与东南亚国家的经贸合作。充分利用浙江数字产业和港口区域的优势,与东南亚国家继续开展更深更广的国际化贸易合作。

(2)东南亚市场作为新兴的数字经济市场,得益于高速发展的经济实力、利好的政策和庞大的互联网用户群等优势,蕴藏着比欧美国家更具潜力的市场空间。由于东南亚市场差异化明显、各国风俗习惯差异较大、各国消费者偏好不同、消费水平偏低等特征,浙江贸易企业可利用自身优势,"因地制宜"地选择差异化电商产品和提供差异化服务,降低商品滞销风险,增大电商商家和平台的盈利。企业可制定"入乡随俗"的本土化经营策略,关注东南亚各国风土人情,提供具有核心竞争力的电商产品。

(3)东南亚地区存在人口结构年轻化、社交媒体渗透率较高、脸书(Facebook)广告触达率高等特征。[①]鉴于此,企业可通过热门消费娱乐平台,实现数字广告营销,在良好的政策环境和电商产品需求量大的叠加共振下,抓住东南亚的新科技革命和互联网经济转型变革机遇,增进浙江和东南亚国家的贸易合作,使得浙江和东南亚国家跨境电商出口交易额稳步增长。

(四)研究设立专门的风险应对机构,完善风险防范体系

投资者面临着诸多挑战,例如文化风俗、法律制度等方面的不同可能会对投资者带来一定的风险。据普华永道统计,东南亚国家向国际财务报告准则

---

① 跨境电商专题:东南亚蓝海千帆竞渡,社交单页电商轻舟御风. (2020-09-08)[2021-09-01]. https://pdf.dfcfw.com/pdf/H3_AP202009091409568204_1.pdf? 1599639043000. pdf.

(IFRS)的趋同程度较高,仅有老挝和文莱正在考虑制定趋同计划,其余国家均已开始趋同或已基本完成趋同。然而,大多数东南亚国家的经济实体都需要按照本国会计准则编制财务报表。[①] 另外,东南亚国家语言本土化严重,尤其在泰国、越南、印度尼西亚等国家,英语使用率较低。这些因素都加剧了浙江企业在东南亚地区的经营风险。

鉴于此,浙江可设立专门的东南亚国家投融资风险应对机构,引导贸易企业更好地把握国际经济的动态,了解目标国的商业和监管环境,在"走出去"时做好风险的事前防范。借助工商联分会开展信息调研,提供关于地方性法规、会计和审计准则、劳动仲裁的知识培训,搭建信息沟通平台等,为浙江投资者营造公平的跨境营商环境。利用大数据等科技,建立金融与融资、财务审计等专业的信息数据库,继续加强金融环境的软联通,分析浙江企业在东南亚地区可能面临的风险、挑战和机遇。

(审校:卢秋怡)

---

① "一带一路"沿线国家会计及资本市场环境报告. (2019-06-10)[2021-10-01]. https://www.pwccn.com/zh/research-and-insights/belt-and-road/hotspot/belt-and-road-countries-accounting-and-capital-market-environment-report. html.

浙江省与阿拉伯国家
合作交流的现状、特点与前景

周　玲

摘要：浙江省与阿拉伯国家是共建"一带一路"的友好合作伙伴，双方在经贸合作和人文交流方面的历史源远流长。推动共建中阿命运共同体是新时代浙江与阿拉伯国家交流的出发点和落脚点。促进双方的资源合理配置，弥补双方在能源科技等领域的不足，是浙江省在"一带一路"倡议下的历史使命之一。本文论述了浙江省通过与阿拉伯国家共建能源产业链、利用自身数字技术和应用优势，帮助阿拉伯国家进行数字化转型，强化与阿拉伯国家在海洋产业领域的合作，利用自身茶叶产业优势与阿拉伯国家茶饮品需求形成互补，以友好城市建设拓展人文交流等方式，开拓和阿方未来更广阔的合作交流前景，为推进中阿全面战略伙伴关系和推动构建新时代命运共同体，发挥更多"先锋浙江"作用。

关键词：浙江省；阿拉伯国家；"一带一路"

作者简介：周玲，浙江工商大学东方语言与哲学学院教授，硕士生导师。

2018年，习近平主席在中阿合作论坛第八届部长级会议开幕式上发表的重要讲话中，宣布中阿建立全面合作、共同发展、面向未来的战略伙伴关系，努力打造中阿命运共同体。浙江省作为民营经济高度发达的省份，数字化经济和开放程度较高，在参与对外经济文化交流和"一带一路"建设方面，与其他省份相比，既有共性又有特性。新冠肺炎疫情暴发以来，中国和阿拉伯国家风雨同舟，守望相助，坚定相互支持，开展密切合作，谱写了团结抗疫的时代佳话，成为中阿命运与共的生动写照，[①]有助于共同推动构建"人类卫生健康共同体"。疫情之下，阿拉伯国家也面临着经济下滑、过度依赖单一能源经济、数字化转型建设

---

① 罗林.潜力巨大　前景广阔——后疫情时代的中阿经贸关系.光明日报，2021-08-23(13).

程度不够等问题,为了应对全球多极化、经济贸易全球化、政治多极化等日益复杂的国际情况,阿拉伯国家的经济转型建设需要更切实可行的转型方案,以及更多元化的发展思路。浙江省物质文明与精神文明高度发达,以浙阿合作为代表的中阿合作交流模式将省内各级政府、大型民营企业、民间团体以及海外浙商力量有机结合起来,以经贸往来为动力,加强浙江省与"一带一路"沿线阿拉伯国家之间的合作交流,从而助推经济引领下的全方位、宽领域、多层次的中阿合作。

一、浙江省与阿拉伯国家合作的现状

(一)推动共建中阿命运共同体,浙阿经贸合作走深走实

在共建"一带一路"和中阿命运共同体的背景下,浙阿合作不断加强。近年来,浙阿双方的经贸合作主要围绕装备制造、生物制药、能源化工、商品贸易等领域展开。2020年,浙江省对阿拉伯国家进出口总额约为425.59亿美元,西亚阿拉伯国家对浙江省进出口总额占到74.51%,其中海湾六国(包括阿联酋、阿曼、巴林、卡塔尔、科威特和沙特阿拉伯)占比高达57.64%。北非6个阿拉伯国家(包括阿尔及利亚、摩洛哥、突尼斯、利比亚、苏丹、埃及)中,除埃及、阿尔及利亚和摩洛哥与浙江省的贸易额较大外,其他国家总体占比较少,对浙江省贸易进出口额仅占总额的4.05%。阿拉伯国家中,沙特与浙江省的经贸往来最为密切。2020年,浙江省对沙特的进出口总额约为106.38亿美元,约占浙阿贸易进出口总额的24.99%。[1] 从国别看,浙江省对沙特、阿联酋等国的进出口额增长较快,同比增长了47.4%和11.1%。[2]

(二)推动共建"一带一路",助力阿拉伯国家进行数字化转型

阿拉伯国家数字化转型需求迫切,浙江可凭借自身数字产业优势及多年经验积累,帮助阿拉伯国家进行数字化转型,在全球化的国际竞争局势中实现"弯道超车"。根据中国信息通信研究院于2021年8月发布的《全球数字经济白皮书》,中国的数字经济发展立足市场和产业优势,有效市场和有为政府相互促

---

[1] 相关数据由笔者综合浙江省商务厅与浙江电子口岸有限公司共建的外贸公共信息服务平台"商务百事通"的数据以及在浙江省商务厅的调研所得。

[2] 2020年一季度浙江外贸情况新闻发布会。(2020-04-26)[2022-04-29]. http://www.customs.gov.cn/hangzhou_customs/575662/575664/3127482/index.html.

进,依托坚实的工业基础与庞大的市场需求,通过建设"工业互联网""智能化制造""智能化办公""5G 基础设施"等举措①,建立起中国工业的数字经济模式。浙江是中国数字经济大省、数字技术强省,浙江电商在平台建设、物流管理等方面的技术和经验正被阿拉伯国家积极借鉴推广。沙特政府已经与浙江企业签署涉及智慧城市建设、阿拉伯语人工智能技术开发等内容的合作协议。浙江公司运营的电商平台目前已覆盖阿联酋、阿曼、巴林、卡塔尔、科威特和沙特六国 80% 以上的互联网用户,推动海湾各国民众网购总金额和网购消费者比例大幅增长。浙江的电商发展技术和经验正为以沙特为首的海湾国家创造新价值,市场影响力不断提升,双方未来合作潜力巨大。除了电商领域以外,双方在云计算与智能服务等领域也有较多的合作项目。以阿里云为例,近年来,阿里云在阿拉伯国家达成多项合作。2016 年 11 月,阿里云在迪拜的数据中心开始启用;2020 年 12 月,阿里云与沙特电信公司建立合作伙伴关系,为其提供云技术与服务;2021 年 8 月,沙特旅游局宣布与阿里云达成合作,将采用阿里云提供的云计算与智能服务,打造数字化旅游体验,进一步提升旅游质量。2017 年,中国与埃及、沙特、阿联酋等国共同发起《"一带一路"数字经济国际合作倡议》。在中阿合作新时代中,数字化转型将占据重要地位。

(三)浙江茶产业发达,契合阿拉伯国家茶饮品需求

阿拉伯国家饮茶习惯根基深重,而浙江茶叶闻名世界,茶饮品需求赋予了浙阿更多的交流契机。阿拉伯国家大多天气燥热,饮食以牛羊肉为主,蔬果稀少。茶既提神醒脑,消暑解渴,又清肠利便,是阿拉伯人每日消耗量仅次于水的饮品。阿拉伯国家茶市场规模巨大,茶进口量逐年递增。阿拉伯国家尤其好饮绿茶,以摩洛哥为例,该国已经成为浙江茶叶出口的第一大市场,对该国的茶叶出口量占浙江茶叶出口总量的三分之一以上。② 浙江茶叶是浙江传统的富民产业,全省有 72 个产茶县、180 多万茶农。近年来浙江全年茶叶总产量在 19 万吨左右,总产值达 200 多亿元。浙江的茶叶出口具有以下特点:年出口量一直稳定在 16 万吨左右,占全国出口总量的 45.1% 左右;出口茶叶品种以绿茶为主,2019 年浙江出口绿茶占全省出口茶叶总量的 92.1%;出口市场以亚非两大洲

---

① 全球数字经济白皮书——疫情冲击下的复苏新曙光. (2021-08-02)[2022-04-19]. http://www.caict.ac.cn/kxyj/qwfb/bps/202108/P020210913403798893557.pdf.

② 浙江省 2014—2020 茶叶出口数据:出口额达 4.86 亿美元,同比上升 8.7%. (2022-03-24)[2022-04-29]. http://www.lygmedia.com/lygitv/20220324/2485001.html.

为主,非洲占70%左右。① 由此可见,浙江的茶叶出口产业在全国茶叶出口产业中占有相当大的比重,茶叶的出口很好地满足了阿拉伯国家人民的饮茶需求,长久以来形成的稳定的供求市场为浙江与阿拉伯国家的友好交流提供了良好助力。

(四)高层往来为引导,民间交流为支撑,友城建设待加强

20世纪90年代,以陈志远为代表的浙江籍华人华侨开始扎根阿拉伯国家,开拓商业,从最初的摊贩贸易、个体商户转变为华人聚居、集群贸易,这是第一代浙商在阿拉伯国家淘金的时代缩影。浙江义乌是中国距离阿拉伯世界"最近"的城市,数万名来自各阿拉伯国家的商人定居于此。阿拉伯人是所有在义外籍人士中对浙江最有感情的族群,是推动中阿进一步合作交流最牢固的民间力量,是浙江模式优越性最实际的见证人。迪拜义乌中国小商品城雄姿初显,该项目是由浙江中国小商品城集团股份有限公司联合迪拜环球港务集团共同投资建设的,总占地80万平方米。2022年6月30日,迪拜义乌中国小商品城一期正式投入运营,占地20万平方米,总投资约10.6亿元人民币。作为位于世界贸易中心位置的专业批发市场,迪拜义乌中国小商品城依托周边成熟新兴的商业市场,借助便捷的海陆空交通,为中东、非洲及欧洲等地区带来新的商贸机遇。

建设国际友城,已成为21世纪发展国与国友好合作关系的重要方式和地方政府对外交流合作的重要渠道。截至2021年年底,浙江已同515个外国城市结成友好关系,其中省级友城74个,其余为市区级。然而,74个省级友城中阿拉伯国家的只有3个,441个市区级友城中阿拉伯国家的只有12个。② 友城交流总体水平偏低,仅停留在人员往来层面,旅游、经济、科技等层面的实质性合作不多,严重滞后于快速发展的中阿政治关系。同时,受新冠肺炎疫情影响,浙江与阿拉伯国家的沟通交流受阻,政府及高校间的活动都最终取消或是转为线上举行,无法进行面对面的沟通在一定程度上阻碍了双方的友好交流。未来,尤其是伴随着亚运会等重大国际活动的举办,浙江与阿拉伯国家的友情将进一步深入。浙江在注重维系浙阿友情常态的同时,将进一步拓宽与阿拉伯国家的人文交流路径。

---

① 农业贸易百问——浙江茶叶缘何飘香世界?. (2020-08-18)[2022-04-29]. http://cacs. mofcom. gov. cn/article/flfwpt/jyjdy/cgal/202008/165747. html.

② 相关数据由作者于浙江省外事办调研所得。

二、浙江省与阿拉伯国家合作的特点

(一)以能源合作为主线、经贸投资为两翼,浙阿能源合作深度融合

阿方能源资源丰富,浙江石油资源需求巨大,浙阿双方能源领域互补性强,在能源贸易及共建能源产业链等方面已有广泛的合作基础,以能源合作为主线带动双方经贸投资建设的合作理念逐步加深。2021年3月,中国国务委员兼外交部部长王毅应邀对沙特、土耳其、伊朗、阿联酋、巴林进行正式访问,并对阿曼进行工作访问。访问中,中方与中东六国就深化多方面合作达成共识,其中包括以高质量共建"一带一路"为牵引,促进双方务实合作提质升级。2019年,时任浙江省省长袁家军访问沙特阿拉伯国家石油公司(简称"沙特阿美")的总部时,见证了沙特阿美与浙江自贸试验区签订谅解备忘录。其中一项合作内容便是沙特阿美将入股荣盛石化建设的浙江石油化工有限公司的4000万吨炼化项目,未来将持有浙江石化9%的股权。2021年11月16日,2020年迪拜世博会"浙江周·宁波日"开幕式暨中国(宁波)-阿联酋经贸对接洽谈会在宁波市举办。会议举办过程中,宁波市石油和化工行业协会(宁波绿色石化产业集群发展促进中心)组织的宁波巨化化工科技有限公司等12家涉及石化业设计、施工、设备制造、生产加工、产品销售方面的会员企业,与宁波市贸促会推荐牵线的15家阿联酋石化企业进行了线上点对点对接交流。① 除石油产业的合作外,浙江在其他能源产业领域也贡献了力量。例如,在位于埃及的本班光伏产业园中,浙江正泰新能源开发有限公司承建了其中165.5兆瓦的项目。作为浙江名企,该公司为埃及新能源建设提供了"浙江方案"。

(二)历史渊源深厚,友谊历久弥新

深厚的历史渊源让双方经贸和人文交流更加顺畅,对彼此的信任更加稳固。中国与阿拉伯国家的丝路情结古而有之,又在不断的交往与传承中历久弥新。古老的海陆丝绸之路抵达当今阿拉伯世界的尼罗河、底格里斯河和幼发拉底河流域,连接起东西方文明,让不同的文明成果得以传播和共享。在古代,有不少阿拉伯旅行家来到浙江,留下了许多著名的游记。浙江的丝绸、茶叶、瓷器等商品源源不断地进入阿拉伯国家,阿拉伯国家的珠宝、药材、香料以及葡萄、

---

① 中国(宁波)-阿联酋,一场石化业的线上跨国经贸对接洽谈. (2021-11-26)[2022-04-19]. https://baijiahao.baidu.com/s?id=1717458911402741957&wfr=spider&for=pc.

胡麻、胡桃、胡萝卜、胡瓜等各类农作物也来到浙江。① 浙江的丝绸、茶叶和青瓷,是当今浙江文化在阿拉伯世界最为精致的历史名片,亦是浙江古老文化的厚重载体和灿烂成果。新时代,中国特色社会主义道路上的浙江,与阿拉伯国家的交往又被赋予了新的时代内容。依托国家级及省级对外文化交流平台——杭州西湖国际博览会、中国(杭州)国际动漫节、中国(义乌)特色文化产品交易会、杭州文化创意产业博览会、中国(宁波)特色文化产业博览会和温州国际时尚文化产业博览会,浙江积极向"一带一路"沿线的阿拉伯国家传播丝绸、茶叶和青瓷这三大传统文化发展的灿烂成果,吸引有着三大传统共同历史渊源的阿拉伯人,双方互学互鉴,合力推进新时期的合作。

(三)文明互补互鉴性强,人文交流基础牢固

浙江历史悠久,文化灿烂,是中国古代文明的发祥地之一。上山文化、河姆渡文化、良渚文化、越文化、南宋文化、青瓷文化等已成为具有较高知名度、鲜明辨识度的浙江文化标识。创新冒险精神是浙江文化最显著的特征,是其生命力和创造力的重要来源。阿拉伯世界是世界文明发端地区之一,两河流域文明、古埃及文明都曾是世界文明发展的指路明灯。阿拉伯文化历史悠久,博大精深,既坚守纯洁的理念,追求崇高的理想,又充满包容,体现出开放的胸怀。浙阿积极展开各类文化交流活动。例如,2019年召开了第五期阿拉伯国家文博专家研修班,该研修班由中华人民共和国文化和旅游部、浙江省文化和旅游厅主办,由中国丝绸博物馆、浙江万里学院宁波海上丝绸之路研究院等单位联合承办。2021年,浙江还参与举办了中国-阿拉伯国家合作论坛第九届中阿关系暨中阿文明对话研讨会、第五届中国-阿拉伯国家广播电视合作论坛、第五届中国-阿拉伯国家博览会、首届丝绸之路国际图书馆联盟大会等重大会议。相互借鉴、相互补充、开放包容的交流模式,推动了浙江与阿拉伯国家的文化交流更加深入,形成更加稳固的合作基础。除官方层面外,浙江高校与阿拉伯国家的交流也非常频繁。例如,2020年浙江大学举办了"丝路文化探秘——阿拉伯之旅"项目,2021年浙江大学继续打造了暑期"阿拉伯历史探秘"项目;2017年,浙江工商大学中国文化交流中心挂牌及签约仪式于阿联酋沙迦遗产研究院顺利举行,该中心连续3年参加"沙迦世界文化遗产日"活动,为在阿联酋及阿拉伯地区推广中国文化、促进中阿人文交流、增进传统友谊贡献出一份坚实的力量。

---

① 李国强.古代丝绸之路的历史价值及对共建"一带一路"的启示.(2019-01-01)[2022-04-09].http://shoujibao.net/news/a2yMra.

文明的交流互鉴,让浙江与阿拉伯国家的人民心灵相通,惺惺相惜。

三、浙江省与阿拉伯国家合作交流的前景分析

(一)科技互补性强,浙阿合作领域前景广阔

作为经济科技强省的浙江,能源短缺是长期制约其经济社会发展的重要因素。浙江既是能源消费大省,也是能源资源小省,煤炭、石油、天然气等能源资源供应严重依赖外部调入。在科技产业领域,浙江在数字化建设、跨境电商、新能源、数字安防等产业有领先世界的水平。与此相反,阿拉伯国家油气资源丰富,对于石油产业链及其附属产品炼化有长期的经验积累。同时,阿拉伯国家在第三次科技革命的浪潮下,对于追赶世界科技潮流有相当大的需求。浙江可为阿拉伯国家提供数字化建设、跨境电商等领域的科技方案,帮助阿拉伯国家完成科技转型与升级。双方进行石油产业合作、石油及其附属产品进出口贸易,可以很好地弥补浙江的能源短缺问题。从双方的科技领域对比来看,浙江与阿拉伯国家的科技互补性较强,这意味着未来双方在科技领域的合作有非常多的可能性与机遇。阿拉伯国家大多社会生产力落后,贫富差距大,存在数字化转型不平均、不充分的现状。受经济全球化、生产全球化、资本全球化的影响,阿拉伯国家对于发展数字经济的需求巨大,对于转变传统经济观念、通过数字化转型实现"弯道超车"意愿强烈。中国在电子商务、金融科技等方面处于世界领先地位,双方合作空间巨大。

依托现有的良好合作基础,浙江省将数字经济产业与实体经济更加紧密地结合,为新时代浙江与阿拉伯国家共建"一带一路"注入新的内容。2021年7月23日,《浙江省全球先进制造业基地建设"十四五"规划》新闻发布会在杭州举行。根据该规划,未来5年,浙江将重点发展新一代信息技术产业、生物医药和高性能医疗器械、新材料、高端装备、节能环保与新能源等新兴产业,谋划布局重点领域未来产业,打造新一代信息技术、汽车及零部件、绿色化工、现代纺织和服装4个世界级先进制造业集群,以及智能电气、生物医药等15个优势制造业集群。其中,新一代信息技术、生物医药、高端装备、节能环保等新兴产业对于后石油经济时代的阿拉伯国家而言有重大的战略意义。浙江以数字经济产业为依托,向阿拉伯国家推介新兴技术,在帮助阿拉伯国家进行数字化转型的同时,为阿拉伯国家提供可持续发展、智能制造的新发展理念。

(二)浙阿双方海洋文明发达,浙江可强化与阿拉伯国家在海洋产业方面的合作

拥有绵延海岸线的浙江,自古以来就是海上丝绸之路在中国的重要节点。21世纪是海洋文明高度发展的世纪。历史上中国曾创造过灿烂的海洋文明,经略海洋、走向深蓝成为中国现代化的内在要求。浙江海岸线总长6715公里,居全国首位。^① 浙江海岸带拥有理想的深水港群区域、众多的海岛和广阔的渔场,这些都是丰富的旅游资源。阿拉伯国家地处"两洋三洲五海"之地,几乎全都属于沿海国家。海洋文明也是阿拉伯文明的重要组成部分。阿拉伯海的渔业资源丰富,种类繁多,包括沙丁鱼、王鱼、鲭鱼、鳍鱼等,营养价值较高。浙江作为中国的海洋产业大省之一,在海洋经济、海洋港口、海洋船业、海洋生态文明等领域建设成效显著,拥有相对更丰富的海洋理论知识和更久远的海洋产业发展历史。对于阿拉伯国家海洋产业现存的问题,浙江可在海洋捕捞、造船、海水淡化、海洋生物医药、海洋港口等方面与阿拉伯国家开展交流与合作。通过设立专题研讨会,外派专家实地指导,共同培养海洋专业人才,共建大型海洋产业园项目,鼓励浙江沿海地区的渔产品加工、深加工企业与阿拉伯国家合作并形成上下游产业链等举措^②,强化浙江与阿拉伯国家在海洋产业方面的交流与合作,通过强化海洋产业合作推动共建"一带一路",与阿拉伯国家打造"海洋命运共同体"。

(三)发挥浙江茶产业优势,与阿拉伯国家茶饮品需求形成互补

通过了解阿拉伯人独特的饮茶习惯,在茶叶品牌宣传、包装、价格、物流各个环节下功夫的同时,浙江茶叶企业还需苦练内功,致力于更好地推动浙江的茶叶走向阿拉伯世界,实现更深度的融合。在政府的大力扶持下,未来浙江的茶叶企业将在以下方面实施针对性举措:一是深度了解阿拉伯人的饮茶习惯,改善产品结构,研发符合阿拉伯民众口味的茶品;二是构建符合阿拉伯人饮茶口味和喜好的自主品牌,提升产品知名度,增加产品核心竞争力;三是和阿拉伯世界的茶商保持密切联系,利用阿拉伯世界的展览会、展销会机遇,打入阿拉伯市场;四是构建浙江省内的茶企联盟,建立出口阿拉伯市场的行业标准,保持信

① 浙江省情——资源概况. [2022-10-01]. http://tjj.zj.gov.cn/col/col1525490/index.html.
② 刘青海. "21世纪海上丝绸之路"视域下的中非海洋渔业合作. (2017-08-20)[2022-04-29]. http://aoc.ouc.edu.cn/2017/0820/c9821a69057/page.htm.

息的互通有无,公平竞争,提升品质、技术、服务三道基本线;五是在阿拉伯国家设立茶叶推广研究中心,和阿拉伯国家茶叶研究机构保持科研交流互鉴,吸取"互联网＋"、新式茶饮、网红茶饮等概念,开发多元化茶类产品。以上五点举措,有利于更好地完善浙江茶的价值链,以茶为媒,让阿拉伯人在了解浙江茶的同时,更进一步了解浙江,从而加深双方的文化交流。

(四)加快友好城市建设,拓宽浙江与阿拉伯国家间的人文交流路径

建设国际友城,拓展浙江与阿拉伯国家间的人文交流,在帮助阿拉伯国家实现数字化转型的同时,有利于加强浙阿双方的文化经贸往来,有利于浙江企业出海阿拉伯之路平稳通畅。为了浙阿双方友好交流走深走实,浙江还应做到以下几点:一是实事求是,应从浙江省内各市的实际情况入手,同时对阿方城市有整体细致的把控,选取最为合适的阿方城市作为友好对象,做到优势互补,资源共享;二是联合社会机构与企业,借助民间团体,例如中阿友好交流协会、阿拉伯商会、高校、跨国公司等,采用官方与民间相结合的方式,在文化交流、科技合作、抗疫经验等方面形成"全方位、宽领域、多层次"的相处模式;三是夯实基础,友好城市交流并非一朝一夕之任务,双方需坚持友好城市建设的理念,增强政治互信,实现经济互利。随着"一带一路"倡议进一步走深走实、能源及市场需求与日俱增,浙江在向经贸互补性强的阿拉伯国家拓展友城建设方面前景广阔,大有可为。

四、结 语

浙江省物质文明与精神文明高度发达。22 个阿拉伯国家地处"一带一路"交会地带,是"一带一路"倡议天然的合作伙伴。浙江省是古代海上丝绸之路的起源地之一,也是丝绸之路上茶叶、丝绸、陶瓷等交易产品的重要产地。浙江省与阿拉伯国家经济互补性强,阿拉伯国家的能源对浙江省乃至全中国都具有重大意义。浙江省作为中国的经济大省,数字产业、海洋产业、民营产业、文化产业、茶叶产业、高端制造产业等领域具有发展程度较高、出海面广、产品质量过硬等特点。浙江省与阿拉伯国家在众多领域开展合作项目,尤其要在智慧城市建设、新能源、高端设备等产业领域,利用自身数字化优势帮助阿拉伯国家进行数字化经济建设,为打造中阿命运共同体提供"浙江经验"。

(审校:卢秋怡)

浙江省与中东欧国家合作交流的现状、特点与前景

周俊子　张海燕

摘要：中国-中东欧国家合作已经走过 10 年历程，浙江与中东欧国家合作交流也经历了时间沉淀和变局考验。浙江在中国-中东欧国家合作领域进行了积极探索，已成为地方合作的排头兵。从发展现状看，双方贸易、双向投资、人文交流等方面取得的成绩精彩纷呈，已形成一批实实在在的成果。从经验特点看，政企联动、以点带面、友城建设等措施鲜明独到，已积累一定的成功经验。展望未来，浙江与中东欧国家合作交流仍大有可为，可积极发挥华人华侨、企业、商协会、开放平台等的作用，加大双向市场开拓，增强产业优势互补，继续推动共建"一带一路"高质量发展。

关键词：浙江省；中东欧；"一带一路"

作者简介：周俊子，经济学博士，浙江金融职业学院捷克研究中心副研究员。

张海燕，浙江金融职业学院捷克研究中心教授。

一、浙江省与中东欧国家合作交流的现状

中东欧地区是浙江省参与"一带一路"建设，拓展对外开放的重要区域，双方在贸易、双向投资、人文交流等方面已形成一批实实在在的成果。

（一）双方贸易情况

在共建"一带一路"的背景下，浙江与中东欧国家进出口贸易规模呈持续增

长态势,即使近三年疫情持续肆虐,双方进出口贸易额仍实现逆势上扬。[①]

从双方贸易量看,浙江与中东欧国家进出口贸易发展速度较快,对中国-中东欧双边贸易增长做出了积极贡献,但是规模体量不大、贸易不平衡现象仍较明显。2012—2021 年,浙江与中东欧国家(17 国)进出口贸易额从 81.10 亿美元增长至 202.25 亿美元,年均增长 15.0%,较同期浙江对外贸易增速高 2.5 个百分点,较浙江与欧洲贸易增速高 3.7 个百分点。其中,浙江对中东欧国家出口的贸易额从 75.40 亿美元增长至 182.12 亿美元,年均增长 14.2%;浙江自中东欧国家进口的贸易额从 5.70 亿美元增长至 20.22 亿美元,翻了近两番,年均增长 25.5%。2021 年,浙江与中东欧国家进出口贸易额创历史新高,达到 202.25 亿美元,较 5 年前翻了一番,同比增长 38.8%,高于同期浙江对外贸易增速和浙欧贸易增速,占全国与中东欧国家进出口贸易总额的 14.8%(相当于近七分之一)。其中,浙江对中东欧国家出口的贸易额达到 182.12 亿美元,首次突破千亿元人民币规模,同比增长 34.9%,占全国对中东欧国家出口总额的 17.9%(即超过了六分之一);浙江自中东欧国家进口的贸易额达到 20.22 亿美元,首次突破百亿元人民币规模,同比增长 86.9%,占全国自中东欧国家进口总额的 5.8%(见图 1)。

图 1　浙江与中东欧国家贸易情况(2012—2021 年)

从贸易国别看,波兰、希腊、捷克是浙江在中东欧地区的三大贸易伙伴。国研网数据显示,2021 年,三国与浙江的进出口额依次为 68.37 亿美元、29.14 亿美元、18.22 亿美元,分别同比增长 34.2%、61.7%、52.7%,分别占同期浙江与

[①]　"(一)双方贸易情况"的数据来源于国研网的"国际贸易研究及决策支持系统"(http://trade.drcnet.com.cn/data/goods/china/monthly),下文不再重复标注。

中东欧国家进出口总额的 33.8％、14.4％、9.0％，合计占比近六成。波兰是浙江在中东欧地区的第一大出口目的国，占同期浙江对中东欧国家出口总额的 35.3％；斯洛伐克是浙江在中东欧地区的第一大进口来源国，占同期浙江自中东欧国家进口总额的 30.4％。波兰、斯洛伐克均以相关贸易额超三成的比重稳居浙江第一大出口目的国和进口来源国。

从贸易商品看，进出口商品有所差异。浙江向中东欧国家出口的主要商品为纺织服装、鞋类、家具及其零件、照明装置及其零件等，以传统劳动密集型产品居多，此外，近年来新冠肺炎疫情带动了医药类产品的出口增长。浙江自中东欧国家进口的主要商品为未锻造的铜及铜材、废金属、锯材、汽车零部件、原木等，在一定程度上反映了浙江对中东欧国家的主要需求领域以原材料、资源性产品、汽车零部件为主，与中东欧国家的传统优势相符。以浙江与捷克的进出口商品为例，2021 年医药品成为浙江向捷克出口的第一大类商品，出口额为 11442.47 万美元，同比增长 17.8 倍；浙江自捷克进口汽车零部件 782.92 万美元，同比增长 50.4％。

从贸易方式看，随着业务模式的不断创新，跨境电子商务在浙江与中东欧国家贸易中的作用日益显现。例如，宁波立得购电子商务有限公司已经连续两年位居浙江企业自捷克进口规模的首位。近年来，阿里巴巴旗下的跨境电商平台速卖通在中东欧地区持续投入物流、支付等基础设施建设，成为大部分中东欧国家排名第一的跨境电商平台，2021 年速卖通在中东欧地区的商品交易总额同比增长近 30％。2021 年，中欧班列"义新欧"累计开行 1904 列，成为国内市场化程度最高、竞争力最强的中欧班列之一。这些都对浙江发挥跨境电商优势，向中东欧国家开展出口贸易提供了积极助力。

（二）双向投资情况

浙江与中东欧国家双向投资规模总体不大，但高附加值领域项目投资不断拓展，不管是"引进来"，还是"走出去"，在制药、汽车零部件、新能源等行业均涌现了一批优秀案例。

吸引外资方面，中东欧国家的在浙投资主要集中在纺织服装、皮革、汽车零部件与配件制造等行业。虽然来自中东欧国家的外资规模不大，但存在不少高科技领域的项目案例。例如，在医药领域，斯洛文尼亚科尔康制药公司（KRKA）与宁波美诺华药业股份有限公司合资设立了宁波科尔康美诺华药业有限公司，项目总投资为 1.1 亿美元，产品同时面向欧盟和国内市场。在智能汽车领域,浙江亚太机电股份有限公司入股斯洛文尼亚依拉菲推进技术有限公司(Elaphe,简称"依拉菲"),成立杭州亚太依拉菲动力技术有限公司,成为依拉菲在大中华区唯一的生产基地,既可以生产依拉菲现有技术下所有的轮毂电机产品,也对依拉菲最先进技术和最新产品拥有优先使用权和生产引进权。在机电领域,埃莱昂研发有限公司联合埃莱昂公开有限公司在 2021 年投资设立埃莱昂(中国)有限公司,主营业务为发电机及发电机组制造等,合同外资 1545 万美元。这些外资项目不仅对双方市场开拓带来了机遇,也为科技推广和创新发展增添了活力。

对外投资方面,浙江在中东欧国家的投资主要集中在批发业、制药、汽配、光伏等行业。例如,在制药领域,宁波保税区东人投资有限公司收购了波兰佰通(BIOTONS)药业公司 33% 的股权,主营业务为医药相关产品的研发、生产和销售,备案(核准)中方投资额达 1.2 亿美元。在汽配领域,万向集团在捷克投资设立了万向 A123(捷克)有限公司作为其在欧洲的锂电池生产基地,并配合位于德国斯图加特的技术中心,服务戴姆勒奔驰、保时捷、捷豹路虎等欧洲汽车整车企业;三花智控通过下属境外子公司德国三花和亚威科集团收购亚威科旗下包括波兰等地的企业,并在波兰布局汽车零部件生产线项目,作为其境外销售汽车零部件的重要渠道;敏实集团先后在塞尔维亚、捷克投资设立铝电池盒生产基地,扩充了在中东欧国家的生产能力,近距离服务欧洲市场;2021 年新增的拓普波兰有限公司、福尔达智能科技有限公司均为汽配领域投资项目。在光伏领域,东方日升先后在斯洛伐克、保加利亚、罗马尼亚等中东欧国家投资建设太阳能光伏电站项目,从产品贸易到工程承包逐步走进欧洲市场;正泰集团作为智慧能源解决方案提供商,不仅在捷克、罗马尼亚等中东欧国家设有分支机构(其中捷克布拉格为其欧洲总部),还在波兰、保加利亚等中东欧国家建设了光伏电站,稳步开拓了欧洲绿色能源市场。

(三)人文交流情况

鉴于中东欧国家良好的教育基础、丰富的旅游资源以及独特的文化魅力,浙江与中东欧国家在人文交流领域合作互动活跃,交流精彩不断,不仅增进了双方人民的相互了解,也拉近了彼此间的距离,为促进民心相通发挥了积极作用。

教育方面,浙江省积极推进与中东欧国家的教育合作,在搭建综合性、专业性教育合作交流平台,建立双、多边合作机制,"走出去"境外办学,培养国际化人才,师生互访等方面取得了显著成效,逐步呈现出全方位、宽领域、多层次的教育合作局面。中国(宁波)-中东欧国家教育合作交流会已举办七届,截至2021年已累计与中东欧国家签署近百项教育合作项目。浙江聚焦中东欧区域,建立了语言文化交流、区域国别研究等一批专业化平台,品牌化、特色化发展成效凸显。例如,在对捷教育合作上,浙江外国语学院、浙江越秀外国语学院开设了捷克语专业,中国计量大学在捷克首都布拉格成立了以标准化为最大办学特色的孔子学院,宁波中东欧国家合作研究院被国家"一带一路"领导小组办公室评为"一带一路"十大智库之一,浙江金融职业学院捷克研究中心成为全国唯一由高职院校主办的教育部高校国别和区域研究高水平建设单位。

旅游方面,疫情前浙江人民赴中东欧国家旅游热情高涨,疫情后虽然受人员流动限制大幅降温,但鉴于浙江及中东欧国家旅游资源丰富,旅游市场成熟,因此旅游合作潜力巨大。在历届中国-中东欧国家投资贸易博览会(2019年升格为国家级"中国-中东欧国家博览会")上,依托中国(宁波)-中东欧国家旅游合作交流周,捷克、波兰、斯洛伐克、匈牙利等中东欧国家积极推介本国特色旅游,分享魅力旅游系列线路。浙江推出了"百团千人游中东欧"大型惠民活动,促进了两地双向客源互送。浙东南中东欧双向旅游推广联盟、海丝古港旅游合作联盟先后成立,形成常态化交流机制,推动浙江乃至长三角地区与中东欧旅游企业合作。同时,浙江主攻节点城市,积极开辟境外宣传渠道,借"诗画浙江"系列活动传递浙江魅力,例如2022年5月中国驻捷克大使馆在线上举办"浙江省文化与旅游推广月"活动,生动介绍了浙江深厚的文化底蕴和丰富的旅游资源。

文化方面,浙江与中东欧国家之间的文化艺术交流活动丰富精彩,线上线下互动频繁。"湖山胜概——西湖主题水印版画展"、"百年西泠·中国印"特展、"丝·茶·瓷——丝绸之路上的跨文化对话"等展览呈现了浙江深厚的文化底蕴。中东欧之家、中东欧特色餐饮文化体验中心等实体平台搭建起浙江与中东欧国家文化交流的平台。"舌尖上的相遇——中东欧美食与'诗画浙江·百县千碗'人文交流活动""中东欧文化商贸之旅"直播活动等推动了浙江与中东欧国家的文化碰撞与艺术融合。

二、浙江省与中东欧国家合作交流的特点

浙江在"一带一路"、中欧合作、中国-中东欧合作等框架下谋划推进与中东欧国家的合作,积累了一定的成功经验,也呈现出几方面特点。

(一)政企联动助推要素互通

浙江在推进与中东欧国家合作方面既有政府顶层设计搭建平台,又有民营企业抢抓机遇开拓市场,不断挖掘与中东欧国家的合作潜力。

浙江省委、省政府领导非常重视与中东欧国家的合作,不仅积极接待中东欧国家元首、政要来访,而且主动到中东欧国家进行访问,例如浙江省委书记袁家军曾多次率团去中东欧国家考察交流。高层互动在起到引领带动作用的同时,也为双方合作内容洽谈、合作形式对接、合作资源交换提供了机会,有助于提高合作精准度。浙江还积极搭建了丰富的、高能级的平台载体。我国第一个中国-中东欧经贸合作示范区在宁波成立,服务"一带一路"建设和中国-中东欧合作;国家级的中国-中东欧国家博览会成为面向中东欧国家最有影响力的展会;浙江积极布局自办展,例如在中东欧地区历史最久、展出范围最广的捷克布尔诺工业机械展览会上推出"品质浙货"主题展。同时,浙江还谋划推动了中东欧国家特色商品常年馆、中东欧国际产业合作园、中欧班列(义乌)、"一带一路"捷克站、塞尔维亚贝尔麦克贸易中心等项目载体的建设,推出了"中东欧商品采购联盟"一站式供应链解决方案、"两保一贷"中东欧金融创新产品、海关"中东欧商品进口通关一件事"多个跨场景应用等配套服务。这些都助推了双方企业资源对接、人才信息交流和资金技术协作,对浙江与中东欧国家的各类要素互联互通发挥了积极作用。

浙江是民营经济大省,拥有一批敢于创新创业、勇于务实合作的民营企业。民营企业机制灵活,对市场的敏感度较强,也成为浙江与中东欧国家合作的中坚力量,在推进双方合作中发挥了重要作用。受空间临近西欧、技术创新驱动、综合成本优势等因素影响,浙江民营企业把中东欧国家作为其推进国际化发展过程中的重要一环。例如,浙江省"隐形冠军"企业杭州新坐标科技股份有限公司2017年在捷克设立的新坐标(欧洲)有限公司,成为该公司为进一步开拓国际业务,快速响应欧洲客户服务需求,增强综合竞争能力而设立的欧洲生产基地;高新技术企业杭州炬华科技股份有限公司2015年收购捷克罗格瑞克斯(Logarex)公司,开拓欧洲市场业务,并成功开发了德国意昂(Eon)集团等优质客户;宁波均胜汽车安全系统有限公司在罗马尼亚、匈牙利、波兰、捷克、克罗地亚等中东欧国家布局新能源电子产品,主要供应欧洲客户,还在匈牙利投资建设了全球规模最大的汽车安全气囊工厂。另外,华翔集团、奥克斯集团等一批龙头民营企业也在中东欧国家加快国际化布局。

(二)以点带面促进经贸合作

捷克是浙江深度参与"一带一路"建设和中国-中东欧国家合作的重要节点国家,尤其是 2016 年以来,浙江与捷克经贸合作持续扩张,以点带面成效显现。

贸易方面,浙江与捷克双方贸易屡创新高。国研网数据显示,2016 年浙江与捷克进出口贸易额为 6.74 亿美元,2021 年达到 18.22 亿美元,2016—2021 年年均增长率超过 34%。疫情背景下,贸易规模仍能实现快速增长,这体现出双方贸易发展的韧性。剔除疫情带动医药品出口这一因素外,浙江向捷克主要出口纺织服装、机械运输设备类产品,自捷克主要进口机电及原材料、资源性产品。其中,汽车零部件是双方进出口的重要重叠领域,这与汽车制造业在捷克国民经济中的支柱地位密切相关。捷克是世界汽车制造、设计与研发集中程度最高的国家之一,已形成以零件、部件、终端产品为主的汽车产业链,拥有汽车零部件制造供应商数百家,全球汽车零部件企业 50 强中有一半在捷克投资。其实汽车制造业也是不少中东欧国家的支柱产业,加强在此类领域的合作,既是浙江与中东欧国家经贸合作可持续性的基础,也是拓展未来合作空间的扎实保障。值得注意的是,投资带动出口成效不断显现。国研网数据显示,2019 年蓄电池首次进入浙江对捷克出口商品前十位,出口同比增长超 4 倍,2021 年蓄电池跃升为浙江对捷克第二大规模出口商品,仅次于医药品,出口额较 2018 年增长了 20 多倍,这与万向一二三股份公司在捷克投资设立锂电池工厂带动出口相关。

投资方面,浙江是中国在捷克投资的重点来源省份。捷克已经成为浙江在除希腊以外的中东欧国家中最大的投资目的地。近几年,浙江对捷克投资特点越发鲜明,呈现出日益集聚高科技企业的趋势,投资主业也更多聚焦汽车零部件领域。欧洲投资监测机构安永会计师事务所已经连续多年把捷克评为世界最佳汽车零部件产业投资目的国。以敏实集团为例,2018 年该集团开始谋划布局中东欧国家,继而在塞尔维亚规划建设铝产品生产基地,此后又于 2020 年在捷克投资设立敏实汽车技术研发有限公司,主要从事汽车零配件的研发、制造与销售,具体涉及新能源汽车电池盒业务领域,其自主开发的新能源汽车电池托盘生产线将为项目实施提供重要支撑。作为德国大众的铝电池盒定点项目,该投资项目不仅为敏实集团自身带来了业内地位提升效益和业务拓展增长效益,还为本土汽车产业相关企业走向捷克和其他中东欧国家提供了有益经验,对加大欧洲市场布局具有借鉴意义。

(三)依托友城拓展合作网络

浙江注重开拓友城平台,与中东欧国家已构建起一个区域全覆盖的友城合作网络。就中东欧城市而言,浙江各地的结好友城普遍是中东欧各国区域中心城市及重要港口城市,具有重要的经济地位或文化特征。就浙江城市而言,宁波、杭州积极开展与中东欧国家的友城建设,建立了数量不等的友好城市关系或友好交流关系,具有一定的代表性。浙江广泛建设与中东欧国家的友城网络,不仅为全省与中东欧地区开展经贸合作提供了良好平台,也为教育人文交流提供了重要渠道。

以宁波为例,宁波通过使领馆、国际友好人士、华人华侨、企业机构等各种渠道拓展友好城市。在友城合作支撑下,宁波连续 6 年主办中国-中东欧国家市长论坛,与部分中东欧城市签署了经贸、教育、旅游等领域的专项备忘录。友城网络在中国-中东欧国家合作中发挥着不可替代的作用。一方面,友城已经成为宁波与中东欧国家开展经贸合作的重要切入点。例如,在接待中东欧国家地方代表团来访时,宁波积极联系安排友城经贸促进机构、工业园区及企业代表随行,共同组织投资推介活动,同时又积极推动我方企业赴中东欧国家相关友城开展经贸考察。充分利用友城平台,派遣经贸促进公职人员赴中东欧国家挂职交流,调研当地营商环境,为扩大双方经贸合作创造条件。另一方面,友城已经成为宁波与中东欧国家开展教育、人文交流的重要阵地。例如,在教育合作领域,目前宁波已与不少中东欧友城的学校建立了友好校际关系。通过建立校际交流关系,双方师生互换交流、教学科研合作等项目的配套建设顺畅,形成了一批教育合作成果。在全球疫情大流行的背景下,宁波与中东欧地区友城携手抗疫,不仅在疫情暴发初期加强联合战"疫"和专业对接,在这之后更是深化医药、医疗设备、医学诊断与医疗服务等领域的合作,共同构建"健康丝绸之路"。这些举措推进和延续了双方友城合作网络建设,也丰富了友城合作内容。

三、浙江省与中东欧国家合作交流的前景

合作是历史潮流,共赢是人心所向。虽然中东欧地区单个国家的体量并不大,但是加起来却是一股不可忽视的力量,产业优势互补性强,市场开拓潜力较大。2021 年年初,中国-中东欧国家领导人峰会为如何深化中国与中东欧国家的合作指明了方向,后续合作增长空间可期。新形势新要求下,浙江完全有可能勇挑重担,当好与中东欧国家合作的排头兵、模范生,充分发挥华人华侨、商

协会、开放平台等的作用,扛起重要窗口建设的责任担当。

(一)以华人华侨为重要力量,发挥桥梁纽带作用

浙江是改革开放先行地,在世界各地形成了一批敢闯敢试、敢干敢拼的浙江籍华人华侨群体,成为"跳出浙江发展浙江"的一个典范。欧洲是浙江籍华人华侨的重要集聚地,特别是在中东欧国家,浙江籍华人华侨已形成覆盖中东欧的浙商资源网络,是浙江与中东欧国家合作中一支不可或缺的重要力量。2018年中东欧国家华人华侨年度发展报告显示,在捷克的华人约有7000人,其中浙江籍华人华侨占绝大部分;在匈牙利的浙江籍华人华侨约有9000人;在塞尔维亚的浙江籍华人华侨占全部华人华侨总数的比例高达95%。[①] 浙江籍华人华侨在中东欧国家经历多年打拼和经营后,拥有了丰富的人脉资源、商业渠道,可以为浙江乃至我国与中东欧国家的合作提供重要智力支撑,起到桥梁与纽带作用。在新冠肺炎疫情背景下,浙江籍华人华侨对回归创业、参与投资贸易具有较强的欲望,尤其是随着二、三代华人华侨知识水平的升级,浙江籍华人华侨逐步进入高科技产业、现代服务业等主流领域,在回归创新创业方面有发展空间和较高需求,这也为扩大浙江与中东欧国家合作提供了有利条件。党的十九大报告明确指出,要"广泛团结联系海外侨胞和归侨侨眷,共同致力于中华民族伟大复兴"。相信在二十大开启的新征程中,海外侨胞也一定会体现担当,继续推动共建"一带一路"高质量发展。

(二)以企业、商协会为重要载体,加强产业链供应链合作

中东欧国家在汽车制造、机械设备、环保技术和生物制药等领域有产业优势,在基础设施建设、工业成套设备供给等领域有较大需求,而浙江庞大的市场潜力、全球布局需求也是吸引中东欧国家合作的重要因素,双方供需匹配度较高。2021年中国-中东欧国家领导人峰会上提出了"今后五年,中国将从中东欧国家进口累计价值1700亿美元以上的商品"的目标,体现出我国继举办中国国际进口博览会后主动开放市场、推动贸易平衡的决心,也为供应链合作提供了契机。目前,万向、东方日升、三花智控、大华、炬华、正泰等一批浙江企业已在中东欧投资经营,多以中东欧为据点,服务欧洲市场,取得了较好成效。浙江在中东欧投资项目进入增资扩产关键期,急需做好项目跟踪,推进项目建设进度。例如,捷克在汽车及零部件、机械设备制造等传统领域,以及生物医药、纳米技

---

① 相关数据为作者于浙江省归国华侨联合会调研所得。

术、医疗器械等高新技术领域均具有一定优势,可重点关注这类优势特色产业领域企业的生产经营状况,加强科技合作。同时也要关注相关国家复兴计划和新政府施政纲领涉及的重点产业领域,深化产业链合作。促成产业链供应链合作的关键在于企业,中东欧国家的商协会组织相对稳定、会员企业众多、行业影响面广,企业、商协会可以作为未来拓展与中东欧国家合作的重要载体,不断做实做深经贸合作和产业对接。

(三)以开放平台为重要支撑,提升辐射带动能效

浙江应进一步支持宁波建设国家级中国-中东欧国家经贸合作示范区,并在省内各市集聚中东欧元素,联动推进浙江-中东欧地方合作高质量发展。推动境外经贸合作区与境内国际产业园循环机制建立,加强双向联系纽带。以中东欧国家主要节点城市和港口为重点,打造更多省级境外经贸合作园,加快推动塞尔维亚商贸物流园升格为国家级园区,引导中小企业抱团发展、集群发展。以推进国际产业园建设为抓手,加强与中东欧国家在高端装备、生物医药等领域进行技术、产能等方面的合作,支持与中东欧企业、机构共建实验室、孵化器。继续做好中东欧国家博览会,提高国内参与度和中东欧国家参与度,增强辐射和服务功能。持续扩大浙江自办展在中东欧国家的版图,多元布局海外贸易展。同时,依托进博会、中东欧国家特色商品常年展、义乌中国小商品城、青田侨乡进口商品城等载体,积极推进中东欧消费品、工业品的交流与合作,大力开拓中东欧国家的进口市场。以长三角一体化建设为契机,主动开放平台,并带动长三角以及全国企业抱团拓展中东欧市场,更加广泛地服务欧洲市场,为"一带一路"建设增加亮点和样板示范。

(审校:卢秋怡)

浙江省与中东欧国家职业教育合作研究

徐侠民　李　霞

摘要：本文系统全面梳理了自 2012 年中国-中东欧国家合作机制建立以来,浙江省与中东欧国家职业教育合作的背景与基础、现状与成效、困境与挑战,以及对策建议。目前,浙江省与中东欧国家职业教育合作成效显著,合作内容涵括平台搭建、人才培养、师生交流、智库及科研合作等诸多领域,浙江省已成为中国与中东欧国家职业教育合作中不可或缺的重要力量。

关键词：浙江省;职业教育;国际合作;中东欧

作者简介：徐侠民,管理学硕士,助理研究员,浙江万里学院宁波海上丝绸之路研究院常务副院长,浙江省新型智库培育单位浙江万里学院中东欧研究中心执行主任。

李霞,体育学硕士,宁波卫生职业技术学院讲师。

一、引　言

自 2012 年 4 月中国-中东欧国家合作机制建立以来,浙江省成为我国较早行动、较全面系统深入参与该机制的地方力量,形成了以宁波为核心辐射全省、以经贸为主线带动人文交流的中国-中东欧国家地方合作新格局。2014 年宁波举办了首届中国(宁波)-中东欧国家教育合作交流会,至 2021 年已连续成功举办了七届,从搭建浙江省与中东欧国家的职业教育双向交流合作平台,到推动双方的师生交流,再到组织开展语言人才培养,以及推动境外办学等,参与合作的职业院校也从宁波逐步扩展至杭州、温州等全省范围。浙江省正逐步成为中国与中东欧国家教育合作的"双循环"中心枢纽。

二、合作背景与基础

浙江省与中东欧国家职业教育交流合作推进良好,成效显著,得益于两大合作背景与基础。

（一）国家层面合作机制在浙江落地践行

浙江省积极争取国家层级合作机制在省内先行先试,强有力地推动了自身与中东欧国家建立深度链接,为增进与中东欧国家职业教育合作奠定了良好的氛围和基础。

1. 举办中国-中东欧国家博览会

自 2014 年在宁波举办中东欧国家特色商品展,到 2015 年举办首届中国-中东欧国家投资贸易博览会,再到 2019 年成功升格并举办首届中国-中东欧国家博览会,浙江省无论在商品规模、经贸水平还是合作高度等方面都实现了高速增长。[①]

2. 建立全国首个中国-中东欧国家经贸合作示范区

2018 年 6 月,中国-中东欧国家经贸合作示范区在宁波正式揭牌运营,宁波成为中东欧商品进入中国市场、中国与中东欧国家双向投资合作和人文交流的首选之地。目前,示范区将进一步发挥规划引领作用,推动建设中东欧国际产业合作园,努力打造中国-中东欧国家航运物流中心、经贸促进中心、科技创新中心和人文交流中心。[②]

3. 搭建"一带一路"捷克站

"一带一路"捷克站是浙江省主动谋划、2018 年年初启动的深度参与"一带一路"建设的重点项目。捷克站通过发挥捷克区位和产业优势,将建设成具有服务中心、贸易中转、物流中枢功能,涵盖物流、商贸、加工制造、综合服务等区块的开放综合体。按照"一场多园"模式,捷克站已建成货运场、物流园、商贸园(浙江丝路中心)、工业园和综合服务园五大功能区。[③]

4. 开通畅通中东欧的"义新欧"班列

义乌拥有全球最大的小商品市场,具有海量货源,同时,义乌国际贸易综合改革试点也具备强大的物流支撑体系。浙江省充分发挥义乌的上述双重优势,于 2014 年 11 月开启了从义乌出发,途经波兰、德国等 7 国,最终抵达西班牙首

① 宁波中国-中东欧国家经贸合作示范区建设领导小组办公室. 宁波中国-中东欧国家经贸合作示范区年度报告(2020). 宁波:宁波市商务局,2021:36.
② 宁波中国-中东欧国家经贸合作示范区建设领导小组办公室. 宁波中国-中东欧国家经贸合作示范区年度报告(2020). 宁波:宁波市商务局,2021:4.
③ "一带一路"捷克站助力 义乌企业开拓欧洲市场有了"直通车". (2020-09-27)[2022-07-14]. https://baijiahao.baidu.com/s?id=1678953187751136739&wfr=spider&for=pc.

都马德里的"义新欧"班列,全长 13052 公里。"义新欧"班列的开启从商品上加强了浙江省与中亚、欧洲地区的供应链联系。截至 2022 年 6 月底,"义新欧"班列累计开行突破 4210 列,发运量突破 34.5 万标箱。①

5.运营保加利亚索非亚中国文化中心

2017 年 11 月,索非亚中国文化中心揭牌启用,这是中国在中东欧国家揭牌运营的第一家中国文化中心,由中华人民共和国文化和旅游部与宁波市人民政府合作共建,将有效推动"诗画浙江"特色地域文化向中东欧国家传播扩散。②

(二)国家间建立了系统的教育合作政策机制

中国与中东欧国家教育交流与合作机制,是中国-中东欧国家合作机制的重要组成部分,目前双方在校际交流合作、学历学位互认、双向留学、语言教学合作等方面取得了一系列成果,形成了两大机制、若干项目平台的新格局,为浙江省开展与中东欧国家职业教育合作搭建了天然舞台,提供了双向合作的政策依据和制度保障。

1.中国-中东欧国家教育政策对话

2013 年 6 月,首届"中国-中东欧国家教育政策对话"在重庆举行,会议通过了《中国-中东欧国家教育政策对话重庆共识》。2021 年 10 月,第八届中国-中东欧国家教育政策对话以视频会议形式举办,开展以"后疫情时代中国与中东欧国家教育合作的机遇、挑战与可持续发展"为主题的对话。③

2.中国-中东欧国家高校联合会

成立于 2014 年的中国-中东欧国家高校联合会,在促进中国与中东欧国家高校合作方面发挥着越来越大的作用。截至 2021 年年底,联合会中方成员高校达 203 所,中东欧方成员高校达 37 所,成员校总数达 240 所,是联合会建立之初的 8 倍。2021 年 12 月 2 日,中国-中东欧国家高校联合会第七次会议举行,共吸引来自中国和中东欧国家近 500 人现场或线上参会。④

---

① 钱旭升,毛鹏飞."义新欧"班列义乌平台创新求发展.(2022-07-04)[2022-07-14].http://www.jinhua.gov.cn/art/2022/7/4/art_1229289843_60240398.html.

② 索非亚中国文化中心揭牌.(2017-11-24)[2022-07-14].https://www.mct.gov.cn/whzx/bnsj/dwwhllj/201712/t20171206_829902.htm.

③ 吴白乙,霍玉珍,刘作奎.中国-中东欧国家合作进展与评估报告(2012—2020).北京:中国社会科学出版社,2020:17.

④ 吴白乙,霍玉珍,刘作奎.中国-中东欧国家合作进展与评估报告(2012—2020).北京:中国社会科学出版社,2020:17-18.

3．国家层面签订教育合作协议

2016 年 7 月,教育部印发《推进共建"一带一路"教育行动》[①],推动了我国与 10 个中东欧国家签订相关的教育合作协议,同 8 个中东欧国家签订互认高等教育学历学位协议,双方在语言教学和双向留学方面的合作也成果斐然。

4．孔子学院和孔子课堂

截至 2021 年年底,中国与中东欧国家合作建立了 37 所孔子学院和 45 个孔子课堂,学员累计超 5 万人,举办的各类活动影响人数超 50 万。

5．双向校际交流与合作

截至 2021 年年底,中国共有 19 所高校开设了中东欧等 17 个国家的非通用语专业,双向留学规模已经超过 1 万人,为促进双方教育交流、夯实民心相通发挥了积极作用。

6．专业联盟组织及平台载体

目前,双方搭建的与教育相关的联盟载体有中国-中东欧国家智库交流与合作网络(中国社科院)、中国-中东欧国家音乐院校联盟(浙江音乐学院)、中国-中东欧国家青年艺术人才培训和实践中心、中国-中东欧职业教育国际联盟等。此外,中国高校纷纷设立语言教育机构、涉中东欧的区域和国别研究机构等。

三、合作现状与成效

自 2014 年以来,中国(宁波)-中东欧国家教育合作交流会作为桥梁,推动了浙江省与中东欧国家职业教育交流合作取得非常丰富的成效,主要体现在交流合作平台搭建、项目合作、人才培养、师生交流、智库及科研项目合作等方面。

(一)搭建职业教育交流合作平台载体

自 2014 年开始,宁波市围绕中国-中东欧国家合作,搭建了中国(宁波)-中东欧国家教育合作交流会[②],截至 2021 年,该交流会已成功举办了七届,推动宁波职业技术学院、浙江纺织服装职业技术学院等院校与中东欧国家院校建立深层次合作,搭建了"丝路学院"、联盟等职业教育交流合作平台载体(见表 1)。此外,浙江金融职业学院在省内职业院校中率先创建了国别研究中心——捷克研

---

① 教育部关于印发《推进共建"一带一路"教育行动》的通知. (2016-07-15)[2022-07-14]. http://www.moe.gov.cn/srcsite/A20/s7068/201608/t20160811_274679.html.

② 李秋正,徐侠民,范美斯. 宁波与中东欧国家教育合作的前景与路径. 中外交流,2020(2):42-43.

究中心;宁波外事学校首开我国中等职业院校海外办学的探索,创办了中罗(德瓦)国际艺术学校。2021 年 10 月,省教育厅和省商务厅联合发布了《关于推进"一带一路'丝路学院'"建设的指导意见》①,经各学校申报评审确定了全省首批 29 所"丝路学院",其中涉中东欧国家的本科院校 3 所、高职院校 2 所。

表 1 浙江与中东欧国家职业教育交流合作平台载体

学校	类型	名称(成立时间)
浙江金融职业学院	智库	捷克研究中心(2017 年 9 月)
浙江旅游职业学院	丝路学院	中塞旅游学院(2019 年 7 月)
浙江纺织服装职业技术学院	丝路学院	中罗丝路工匠学院(2019 年 9 月)
宁波城市职业技术学院	丝路学院	丝路工匠学院(2019 年 9 月)
宁波职业技术学院(牵头单位)	联盟	"一带一路"产教协同联盟(2017 年 6 月)
浙江纺织服装职业技术学院(牵头单位)	联盟	中国(浙江)-中东欧跨境电商产教联盟(2021 年 6 月)
宁波城市职业技术学院(牵头单位)	联盟	"一带一路"职教慕课联盟(2021 年 6 月)
宁波外事学校	境外办学	中罗(德瓦)国际艺术学校(2016 年 10 月)

注:(1)本表格由课题组整理而成;(2)宁波城市职业技术学院的黑山丝路工匠学院暂未列入省教育厅、省商务厅 2022 年 6 月公布的丝路学院名单中。

(二)职业教育合作院校和项目不断丰富

浙江与中东欧国家职业院校的教育合作依托中国(宁波)-中东欧国家教育合作交流会而逐步扩展和丰富。② 在 2015 年 6 月举办的第二届中国(宁波)-中东欧国家教育合作交流会上,来自波兰、爱沙尼亚、保加利亚、罗马尼亚等 8 个中东欧国家的教育机构代表和宁波部分院校达成共识,共同发布《宁波宣言》,共有 9 所宁波院校与这 8 个中东欧国家的 15 所学校签订了合作协议。到 2021 年 6 月第七届交流会时,双方签署了超过 100 项教育合作协议,宁波的院校与

① 浙江省教育厅 浙江省商务厅关于公布首批"一带一路'丝路学院'"的通知.(2022-06-08)[2022-07-14].http://zeaie.zjedu.gov.cn/art/2022/6/8/art_25_49210.html.
② 宁波市教育局.加快推动宁波与中东欧国家教育合作,积极助力宁波建设"17+1"经贸合作示范区.宁波教育工作简报,2021(4):3-6.

中东欧国家近 90 所院校已建立合作关系,教育合作实现了中东欧国家全覆盖。① 部分合作项目见表 2。

表 2　宁波与中东欧国家职业教育国际合作项目(部分)②

依托单位	合作院校	国家	合作项目	合作内容
浙江纺织服装职业技术学院	胡内多阿拉省国立杨库学校	罗马尼亚	中罗高职教育国际合作办学机构	举办中罗丝路工匠学院
	利贝雷茨工业大学	捷克	佛雷德里克·冯博士访学科研项目与教学合作	进行"男士衬衫结构设计与功能"科学研究;聘请捷克教师为"太平鸟"创新班指导教师进行教学
浙江工商职业技术学院	圣伊斯特万大学	匈牙利	工作访学	教师访学,并共同参与"微观经济学""项目管理"两门课程的教学指导
	卓尔旅游管理学院	克罗地亚	中克语言文化中心	学生交流;教师交流;科研合作;建立旅游管理专业海外实习基地
宁波城市职业技术学院	亚得里亚大学	黑山	丝路工匠学院(黑山语语言文化中心)	学生技能培养与文化交流
			"一带一路"职教慕课联盟	国际化职教慕课建设推广
宁波市鄞州职业高级中学	特兰西瓦尼亚国立技术高中	罗马尼亚	第六届中国(宁波)-中东欧国家教育合作交流项目	人文交流;教学互动(线上教学)
宁波市甬江职业高级中学	索非亚中国文化中心、HRC 美食烹饪学院	保加利亚	烹饪专业	中餐选修课
宁波外事学校	中罗(德瓦)国际艺术学校	罗马尼亚	中罗(德瓦)国际艺术学校	汉语及文化学习;艺术专业交流

　　注:本表格由课题组整理而成。

---

① 蒋炜宁,陆灵刚,李宁.宁波携手中东欧,奏响"一带一路"教育和声——宁波-中东欧国家教育合作交流活动纪实.宁波日报,2017-06-16(A5).

② 宁波市"一带一路"职业教育研究管理办公室.宁波市"一带一路"国家职业教育合作发展三年行动计划首批重点项目绩效评估报告(2019—2021).宁波:宁波市"一带一路"职业教育研究管理办公室,2021:6-8.

(三)多途径开展中东欧人才培养

1. 探索培养中东欧语言文化等国际人才

自教育合作机制建立以来,浙江省教育厅和宁波市教育局支持并鼓励在浙院校与中东欧国家院校合作,建成了波兰语言文化中心、捷克语言文化中心、斯洛伐克语言文化中心和黑山语语言文化中心等 4 个中东欧国家语言文化中心,着力培养应用型非通用语种人才。浙江外国语学院等省内本科院校开设了波兰语和捷克语专业(见表 3),并组建了"小语种+"跨境电商产教融合联盟,打造上手快、适应性强的国际化外贸人才,拓展与中东欧国家的跨境电商贸易。

表 3 浙江高校开设波兰语、捷克语专业情况

学校	专业
浙江外国语学院	波兰语、捷克语
浙江越秀外国语学院	捷克语
浙江万里学院	捷克语(专业方向特色班)
浙大宁波理工学院	波兰语(专业方向)

2. 依托院校开展面向中东欧国家的教育援外培训项目

近年来,宁波职业技术学院、浙江万里学院和宁波城市职业技术学院先后获批教育部 2019 年度、2020 年度教育援外项目。2016—2021 年,浙江万里学院面向中东欧国家的青年学者、官员、企业家举办了 7 期专题培训,累计培训人数超 120 名;宁波职业技术学院和浙江万里学院等在甬院校共培训了来自中东欧国家的 153 名官员和技术人员。

3. 积极探索境外办学

在浙院校探索多种模式境外办学,在罗马尼亚和黑山等中东欧国家设立办学机构。宁波外事学校在罗马尼亚建立了中罗(德瓦)国际艺术学校,浙江纺织服装职业技术学院在罗马尼亚创办了中罗丝路工匠学院,宁波城市职业技术学院与黑山亚得里亚大学共建了丝路工匠学院。这三所学校已为中资企业"走出去"培养了近 300 名既了解中国文化又具备专业技能的中东欧学生和员工。

(四)双方师生交流逐年增加

随着浙江省与中东欧国家教育合作平台的载体不断丰富,双方签署的各类协议不断增多,双方院校师生交流数量和质量普遍提高。首先,获邀参加交流会的中东欧国家院校专家学者等嘉宾人数不断增加。截至 2021 年 6 月,中东欧国家累计已有超过 500 名政府、驻华使领馆以及院校嘉宾参加了交流会活动。^① 其次,来浙留学的中东欧留学生人数不断增加。自 2014 年起,宁波市政府设立了中东欧国家来华留学生专项奖学金,截至 2021 年年底累计已有近百名中东欧学生获得奖学金,发放的奖学金总额超过 120 万元。最后,往来浙江与中东欧国家的师生交流人数逐年增长。据统计数据显示,2018 年中东欧国家先后派出 27 个团组访问了宁波,宁波院校也派出了 16 个团组赴中东欧国家进行洽谈与交流,两地师生双向交流人数突破 500 人。两地院校还积极拓展学生交流项目,宁波累计实施与捷克、波兰、斯洛伐克、匈牙利等国家院校的学生交流项目突破 30 项,内容涉及课程学习、语言学习、艺术交流以及文化考察等。^②

（五）双方智库及科研合作日益活跃

截至 2021 年年底,浙江大学、浙大宁波理工学院和浙江万里学院等在浙院校建立了涉中东欧的各类智库平台多达 13 个(职业院校中仅浙江金融职业学院建有智库——捷克研究中心)、联盟 10 个(职业院校牵头组建的有 3 个),以及丝路学院 6 个(职业院校建立的有 3 个),形成了聚焦中东欧国别和区域研究的智库群落。其中,浙江大学中东欧研究中心、浙大宁波理工学院波兰研究中心、浙江万里学院中东欧研究中心和浙江金融职业学院捷克研究中心被列入教育部国别和区域研究中心;宁波市还建立了斯洛文尼亚研究中心、拉脱维亚研究中心、斯洛伐克研究中心等一批宁波市级国别和区域研究中心。这些智库平台通过宁波市中东欧国家合作智库研讨会等活动,积极发挥人文交流作用,为双方合作出谋划策,凝聚正能量,传递好声音。^③

（六）新冠肺炎疫情等百年变局带来冲击

2020 年年初暴发的新冠肺炎疫情,加速了大国博弈下的百年未有之大变局的演进。当下俄乌冲突带来的地缘政治危机更是增加了中国与中东欧国家之间进一步合作的困难和障碍,给未来可持续、更深层次的合作带来新的不确定性。新冠肺炎疫情发生早期,浙江省与中东欧国家的合作院校纷纷互致关心与问候,部分院校相互捐赠口罩等防疫物资。随着疫情不断蔓延,人员国际交流

---

① 浙江省中等职业教育质量年度报告(2021 年).杭州:浙江省教育厅,2021(3):12-15.
② 浙江省中等职业教育质量年度报告(2021 年).杭州:浙江省教育厅,2021(3):27-30.
③ 郦悦,李鑫."十四五"时期高职院校国际合作办学的创新点.浙江教育报,2022-02-25(6).

交往暂停,部分院校开始转向线上开展对接交流。2021年起,浙江省克服疫情困难,成功举办了第七届中国(宁波)-中东欧国家教育合作交流会开幕式暨首届中东欧国家智库论坛、宁波市中东欧国家合作智库研讨会等11项活动,还搭建了浙江-中东欧国家教育智库联盟等6个教育合作平台,为今后的发展奠定了良好基础。

四、面临的困境与挑战

(一)新冠肺炎疫情阻隔浙江省与中东欧国家职业教育合作的深度与质量

新冠肺炎疫情对世界各国冲击巨大,教育领域的国际交流与合作面临前所未有的挑战。2020年年初以来,随着全球疫情的持续加重,我国与中东欧国家在教育领域的国际合作因政治、经济、安全等因素而暂停,对部分合作对象的原定计划也不可避免地进行了调整和缩减。虽有部分院校项目通过线上开展各类交流互动得以实现,但其效果、质量都大打折扣。

(二)地缘政治风险加剧逆全球化,影响浙江省与中东欧国家职业教育合作可持续推进

随着大国博弈加剧,加之俄乌冲突爆发,地缘政治风险更进一步加剧了新冠肺炎疫情冲击下百年未有之大变局之逆全球化。多数中东欧国家毗邻俄罗斯或乌克兰,深受俄乌冲突影响;增强北约框架下的军事合作、应对俄乌冲突危机扩散已成为大多数中东欧国家政府的优先议题。同时,以美国为首的西方国家,以及深受俄罗斯安全威胁的波罗的海三国(爱沙尼亚、拉脱维亚、立陶宛)、波兰、罗马尼亚等国家在舆论上要求中国制裁俄罗斯。鉴于中国一贯强调的基于《联合国宪章》的安全政策,西方国家对中国形成了新一轮的负面舆论。这一困境严重影响了中国与中东欧国家的合作,为浙江省与中东欧国家职业教育可持续合作带来了不小的挑战。

(三)中东欧国家差异性因素严重制约浙江省与中东欧国家职业教育合作深度

首先,中东欧国家差异性大。无论在地理分布跨度、国土面积和人口规模上,还是在"欧洲化"政经转型进程上,各国都呈现出差异性、多样性。其次,中

东欧国家语言复杂。欧盟成员国中正式官方语言达 24 种,3 个主要分支为日耳曼语族、罗曼语族和斯拉夫语族。罗马尼亚语属于罗曼语族,保加利亚语、捷克语、波兰语、斯洛伐克语和斯洛文尼亚语属于斯拉夫语族,爱沙尼亚语和匈牙利语属于芬兰-乌戈尔语族。最后,中东欧国家民族文化差异大,宗教影响深远。民族的多样性、宗教的复杂性以及相伴而生的文化差异性也给浙江省与中东欧国家的职业教育交流与合作带来挑战。

(四)高新技术应用程度不同为浙江省与中东欧国家职业教育合作带来新的不平衡性

当前,互联网、移动终端、增强现实(AR)等高新技术不断普及。因理念差异、经济水平不同等原因,中东欧各国高新技术普及水平不一,应用程度不同,在部分国家可应用性不强。由于中东欧国家职业教育处于不同的发展阶段,各方在教学水平、师资力量、优势学科、重点研究领域等方面有所不同,故而在开展教育交流与合作时难度增加,合作双方在课程互认、学分互认、学历互认和资格互认等方面也存在诸多障碍。此外,由于中东欧国家经济条件相对有限,校际合作协议数量虽有增加,但因经费可持续投入不足,难以取得实质进展,例如合作平台建设、留学生奖学金、教师交流支撑以及合作办学等方面均缺乏相关国家的经费支持。

五、今后的发展对策建议

面向未来,面向百年未有之大变局,我们坚信,和平与发展仍然是时代主题,全球化依然是世界发展潮流。2021 年 2 月 9 日,国家主席习近平在中国-中东欧国家领导人峰会上呼吁"凝心聚力,继往开来,携手共谱合作新篇章"。教育国际交流与合作,是推动世界各国各民族在互动交流中共商时策、共绘新篇的重要途径和方式。中国与中东欧国家将共同携手,凝聚智慧,更好地推进双方教育交流与合作,共建共享更加美好的未来。

(一)《中华人民共和国职业教育法》新修订出台①,为浙江省与中东欧国家开展职业教育合作提供了方向指引

2022 年 4 月 20 日,十三届全国人大常委会第三十四次会议表决通过新修

---

① 中华人民共和国职业教育法. (2022-04-20)[2022-07-14]. http://www.moe.gov.cn/jyb_sjzl_zcfg_jyfl/202204/t20220421_620064.html.

订的职业教育法,这是职业教育法制定近 26 年来的首次修订。新修订的《中华人民共和国职业教育法》提出,国家应鼓励职业教育领域的对外交流与合作,支持引进境外优质资源发展职业教育,鼓励有条件的职业教育机构赴境外办学,并支持开展多种形式的职业教育学习成果互认。这为浙江省深层次开展与中东欧国家的职业教育合作指明了方向,为排除冲击和困境奠定了合作信心。

(二)及时创新方式方法,在百年未有之大变局中寻新机、开新局

百年未有之大变局开启了大调整、大变革、大发展的大时代,机遇与挑战并存,浙江省要善于站在船头遥望地平线,充分接受新思想,开启新思维,采用新技术,在困境和挑战中运用新技术、新手段,抓住新机遇,开启新局面。要发挥互联网、移动网络、智能语音、人工智能、元宇宙等新技术、新场景,创新性地开展国际交流与合作,与中东欧国家联合开展在线多语种虚拟教研室、联合实验室、联合创新课题研究等,跨越空间距离、语言、政治等障碍,创新探索"职教合作网络丝绸之路"。

(三)以深化职业教育国际合作倒逼浙江省职业教育新一轮改革创新和国际化发展

面对未来,浙江省将通过进一步深化与中东欧国家的职业教育合作,学习并引进欧洲职业教育先进经验,尤其是德国的学徒制、双元制、资格认证等职业教育先进做法,推动本省职业教育深层次改革创新,加速新形势下的职业教育国际化,实现育人标准国际化、师资队伍国际化、专业课程国际化和校园文化国际化。

(四)顶层谋划与制定合作规划,分类分批有序推进浙江省与中东欧国家职业教育合作

面对中东欧国家的巨大差异性、职业教育发展的不均衡性,以及其地缘政治因素和国内党派之争的影响,浙江省要站在国家层面,立足服务国家和地方发展的战略需要,顶层谋划,实施优先秩序,分步骤同与我国友好且政局稳定的中东欧国家优先开展深层次职业教育合作。此外,立足浙江省和中东欧国家产业发展需要,针对双方产业产能合作需求,浙江省要创新探索职业院校、龙头企业和"走出去"企业协同协作的路径,创新打造产教融合的职业教育国际合作共同体,服务双向产业发展需要。

（五）争创浙江-中东欧国家职业教育合作示范区，打造浙江省职业教育国际合作品牌

要充分发挥中国（宁波）-中东欧国家教育合作交流会、浙江-中东欧国家教育智库联盟、中国（浙江）-中东欧跨境电商产教联盟以及丝路学院等多种载体平台的优势，扩展合作宽度，夯实合作深度，提升合作层次，提高合作质量，打响合作品牌，力争创建浙江-中东欧国家职业教育合作示范区。依托示范区，开展中东欧国家职业教育国别研究、中东欧小语种人才培养、区域性国际联盟组织建设，促进浙江省与中东欧国家互学互鉴，打造职业教育高端论坛等，将浙江省打造成为一个与国际融合的中外合作办学示范区，一个高素质、国际型的职业人才培养基地，形成富有特色、优质高效、充满活力、对外开放的职业教育体系。

（审校：孙　翼）

"非洲之角和平发展构想"
与浙江省的参与路径

张湘东

摘要： 非洲之角是中国第一个提出特定发展模式建议的国际地区，对我国和平外交战略具有极强的先导意义。该地区充满不确定性，也蕴含着巨大的机遇。"非洲之角和平发展构想"的提出正值非洲之角处于政治、经济、地缘政治三大矛盾涌起的关口。该构想支持非洲之角国家走"以发展求安全"的道路，加快红海沿岸和东非沿岸开发，加速构建产业带经济带。同时，该构想支持非洲之角国家用非洲人的方式妥善处理民族、宗教、地域纠纷等问题，构建非洲之角团结、稳定、和谐的发展环境。浙江与非洲之角的经贸活动密切，应抓住该构想带来的新的历史机遇，推进经贸合作的强度和深度。还应发挥浙江互联网与轻工业发达的优势，以电子商务先行，推动非洲之角政治转型与经济稳步发展。

关键词： 非洲之角；浙江省；和平发展；中非合作

作者简介： 张湘东，法学博士，浙江越秀外国语学院非洲大湖区研究中心研究员。

国务委员兼外交部部长王毅在 2022 年 1 月访问肯尼亚时，主动提出"非洲之角和平发展构想"（简称"和平发展构想"），支持该地区国家应对安全、发展、治理三重挑战。他指出，"和平发展构想"主要包括以下内容：一是加强域内对话，克服安全挑战。二是加快区域振兴，克服发展挑战。做大做强蒙内铁路和亚吉铁路两条主轴，同时加快红海沿岸和东非沿岸开发，形成"两轴＋两岸"的发展框架，创造更多就业和增长。三是探求有效路径，克服治理挑战。① 中方提出并推动落实"和平发展构想"，正是习近平外交思想在非洲之角的创造性实

---

① 王毅谈"非洲之角和平发展构想".（2022-01-07）[2022-05-22]. https://www.mfa.gov.cn/web/wjbzhd/202201/t20220107_10479735.shtml.

践。非洲之角是中国第一个提出特定发展模式建议的国际地区,对我国和平外交战略具有极强的先导意义。党的十八大以来,浙江全面落实中非合作"八大行动""十大计划"等,在经济合作、文明交流、国际事务等各领域走在前列,用实际行动回答"打造什么样的中非命运共同体、如何打造中非命运共同体"这一时代课题。十三届全国人大四次会议审议通过的《中华人民共和国国民经济和社会发展第十四个五年规划和 2035 年远景目标纲要》,明确支持"浙江高质量发展建设共同富裕示范区"。中非合作是浙江高质量发展建设共同富裕示范区的重要组成部分。浙江在丰富和发展"和平发展构想"中具有先试先行的基础优势与创新示范的担当责任。浙江应当勇立潮头,主动探索"和平发展构想"带动非洲乃至全球发展的新路子,为"和平发展构想"的实施做出浙江贡献。

一、"和平发展构想"提出的背景

"和平发展构想"的提出正值非洲之角长期动乱不安之时。非洲之角包括埃塞俄比亚(以下简称"埃塞")、肯尼亚、厄立特里亚、吉布提、索马里等国和南苏丹与苏丹部分地区,是连接印度洋、红海、地中海的要地,战略位置独特,发展潜力巨大。2020 年以来,新冠肺炎疫情持续肆虐、军事冲突延宕不决、极端天气频繁袭扰等因素使该地区陷入前所未有的困难。2011 年"阿拉伯之春"期间,南苏丹的独立在非盟内部引起极大争议,南苏丹独立后迅速于 2013 年 12 月陷入内战;自 2015 年也门内战爆发和 2017 年卡塔尔外交危机起,海湾国家内部矛盾外溢,严重冲击非洲之角,非洲之角受到地缘政治显著影响;2018 年 4 月阿比担任埃塞总理后开启了一系列新政;2019 年 4 月苏丹发生政治更替;2020 年埃塞政府与提格雷州发生武装冲突。基于以上情况,近年来非洲之角人民思安求稳谋发展的愿望更加强烈。非洲之角的现状主要是由三大并存矛盾导致的,即政治人物老迈与人口结构年轻的矛盾、国家经济发展与政治动荡的矛盾、地缘政治导致的地区军事化与自身安全需求的矛盾。

非洲之角人口结构普遍年轻。除吉布提缺乏相关数据外,非洲之角 15 岁以下人口占总人口的 40% 以上,比全球平均水平高出 10 个百分点;而 65 岁以上的老龄人口还不到全球平均水平的一半。但是非洲之角的人口红利未见实现,年轻人失业率居高不下。例如,2021 年除了埃塞的失业率(3.7%)以外,其他非洲之角国家的失业率均远高于全球平均水平(6.2%),也高于撒哈拉以南非洲平均水平(7.7%),其中索马里(19.9%)、苏丹(19.8%)、南苏丹(13.9%)

均超过 10%,吉布提则达到惊人的 28.4%。① 在失业人口中年轻人占多数。无论是埃塞还是苏丹或其他国家,年轻人往往是政治骚乱、示威游行的主力军。在非洲之角的政治结构中,年轻人的政治代表性极低,国家领导人年龄普遍偏高或执政时间过长,例如苏丹前总统巴希尔于 2019 年 4 月被迫下台前,不仅年逾 75 岁,且执政时间超过 30 年;目前仍在位的厄立特里亚总统伊萨亚斯 2022年已 76 岁,执政该国 30 年;吉布提总统盖莱 2022 年 11 月以 75 岁的年龄任职满 23 年,该国宪法规定的最高任职年龄正是 75 岁。

进入 21 世纪后,非洲之角人民迫切需要国家治理思维从政治争夺转为经济发展。1963 年 5 月,31 个独立的非洲国家首脑在位于非洲之角的亚的斯亚贝巴通过了《非洲统一组织宪章》,非洲统一组织成立,这是非洲国家和人民走上团结合作、反帝反殖道路的重要标志。然而,非洲之角内乱和地区冲突不断,长期动荡给非洲之角带来了严重的经济、社会和安全后果。非洲之角与红海沿岸的阿拉伯邻国的经济发展,在 20 世纪 60 年代差距不大,但如今却已是云泥之别。在治理思维和实践的转变当中,埃塞扮演着引领角色。梅莱斯总理在建立新埃塞不久,就确立了经济发展的国家主导地位,使埃塞成为非洲之角较早采纳发展经济方略的国家,其战略结果是埃塞成为进入 21 世纪后非洲崛起的重要代表,经济增长率大于 10% 的年份超过 10 年,即便在危机重重的 2018 年也超过了 6%,2019 年达到了 8.4%,而由于提格雷州的冲突,2021 年降为5.6%。② 2018 年阿比上台伊始,人们曾担心埃塞的发展道路会变,但是阿比总理就任后坚持既有的"发展型国家"方略,同时采用新型政治动员话语体系,改革政府结构,力求缓解短期压力。然而,提格雷州的冲突抑制了国家的长期可持续发展潜力。

非洲之角军事化态势明显,传统地缘政治回归。海湾国家在冷战时期曾对非洲之角的政治有着重要影响,在冷战结束后逐渐退出。2015 年起,海湾国家开始在非洲之角建设军事基地并发展军事盟友,迅速推进非洲之角的军事化,这体现了海湾国家正重新强化对非洲之角的政治影响。2015 年前在非洲之角拥有军事基地的国家主要为西方国家,包括日本在内共建有 7 个军事基地。2015 年后短短 3 年时间内,新建或在建的外国军事基地共有 7 个,包括阿联酋

---

① Unemployment, total (% of total labor force) (medeled ILO estimate). [2022-07-01]. https://data.worldbank.org/indicator/SL.UEM.TOTL.ZS? locations=ZG.

② GDP growth (annual %) — Ethiopia. [2022-01-01]. https://data.worldbank.org/indicator/NY.GDP.MKTP.KD.ZG? locations=ET.

建立的 4 个、土耳其建立的 2 个和沙特建立的 1 个,这一数量等于 2015 年前非洲之角全部外国军事基地的数量。再加上美国、英国、中国和俄罗斯与非洲之角达成的新设军事基地和军事设施使用协议,到 2019 年年底,非洲之角已建成、正在建设和计划建设的军事基地多达 19 个,使该地区的"军事化"和冲突"代理人化"成为近年来非洲之角发展最引人注目的特征。①

海湾国家在非洲之角商业先行、集体跟进的策略,使非洲之角的小国毫无抵抗能力。非洲之角毗邻红海,然而海湾国家讨论红海地区重大事务时,往往将非洲之角国家排除在外。2018 年 12 月沙特举办有关红海地区安全治理问题的七国外长会议,这是红海两岸在安全治理领域的一次重要行动,却没有邀请同为红海沿岸国家的厄立特里亚以及在红海有重要利益的埃塞与会,东非政府间发展组织(伊加特)和非盟等与非洲之角治理密切相关的机制也未获邀请。②

坚持独立自主、排除外来干涉是实现非洲之角持久安全与繁荣的必由之路,中国提出"和平发展构想"恰逢其时。非洲之角国家也期待中国能发挥更加积极的作用,助力地区局势转圜。2022 年 2 月底,中国任命薛冰大使担任外交部非洲之角事务特使,并于同年 3 月率工作组赴非洲之角落实"和平发展构想"。薛冰特使在 16 天里访问了 7 个国家,所到之处受到热情接待,5 个国家的领导人、7 个国家的外长或外长代表专程安排会见,他共出席记者会等各类采访活动 18 场。③

二、"和平发展构想"实施的障碍

"和平发展构想"之所以强调"地区命运掌握在自己手中",是因为非洲之角深受大国争夺之害。非洲之角的发展充满不确定性,同时蕴含着巨大的机遇。中国政府敏锐地捕捉到了这个节点。推动非洲之角实现和平与发展,外部的积极支持而非消极介入将是重要的变量。因此,"和平发展构想"落地并非易事。虽然中国助推非洲之角国家治理思维转型和治理能力提升,但是来自非洲之角内部、地区和美国的阻碍因素不容忽视。

一是来自内部政治的障碍,政坛长期稳定的非洲之角国家不多。就非洲之角国家政治不确定风险而言,苏丹和南苏丹的政局虽呈现积极态势,但仍存在

---

① 孙德刚,邹志强. 域外国家对东非加强军事介入:态势及影响. 现代国际关系,2018(12):46.
② 参会的七国为沙特、埃及、苏丹、吉布提、索马里、也门、约旦。Arab and African states discuss forming a Red Sea Security Council. (2018-12-12)[2022-05-04]. https://www.thenationalnews. com/world/gcc/arab-and-african-states-discuss-forming-a-red-sea-security-council-1.801970.
③ 薛冰. 真诚助力非洲之角和平发展. 人民日报,2022-04-13(4).

一定风险。苏丹政治转型面临的挑战是:军队影响过大、草根政治人物组织能力较低、代际政治更替困难、多地叛乱等。尽管军队于2019年6月初通过暴力镇压上台,但政局一直未能稳定。南苏丹内战已持续8年,对立双方多次达成和平协议后又多次撕毁。尽管如此,2018年9月签署的《南苏丹冲突解决振兴协议》使南苏丹实现了自内战爆发以来时间最长的一次停火,安全形势、人道主义救援等方面明显改善。南苏丹联合过渡政府的组建一拖再拖,在2020年2月底基本组建完毕。① 此外,埃塞面临的风险最高。阿比总理面临一系列严峻挑战,而且这些挑战相互嵌套,尤其是联邦和地方关系、族群与政党关系等相互纠缠,导致任何旨在解决单一问题的方案都可能引发系统性错误。国情的复杂性导致阿比总理执政第二年起实施的新政举措的边际效应明显下降,埃塞甚至于2020年爆发了内战。

二是来自地区安全的障碍,非洲之角一直是周边国家,包括欧洲争夺的重点。周边国家关注非洲之角的重要原因是在意红海通道的安全。一位西方学者指出,红海地区国际关系由两条相互孤立的地缘政治轴组成:沿红海通道的纵轴"和平"——由于海上通道事关全球海上安全,欧美大国竭力维护纵轴和平,对红海两岸国家和人民的利益考虑较少;贯穿东西的横轴"动荡"——由于与海上通道安全相对分割,往往被周边国家忽视。整个冷战时期,在纵轴长期保持和平稳定的同时,横轴的动荡和代理人战争长期存续,并的确横贯东西。② 欧盟对红海地区的事态发展非常关注,主要包括两个问题:一是与美国相同,维持红海通道的纵轴和平,并确保其为欧美所控制;二是阻止非洲移民通过红海地区进入欧洲。③

三是美国对非洲之角的争夺。美国对非洲之角的关切包括两个方面。其一是地区安全局势对海上通道安全的影响,重点是反恐和打击海盗。"9·11"事件后,美国在吉布提建立了非洲的第一个永久军事基地。随着索马里海域海盗数量的快速增长,美国自2008年起将打击海盗视作其在非洲之角的另一战略优先项。美国于2015年在索马里基斯马尤建立无人机基地,于2017年在南部地区的巴勒多格尔建立空军基地。其二是关注各国对非洲之角的影响。特

① Kiir, Machar pledge to work together for peace implementation. (2020-02-23) [2022-04-06]. https://sudantribune.com/article67133/.

② de Waal, Alex. Pax Africana or Middle East Security Alliance in the Horn of Africa and the Red Sea. (2019-01-05) [2022-05-08]. https://sites. tufts. edu/wpf/files/2019/11/Pax-Africana-or-Middle-EastSecurity-Alliance-final. pdf.

③ 张春. 非洲之角政治转型及中国的政策选择. 现代国际关系,2020(3):49-56,66.

朗普政府于 2018 年 12 月公布的"新非洲战略"中明确将非洲纳入与其他大国的地缘政治竞争。时任美国国家安全顾问约翰·博尔顿指出,美国新非洲战略的使命是应对大国竞争,因此美国必须"重组援外资金以纠正历史性错误"。① 埃塞是美国特别关注的非洲之角大国。长期以来,美国千方百计谋求用其"人权"与"自由市场经济"发展模式改造埃塞,将新兴国家与埃塞的发展合作视作对其非洲战略的挑战。由于阿比政府无法满足美国在非洲之角遏制其他大国影响力的战略企图,2022 年伊始,美以埃塞内战为由,宣布将埃塞移出《非洲增长和机会法案》(AGOA)受益名单,其产品出口到美国不再享受免税等政策优惠。由于埃塞经济增长很大程度上依赖于商品出口,这项制裁将影响埃塞超过 20 万个低收入家庭约 100 万人。美国还支持埃塞 9 个在野党在华盛顿签署组成反阿比政府的联盟协定,协定称将经由"谈判或武力"迫使阿比组建过渡政府。②

"和平发展构想"正是在以埃塞内战为代表的地区热点严重影响非洲之角和平稳定的时候提出来的。非洲之角的动荡给了世界干预的理由:非盟任命尼日利亚前总统奥巴桑乔担任非洲之角问题特使;欧盟设立了非洲之角事务特使;联合国秘书长在 2021 年成立了非洲之角事务特使。中国设立特使彰显了对该地区的重视,"旨在保护中国对不稳定地区与日俱增的投资……中国已经厌倦了在该地区外当看客,这种(置身事外的)立场在过去弱化了中国的软实力优势"③。美国则派出大卫·萨特菲尔德担任非洲之角特使。

三、浙江省参与"和平发展构想"的行动建议

中方参与非洲之角和平安全事务具有无可比拟的独特优势。近年来,中非在非洲之角的合作成就各方有目共睹,中企承建的蒙内铁路、亚吉铁路便是生动例证。蒙内铁路是肯尼亚独立以来最大的基础设施工程。2021 年铁路客运收入增长 145%,货运收入超 1 亿美元。亚吉铁路是东非第一条电气化铁路,疫情期间运营效益连创新高,2021 年运营收入达 8613 万美元,同比增长 37.5%。

---

① Remarks by national security advisor ambassador John R. Bolton on the Trump Administration's New Africa Strategy. (2018-12-13) [2022-04-06]. https://trumpwhitehouse. archives. gov/briefings-statements/remarks-national-security-advisor-ambassador-john-r-bolton-trump-administrations-new-africa-strategy.

② 马汉智."非洲之角"政治隐忧与和平发展构想. (2022-04-06) [2022-05-20]. https://column. chinadaily. com. cn/a/202204/06/WS624d469da3101c3ee7acf205. html.

③ 姆坦博. 中国版的非洲之角调解. 王令聪,译. 东非人报,2022-03-23(6).

蒙内铁路、亚吉铁路已成为该地区陆海联运主动脉。[①] 在落实构想的过程中，上述铁路"两轴"将适时向周边延伸，带动红海、东非"两岸"开发，形成"两轴＋两岸"发展框架，加速构建非洲之角地区发展的产业带经济带。浙江在打造"两轴＋两岸"发展框架的构想实践上大有作为。非洲之角各国也期待同浙江加强交流互鉴，借鉴像浙江这样的发达地区在脱贫攻坚、生态环保等领域的成功经验，探索一条符合各国国情的有效路径，实现国家振兴和经济社会发展。浙江拥有占全国 16% 左右的对非出口额。[②] 浙江应抓住"和平发展构想"带来的新的历史机遇，推进经贸合作的强度和深度，发挥互联网与轻工业发达的优势，以电子商务先行，推动非洲之角政治转型与经济稳步发展。

（一）加强在非洲之角的投资与经贸往来，助力"和平发展构想"落地

首先，应加大直接投资力度，在非洲之角扎根。自 2000 年以来，中国与非洲之角经贸合作发展迅速。中国在非洲之角的主要经贸伙伴是埃塞、肯尼亚和苏丹。中国对外直接投资数据显示，2010 年至 2018 年，中国对非投资额分别为：肯尼亚 17.1 亿美元，埃塞 14.5 亿美元，苏丹 9.1 亿美元，吉布提 1.2 亿美元，厄立特里亚 0.95 亿美元，南苏丹 0.26 亿美元；中国对非洲之角的投资存量分别为：苏丹 120.7 亿美元，埃塞 107.8 亿美元，肯尼亚 79.2 亿美元，厄立特里亚 12.9 亿美元，吉布提 7.2 亿美元，南苏丹 2.1 亿美元。[③] 浙江应积极参与对非洲之角的直接投资，组织资金落实和投资项目的建设推进，促进非洲之角经济社会发展。

其次，应加强浙江与非洲之角的可持续发展战略政策对接，着重利用自身发达区域的优势，打造专项人才培养通道。"和平发展构想"需要电子商务等先进发展手段的支持，而非洲之角电子商务刚刚起步，各国的人才需求大，人才缺口大，专业人才雇用成本高。同时，非洲之角教育落后，识字率低，电商人才培养成本高。浙江应利用自身优势，与非洲之角国家在基础教育领域、社会培训领域等展开合作，打造电商人才培养通道，持续为非洲输出电子商务专业人才，努力缩小非洲数字鸿沟，推进非洲之角信息社会建设。

最后，应利用好"联合国和平与发展信托基金"和"中非发展基金"，成立"浙

① 薛冰. 真诚助力非洲之角和平发展. 人民日报，2022-04-13(4).
② 陈旭东，章胜锋，沈冰鹤. 建设中非合作交流示范区，探索共同富裕与全球发展样本//中共浙江省委党校. 共同富裕看浙江. 杭州：浙江人民出版社，2021：321.
③ 商务部等部门联合发布《2018 年度中国对外直接投资统计公报》. (2019-10-28)[2022-04-03]. http://fec.mofcom.gov.cn/article/tjsj/tjgb/201910/20191002907954.shtml.

江对非电子商务专项投资基金"。"联合国和平与发展信托基金"是响应习近平主席倡议、由中国与联合国于 2016 年联合设立的。旗下围绕和平与发展设有两个子基金,发展子基金名为"2030 可持续发展议程基金",已在 2016—2018 年为非洲之角提供了 8 个项目,资金支持总计超过 250 万美元,主要用于埃塞、肯尼亚和苏丹三国。① 浙江可以考虑利用发展子基金投入更多专门性项目,以促进当地可持续发展。设立"中非发展基金"是 2006 年中非合作论坛峰会上中国政府宣布对非务实合作的重要举措,2007 年由国家开发银行承办,规模达到 100 亿美元,主要覆盖产能合作、基础设施、能源矿业等多个领域。由于非洲之角国家较为贫困,融资十分困难,浙江应当积极寻求"中非发展基金"支持,成立诸如"浙江对非电子商务专项投资基金"等基金项目。该基金可以帮助浙江在非洲之角的企业电商团队迅速扩张,还可以帮助当地有潜力的本土电商企业快速发展,推动非洲之角电子商务产业走在非洲大陆前列,产生良好的社会经济效应,为"和平发展构想"做出实实在在的贡献。

(二)帮助非洲自贸区建设,加强与非洲之角的电子商务合作

截至 2019 年 6 月,中国在非洲建成了 25 个境外经贸合作区,其中非洲之角地区有 7 个。非洲之角国家均已加入非洲自贸区。自贸区除了能够消除区域内部的关税、物流、支付、结算壁垒外,还将扮演中非电商合作的助推器,加速企业资金融通,促进基础建设。在这个契机下,浙江政府及企业应抓住机遇,做好多方面工作。

第一,加大在非洲之角的电商投入。2017 年中国商务部正式提出"丝路电商"行动计划,旨在深化"一带一路"经贸合作,打造国际合作新平台。在非洲之角国家积极参与非洲自贸区建设的背景下,浙江应积极投入到区域贸易安排框架下的电子商务磋商与合作中,发挥建设性作用,为浙江中小企业提高国际化经营水平,融入非洲之角供应链、产业链、价值链提供更多的机遇。

第二,浙江地方政府应立足跨国电商经济的发展诉求,形成地方特色的实践经验。湖南省在这一方面已走在全国前列,2020 年湖南自贸区已开展中非跨境人民币业务,该业务通过肯尼亚先令与人民币的直接兑换为企业降低了汇兑成本。② 浙江多地正在摆脱企业高耗低效的发展模式,制造业"腾笼换鸟、凤凰涅槃",包括绍兴市在内的多地狠抓经济高质量发展和数字化改革。浙江完全

---

① 2030 年可持续发展议程子基金. [2022-05-25]. https://www.un.org/zh/unpdf/2030asd.shtml.
② 张锐,钱霖亮. 电商外交:概念界定及中国实践. 国际关系研究,2020(6):20-40,152-153.

可以利用自身优势打造同非洲之角国家数字合作的旗舰业务,促进国内国际双循环发展的对非合作新模式,为"和平发展构想"和中非电子商务合作做出贡献。

第三,可在商务部指导下,完善中非电商合作对话机制建设。政府应在政策协调沟通、规划对接等方面做出努力,浙江各地电商企业间的多层次沟通也必不可少。建议浙江电商企业在政府协助下,主动对接非洲之角国家在华使领馆,通过各种实践宣传为浙江企业拓展市场,推动中非企业构建跨国产业联盟或达成合作意向,举办政企间的经验交流会、产业高峰论坛等活动,促进电商企业、中非专家跨国对话,为双方电子商务合作建言献策。

(三)聚焦优势领域开展合作

政府和民间资本应加强对非洲之角电子商务及配套产业的投资,聚焦电子商务核心领域,在非洲之角形成突破。主要可以聚焦以下三大领域。

1. 电商平台建设

在全球化、信息化的背景下,非洲之角的跨境电商贸易尚在起步期。作为中国电商重镇的浙江省,应关注非洲对进口产品,尤其是高新科技电子产品的依赖。应着眼"和平发展构想",利用非洲自贸区建设的契机,打通物流和关税壁垒,发展非洲之角的跨境电商交易平台。非洲之角各国经济、文化、政治、法律差异较大,浙江企业应选择电商基础好、市场大、信息化基础较为完善、民众接受程度较高的国家进驻。进驻顺序为:从该国经济政治中心城市逐步扩展到大中城市再进入农村区域,由点到面开展电子商务贸易。除了平台建设的方式,浙江企业还可采取收购、合资策略,以非洲之角国家的国内小型电商平台为基础,逐步注入我国电商发展的先进技术和理念。

2. 物流合作

在电子商务的推动下,中国构建了庞大的多元物流体系,已成为全球快递业务量最大的国家之一。中国快递业的巨头企业有不少来自浙江,浙江是中国跨境物流业务的"高地"。"和平发展构想"的顺利实施,离不开物流业的发展,浙江企业可把非洲之角作为物流行业投资的首选。非洲之角国家人口众多,需求旺盛,然而快递物流体系单薄,存在物流形式单一、物流公司规模较小、信息化水平较差等问题。浙江企业正好可以利用自身发展的经验,帮助其建立完善、高效的快递物流体系。中通、圆通等浙江快递巨头可以通过收购当地规模较小的物流公司,以本土化资源解决文化壁垒、政策约束等问题。浙江的物流企业可在非洲之角这块新兴的土地上，探索智能配送体系建设，例如无人机配送等，以降低快递员短缺、交通设施较差等现状带来的发展阻力。逐步形成的智能配送体系，将与非洲电子商务市场协同发展，互利共赢。

3．移动支付平台合作

虽然电子商务已经在非洲萌芽，肯尼亚、埃塞等国也相继推出了电子货币、第三方支付手段等，但目前非洲之角各国的第三方支付平台由于服务范围有限、安全性不够，用户数量较少。浙江可利用互联网优势，在非洲之角率先推出第三方支付服务。首先进场的中国第三方平台，应注意与当地支付平台沟通协调，尤其要加强与非洲银行的合作、对接。平台合作还应考虑用户的接受度，通过新媒体宣传、线下实体店合作等方式开展应用推广，提高平台公信力，提升当地用户数量。

（审校：卢秋怡）

浙江企业在非投资风险预警报告

陈 立

摘要：非洲是浙江重要的贸易投资伙伴和工程承包传统市场，加强对非战略合作是浙江深度参与国家"一带一路"建设的重大任务。然而，受新冠肺炎疫情的持续影响，非洲经济、政治与安全形势明显恶化。非洲经济增长缓慢，失业和贫困人口增加，社会不平等凸显。经济与社会危机向政治与安全层面传导，原有地缘矛盾、民族冲突和社会问题愈加复杂难解，新的危机不断涌现，并呈多点并发之势。非洲恐怖活动猖獗，"伊斯兰国"和"基地"等国际恐怖组织趁乱扩充实力，在非生存空间发生重大变化，非洲本土暴恐分子"士气"高涨，利用新冠肺炎疫情大流行造成的混乱和不满，搅乱地区安全。非洲局势动荡为过去20年之最，浙江企业在非投资风险加剧。

关键词：浙江企业；投资；非洲；风险

作者简介：陈立，法学博士，浙江师范大学非洲研究院（非洲区域国别学院）助理研究员，非洲安全与发展研究中心主任。

非洲大陆资源丰富，市场潜力巨大，劳动力充裕，是浙江外贸进出口的新兴市场，也是浙江企业"走出去"的重点地区。浙江对非投资贸易近年来明显加大，对非出口几乎覆盖非洲所有国家和地区，对非出口商品结构日趋多元化，已从以纺织、服装、箱包等轻工产品为主，向以工业制成品和半制成品为主转变。对非投资项目分布在42个非洲国家，涉及贸易、生产加工、资源开发、交通运输、农业及农产品综合开发等多个领域，且将随着我国"走出去"战略和"一带一路"倡议的持续推进，向广度和深度发展。然而，新冠肺炎疫情在非洲的持续肆虐和非洲国家的治理难题，使得非洲政治和安全形势更加复杂严峻，疫情、政局动荡、恐怖主义、社会治安等安全风险呈上升之势，给浙江企业在非投资带来了更多挑战和不确定性。

一、新冠肺炎疫情风险还将持续

目前非洲疫情仍处于失控状态。截至 2022 年 5 月 25 日,非洲 54 个国家新冠肺炎确诊病例累计 1211 万例,占全球的 2.29%;累计死亡 25.4 万例,占全球的 4.04%。南非疫情最为严重,摩洛哥、突尼斯、埃及、利比亚、埃塞俄比亚和肯尼亚的情况也不容乐观。非洲公共医疗卫生系统整体脆弱,非洲或成为最晚摆脱新冠肺炎疫情影响的地区。目前,非洲仅 14 个国家设有国家公共医疗卫生机构,多数国家公共医疗卫生基础设施落后,医疗资源严重匮乏。拥有全球 16.7% 人口的非洲,医护人员数量只占全球的 3%,每万人仅拥有医生 2.7 名,远低于世界平均水平的 13.9 名,最低的利比里亚甚至不足 0.1 名,即便是医疗条件最好的南非,也仅为 7.8 名;每万人拥有护理人员 10 名,明显低于世界平均水平的 34 名;每万人占有病床数 9 张,仅及世界平均水平的三分之一。非洲医疗卫生资金投入普遍不足,只有乌干达、卢旺达、斯威士兰、埃塞俄比亚、马拉维、中非、多哥 7 国兑现了 2001 年《关于艾滋病毒/艾滋病、肺结核和其他有关传染病的阿布贾宣言和行动框架》中"将政府预算的 15% 用于公共医疗卫生"的承诺,[①]多数国家的相关预算远低于这个标准,且主要依靠外来援助。而在全球疫情暴发的情况下,外来援助受到很大限制。

非洲脆弱的公共医疗卫生系统不仅面对着新冠肺炎疫情带来的巨大压力,还承受着全球 24% 的疾病负担,包括全世界约 70% 的艾滋病感染者、90% 的疟疾患者和三分之一的结核病患者。2021 年,非洲有 24 个国家暴发脊髓灰质炎疫情,有 13 个国家出现黄热病疫情;2022 年 1 月至 3 月,非洲大陆又发现约 1.7 万例麻疹病例。其他传染病不时地卷土重来,挤兑本就匮乏的非洲公共医疗卫生资源,严重干扰了非洲国家对新冠肺炎疫情的预防和治疗。截至 2022 年 6 月,非洲新冠疫苗接种率依然很低,仅 17.3% 的非洲人口完成了疫苗全程接种,离世界卫生组织设定的目标还有很大差距。根据世界卫生组织针对标准化血清流行率研究的分析数据,非洲真实的感染人数可能比确诊报告的病例数高出 97 倍。非洲的低疫苗接种率和无处不在的无症状感染者,大大增加了中资企业人员感染病毒的概率。2020 年以来,陆续有中资企业员工在坦桑尼亚、莫桑比克、津巴布韦、乌干达、肯尼亚、赞比亚、南非、南苏丹、加纳等国感染新冠病毒,其中就有浙江在非企业员工,例如在加纳从事贸易工作的浙江商人。

---

① World Health Organization. *Atlas of African Health Statistics 2016: Health Situation Analysis of the African Region*. Brazzaville: WHO Regional Office for Africa, 2016.

二、政局动荡风险明显上升

非洲一直是世界上军事政变的多发区,20世纪60—80年代共发生约280次军事政变或兵变,80年代一度有20多个非洲国家的政权为政变军人所控制。[①] 2000年非洲统一组织(非盟前身)通过《洛美宣言》,规定任何"违宪更换政府"的成员国将被暂停资格。之后,非洲政变一度趋于减少,由前40年(1960年至1999年)的平均每年4次,下降到后20年(2000年至2019年)的平均每年2次左右。[②] 然而,在疫情对经济社会的冲击下,非洲国家的政治稳定性和凝聚力迅速下降,军事政变大有"卷土重来"之势。2021年,尼日尔、马里、几内亚及苏丹军方发动政变夺权,创近20年非洲国家政变次数新高。乍得总统伊德里斯·代比阵亡后,军方拥其子穆罕默德·代比为新总统并领导军事过渡委员会,也被反对党指责为"军事政变"。2022年伊始,布基纳法索发生"1·23"军事政变,自称"保卫与恢复爱国运动"的军人团体推翻了总统卡波雷领导的政府;就在西非国家经济共同体轮值主席、加纳总统阿多发出"非洲政变传染病"感喟的第二天,几内亚比绍便发生"2·1"军事政变,政变军人包围并袭击了政府大厦,总统恩巴洛恰巧不在大厦内,最终这场政变不到一天便告平息,但导致了11人死亡。非洲国家近期政变频发,既有疫情难控、经济低迷、治安恶化导致社会矛盾加重的内部原因,也与非盟及区域组织对政变干预乏力、国际社会缺少有效遏制手段等外部因素有关。国际危机组织专家认为,国际社会的默许为军事政权制造了有利氛围,可能在非洲产生"示范"效应。

埃塞俄比亚、南非、尼日利亚等非洲大国政局动荡。埃塞俄比亚政府军和"提格雷人民解放阵线"之间的冲突仍在持续。2022年3月24日,埃塞俄比亚联邦政府宣布人道主义休战之后,"提格雷人民解放阵线"回应政府的呼吁,同意停止敌对行为,并敦促政府尽快放行国际组织向提格雷地区运输紧急救援物资的车辆,以解救面临饥饿危机的数十万平民百姓。但是,双方在阿尔法州的战斗并未平息,危及和谈进程。内战对埃塞俄比亚的经济社会发展产生了巨大影响,截至2022年1月,埃塞俄比亚年通货膨胀率已达到34.5%,超过2000万人口因干旱、战争和新冠肺炎疫情陷入严重的粮食危机。美国参议院外交关系委员会于同年3月29日通过《埃塞俄比亚和平与稳定法案》,以实施制裁的方

---

① 王洪一. 解析非洲"政变年". 国际问题研究,2004(3):57.

② Fabricius, P. African coups are making a comeback. (2021-10-15)[2022-04-10]. https://issafrica. org/iss-today/african-coups-are-making-a-comeback.

式插手埃塞俄比亚内战,给该国的政局增添了不确定性,埃塞俄比亚政局动荡或将长期化。

2021年7月,南非多地爆发自1994年种族隔离政策结束以来最严重的骚乱。表面看,骚乱的起因是南非前总统被捕引发支持者不满,实则折射出南非部族、党派、阶层之间的矛盾日益激化,社会深度撕裂。骚乱导致南非经济增长放缓,暴力犯罪高发,党内派系斗争加剧。2022年2月14日,反对党民主联盟正式发起针对拉马福萨总统内阁的不信任案,非洲人国民大会执政面临严峻挑战。同样,尼日利亚政府也面临着国家治理的沉重压力,除了打击活动猖獗的几内亚湾海盗和尼日尔河三角洲地区反政府组织外,还要应对东北部的宗教极端主义分子和恐怖主义分子、中部的农牧民冲突以及东南部的民族分裂分子。2020年12月以来,尼日利亚西北部频发绑架大案,这表明,该地区的武装土匪已成为该国新的不稳定因素,这些因素在新冠肺炎疫情的严重冲击下集中凸显且交织并存,导致尼日利亚安全环境持续恶化。总统穆罕默杜·布哈里称,由于持续的不安全局势,尼日利亚正面临"紧急状态"。①

非洲政局动荡风险上升,加大了浙江企业投资非洲的不确定性。浙江是民营经济强省,也是对外开放大省,"走出去"和"引进来"规模位居全国省区前列。非洲作为浙江对外投资的重要新兴市场,是浙江企业"走出去"的重点地区。近年来,浙江与非洲贸易投资往来不断加大,非洲已成为浙江重要的贸易合作伙伴。2020年,浙江对非洲进出口总值达2357亿元,对非出口遍布非洲所有国家和地区,其中对12个国家和地区的出口占全国同口径的20%以上;2020年,浙江对非洲年均直接投资备案额达4.8亿美元,对非洲直接投资存量达13.6亿美元,超过550家浙江企业扎根非洲投资兴业,投资遍及非洲41个国家,涉及贸易、生产加工、资源开发、交通运输、农业及农产品综合开发等多个领域。浙非合作不断深化,但非洲多国政局动荡,对浙江企业利益冲击较大。一方面,政局动荡导致在非浙江企业面临的政治环境发生剧烈变化,动乱、骚乱及战争直接威胁浙江在非企业及人员的资产和生命安全;另一方面,政局动荡可能造成东道国政权更迭或政治生态长时间恶化,使浙江企业在非投资项目被迫中止或毁约,令企业蒙受巨大损失。

① 欧亚系统科学研究会. 全球热点事件追踪与观察. (2021-11-15)[2022-04-10]. https://www.essra. org.cn/view-1000-3223.aspx.

三、恐怖主义风险愈发突出

随着"伊斯兰国"及其他恐怖组织的扩散,非洲已成为全球恐怖活动的新中心。《2022年全球恐怖主义指数》报告称,2021年全球受恐怖主义影响最严重的10个国家中有5个是非洲国家,分别是索马里、布基纳法索、尼日利亚、马里和尼日尔;全球因恐怖主义死亡人数增加最多的10个国家中有4个是非洲国家,分别是布基纳法索、刚果(金)、马里和尼日尔。[①] 非洲的恐怖主义指数已达到前所未有的水平,被联合国认定为2021年上半年全球受恐怖主义威胁最严重和因恐怖主义伤亡人数最多的地区。2021年6月,全球打击"伊斯兰国"联盟宣布将非洲作为其在全球打击恐怖主义新的优先地区。

恐怖组织在非洲利用新冠肺炎疫情大流行造成的混乱和不满,搅乱地区安全。一是图谋通过制造病毒、传播疾病等手段实施袭击。随着疫情的持续发展,恐怖分子利用病毒攻击、破坏各国医疗保健基础设施,病毒传播范围不断扩大。2020年4月16日,突尼斯当局宣布挫败一起"圣战"分子的恐怖阴谋,这些人员计划通过咳嗽、打喷嚏和随地吐痰等方式在安全部队中传播新冠病毒。[②] 埃及部分暴恐分子呼吁病毒感染者放弃住院治疗,抱持"殉道"思想,尽可能多地前往政府机构,充当人体媒介,向"压迫者"传播病毒。当前,新兴生物技术可更经济、更快速地对细菌或病毒进行基因测序、改造或武器化,降低了生物恐怖袭击门槛,为国际恐怖势力实施生物恐怖袭击打开了方便之门。"伊斯兰国"等恐怖组织具备生物恐怖袭击的动机和能力,不仅招募了一批有西方留学和生化技术背景的专业人才,组建了专门的生化实验机构,还设法从伊朗、叙利亚的医院、大学实验室等搜刮、购买生化制剂。此外,该恐怖组织还在网上建立"虚拟图书馆",大量分享炸弹、毒药及炸弹背心等生化武器的制作方法,并怂恿鼓动追随者策划投毒恐怖袭击。[③] 联合国秘书长古特雷斯指出,疫情凸显了人类在滥用数字技术、网络攻击和生物恐怖主义等新形式的恐怖主义面前的脆弱性。[④] 欧盟委员会专家称,新冠肺炎大流行期间,恐怖分子使用生物武器发动恐怖袭

---

① Institute for Economics and Peace. *Global Terrorism Index 2022*. New York: Institute for Economics and Peace,2022.

② Ong, K. & Azman, N. A. Distinguishing between the extreme farright and Islamic State's (IS) calls to exploit COVID-19. *Counter Terrorist Trends and Analyses*, 2020,12(3):18-21.

③ 中国现代国际关系研究院. 国际战略与安全形势评估2020/2021. 北京:时事出版社,2020:341.

④ 联合国反恐周开幕:古特雷斯提出指导未来反恐工作的五大领域. (2020-07-06)[2022-04-10]. https://news.un.org/zh/story/2020/07/1061401.

击的风险上升。①

二是利用疫情制造更多混乱。疫情影响非洲反恐力量的部署,让恐怖分子有机可乘。一方面,疫情增加了军队感染的风险。南非、尼日利亚、塞内加尔、科特迪瓦等国军队和联合国驻马里稳定团均发现了确诊病例,为了降低传播风险,士兵多数时间都固守军营,反恐训练和作战行动被迫停摆。新冠肺炎疫情暴发后,联合国秘书长古特雷斯一度宣布暂停维和部队的轮换和部署,而美国原定于2020年3月与北非、西非国家联合举办的"非洲雄狮"大规模军演也推迟到2021年6月举行。另一方面,为防范疫情,非洲各国重新部署军事力量,消减了反恐投入。南非将军队部署到该国疫情最严重的豪登省,配合警方维持社会秩序;而尼日利亚军方则承担了转移病人、保护政府食品储备免遭抢劫等任务。与此同时,非洲恐怖势力却乘机制造大量恐怖袭击事件。2020年,非洲发生暴恐事件4956起,比上一年度增加43%,2021年上半年数量已超过5100起。② 此外,非洲恐怖主义还与跨国犯罪合流并相互渗透,进行贩毒、绑架、自然资源盗采、野生动物盗猎及联合金融行动,对国家、区域和整个世界构成了更大威胁。极端组织"博科圣地"在喀麦隆极北大区建立了燃料、毒品、药品、汽车零部件走私及非法交易网络,并通过上述渠道,获取由利比亚、乍得等国流入的武器装备;极端组织"伊斯兰国中非省"则将走私得来的象牙、木材、毒品和红宝石等物品作为其主要财源。非洲智库安全研究所指出,极端组织通过多种手段筹集资金,特别是利用国际非法金融网络进行跨国犯罪,包括雇佣军队以及贩运人口、毒品、枪支等,从而"越来越有能力发动和维持军事进攻"。③

三是利用抗疫行动增强组织合法性并开展招募。暴恐组织正利用非洲国家政府应对疫情不力而导致的经济衰退、政府服务缺失和青年失业等问题扩大影响。英国《卫报》称,乍得湖地区的极端组织"伊斯兰国西非省"向当地居民征收低于政府的税费,大肆收买民心,扩充实力;索马里青年党谴责索马里当局,批评其缺乏治理能力,并在索马里南部建立影子政府,向当地民众提供优于政府的社会服务。暴恐组织还针对在疫情中缺乏监管和陷入困境的群体开展招

① Has COVID-19 increased the threat of bioterrorism in Europe?. (2020-06-03)[2022-04-10]. https://www. euractiv. com/section/defence-and-security/news/has-covid-19-increased-the-threat-of-bioterrorism-in-europe/.

② Africa Center for Strategic Studies. African militant Islamist group violence maintains record pace, though slowing. (2021-07-27)[2022-04-10]. https://africacenter. org/spotlight/african-militant-islamist-group-violence-maintains-record-pace-though-slowing/.

③ 非洲合作应对安全挑战. 人民日报,2020-12-02(18).

募。"现代外交"网站称,"博科圣地"最近将目标对准存在粮食安全问题、失业状况严重的地区,利用社交网络发布反对防疫措施的言论,同时通过给失业青年提供工资、为失学儿童提供就学等方式引诱青少年加入极端团体。2021年11月25日,尼日利亚前总统奥巴桑乔在总统青年导师务虚会上指出,如果政府不能让近1400万失学儿童重返教室,极端组织"博科圣地"可能会很快将他们招募。联合国毒品和犯罪问题办公室担忧,停课停学使得(已经处于犯罪边缘的)年轻人更有可能被招募进激进组织和犯罪集团,"因为他们要与无聊作斗争,还要克服封锁带来的社会限制",而在封锁隔离的环境下,教师、社会工作者等很难开展针对青少年犯罪的日常性预防和教育工作,尤其是对其上网的监管。①

非洲恐怖主义猖獗,对浙江企业投资非洲构成严重威胁。2020年浙江对非直接投资额超过0.3亿美元的3个国家乍得、埃塞俄比亚和埃及,以及投资存量排前三的国家刚果、阿尔及利亚、尼日利亚都位于恐怖主义高发频发地带,面临着来自非洲本土恐怖主义与国际恐怖主义的双重威胁。特别需要注意的是,恐怖主义在非洲呈扩张态势,已从之前活跃的萨赫勒地区北部和非洲之角,延伸至萨赫勒地区南部,甚至非洲大陆的南部地区,浙江企业投资非洲的恐怖主义风险更加突出。在非洲之角,索马里青年党控制着索马里中南部农村及边远地区,向首都摩加迪沙、东部、北部和西部地区蔓延,并与肯尼亚极端组织"穆斯林青年中心"、坦桑尼亚极端组织"安萨尔穆斯林青年中心"以及乌干达恐怖组织"联合民主力量"建立联系。② 在萨赫勒地区,"博科圣地"的恐怖活动范围已扩散至乍得西部、尼日尔东部迪法省及西部多索省、喀麦隆极北大区、布基纳法索西北部,以及马里北部基达尔、加奥、通布图三大区,成为地区头号威胁。原本活动范围仅限于阿尔及利亚的恐怖组织"伊斯兰马格里布基地组织"在短短几年内已渗透到萨赫勒西部地带的主要国家。"伊斯兰国"已将触角从利比亚南部边境延伸至萨赫勒地区,主要盘踞在尼日利亚博尔诺州东北部和西南部及约贝州东部,并以乍得湖为中心向尼日尔、乍得、布基纳法索、马里一带扩散。在中部非洲和南部非洲,极端组织"圣训捍卫者"一度控制了莫桑比克北部德尔加杜角省大片地区,并以莫辛布瓦-普拉达亚为基地宣称"建国"。

---

① 奥巴桑乔:尼1400万失学儿童恐沦为"博科圣地"的工具. (2021-11-27)[2022-3-30]. https://gongyi.sohu.com/a/503771973_121123867.
② 严帅. 索马里青年党发展动向. 国际研究参考,2014(1):31.

四、社会治安风险不断加大

疫情促使非洲经济与社会危机凸显,诱发非洲近 20 年来少有的动荡和冲突。非洲国家普遍经济结构单一,对外依存度高,加之疫情严重冲击外贸与物流,挤占民生支出,使非洲经济增长愈加缓慢。国际货币基金组织预测,撒哈拉以南非洲 2021 年经济增速为 3.7%,低于疫情暴发前(2010—2017 年)4.3% 的年平均水平,也低于发达经济体 5.2% 和新兴市场及发展中经济体 6.4% 的增速。[①] 未来几年,非洲大部分地区将无法恢复到疫情暴发前的经济产出水平,与世界其他地区的发展差距将进一步拉大。疫情加剧贫困问题,使非洲在减贫和粮食安全等领域取得的成就大打折扣。联合国贸发会议发布的《2021 年非洲经济发展报告》指出,2010—2019 年,大多数非洲国家的贫困水平有所下降,消费水平低于每天 1.9 美元贫困线的家庭比例从 2010 年的 40% 下降到 2019 年的 34%。然而,由于疫情的影响,2021 年非洲贫困人口率却上升了 3%。在 2021 年 5 月联合国安理会关于非洲和平与安全议题的高级别会议上,联合国秘书长古特雷斯称,新冠肺炎疫情让非洲约 1.14 亿人陷入极端贫困。[②] 同时,受新冠肺炎疫情、气候变化、供应链中断等因素影响,非洲面临食品价格进一步上涨的压力,总体通胀上行风险加剧,包括尼日利亚、埃塞俄比亚和安哥拉在内的一些国家未来的通胀率将超过 10%。

冲突和动荡加剧。2022 年 3 月 30 日,联合国秘书长古特雷斯在做关于建设和平与维持和平的报告时表示,当前在中东地区以及欧洲、非洲、美洲部分地区都有各类冲突发生,世界正面临自 1945 年以来数量最多的暴力冲突。南非、突尼斯、阿尔及利亚、尼日利亚、安哥拉等国发生大规模游行示威,苏丹、刚果(金)等国持续发生暴力冲突,塞内加尔、斯威士兰等国出现骚乱,并造成人员伤亡。受疫情和自然灾害影响,萨赫勒地区及中部非洲动荡和武装冲突加剧。非洲显然是全球最脆弱和人类发展指数最落后的地区。在 2021 年"国家脆弱指数"排名中,全球最"脆弱"的前 30 个国家中有 19 个是非洲国家。[③] 在 2021 年

---

① Sub-Saharan Africa: One planet, two worlds, three stories. (2021-10-20)[2022-06-01]. https://www.imf.org/en/News/Articles/2021/10/20/pr21306-sub-saharan-africa-one-planet-two-worlds-three-stories.

② 非洲累计新冠确诊超 500 万例 疫情形势不容乐观. (2021-06-12)[2022-03-30]. http://www.xinhuanet.com/2021-06/12/c_1127558721.htm.

③ Fragile states index 2021—annual report. (2021-05-20)[2022-04-04]. https://fragilestatesindex.org/2021/05/20/fragile-states-index-2021-annual-report/.

"全球人类发展指数"排名中,最后 10 个国家都是非洲国家。①

治安形势普遍恶化。非洲多国犯罪率上升,杀人、伤害、抢劫、强奸等各类恶性案件的数量都在增加。例如,2021 年 7—9 月,南非全国共发生 5876 起杀人案件和 2000 起绑架案件,警察部长塞勒称"南非仍是最暴力的国家之一"。社会安全环境恶化,导致普通民众对政府和强力部门的信任度下降。2022 年 1月,南非开普敦市国民议会大厦、司法和狱政部大楼先后遭人为纵火焚毁,南非政府决定花费 2 亿兰特(约合人民币 1 亿元)并延长 2700 名国防军的布防时间,以维持社会治安。2022 年 3 月起,南非豪登省和姆普马兰加省均有清真寺遭洗劫。尼日利亚绝大多数州的绑架事件数量均呈上升趋势。根据非政府组织"尼日利亚哀悼"的数据,2021 年 1—3 月,尼日利亚共有 1774 人被绑架;在37 个行政区域中,有 33 个发生了绑架案件,联邦首都区、卡齐纳州、卡杜纳州、尼日尔州和三角州的案发数量最多,绑架案高发区域也已从南部的巴耶尔萨州、三角州和河流州向首都及北部地区蔓延。

浙江企业在非洲面临的社会治安风险不断加大,在刚果(金)、尼日利亚、南非等国均发生了浙江企业员工被盗窃、绑架、抢劫等恶性案件。在西方国家反华势力和媒体的影响下,"新殖民主义""债务陷阱论""中国病毒论""环境破坏论"等涉华负面舆论仍然存在。少数非洲地方媒体甚至受美西方国家资助,恶意抹黑中资企业在非洲的投资。2021 年 9 月 21 日,津巴布韦第一大报《先驱报》揭露,美国驻津使馆资助一名为"信息促进发展信托基金"的机构对津巴布韦和周边国家的 12 名私营媒体记者进行培训,要求他们瞄准采矿业、建筑业、能源业、基础设施建设等中资企业涉足较多的领域,重点关注中资企业的"问题",如违反劳动法、破坏环境、与当地人冲突等议题,并予以报道。② 美西方挑拨中非友好,干扰中非合作,使得非洲个别国家民间对华负面情绪上升,针对华人的挑衅事件和袭击事件增多,给浙江企业投资非洲的外部环境增添了不稳定因素。

浙江企业对非投资是浙非友好合作的重要组成部分,对浙江大力实施"走出去"战略具有重要的现实意义,也符合当前市场多元化和"走出去"对外投资战略的需要。同时,浙江企业对非投资促进了非洲国家经济的发展,增加了当

---

① Human Development Index(HDI)by country. [2022-04-04]. https://worldpopulationreview.com/country-rankings/hdi-by-country.

② 收买记者抹黑中国对非投资 美国对华下黑手被曝光.(2021-10-14)[2022-06-10]. http://www.news.cn/world/2021/10/14/c_1211404817.htm.

地的就业机会,带去了适合非洲国家的技术,增强了非洲国家自主建设的能力,受到普遍欢迎。随着浙非合作的不断深入,浙江企业对非投资的步伐大大加快。但是,浙江企业对非投资面对的各类风险的增大,使"走进非洲"存在不少挑战,对此,浙江应立足防范风险,做好应对。一是发挥浙江优势,借助友好城市、"直通非洲"等现有的对非合作机制与平台优势,配合打好中非合作抗疫的战役。二是完善浙非合作预警平台建设,完善预警工作制度及组织建设,编制浙江企业在非投资信息刊物,定期分析预警。三是积极整合浙非合作的众多资源,充分发挥浙江华侨、侨商投资企业协会和当地商协会的作用,同时加强政府各有关部门(外办、商务、税务、外汇、海关等)职能合作,合力推动浙江企业"走进非洲"。四是加大与对非专业研究机构的合作,深入开展非洲国别研究,结合浙江优势,展开对非洲市场投资需求研究和风险预警研究,共同为浙江企业投资非洲提供较为全面的咨询和培训服务。

(审校:陈越柳)

专题领域报告

浙江省与"一带一路"沿线国家数字经济包容性发展报告

殷军杰

摘要：习近平总书记在第三次"一带一路"建设座谈会上强调"要稳妥开展健康、绿色、数字、创新等新领域合作，培育合作新增长点"。"一带一路"沿线国家是全球数字经济发展的重要区域，浙江省是"一带一路"建设枢纽、全国数字经济发展先发地，因此，如何把握新形势下浙江省与"一带一路"沿线国家数字经济发展大势，破解双方数字经济合作中出现的新问题，并提出切实可行的合作路径、合作模式、合作方案，打造有参考价值的合作案例，将成为未来浙江省与"一带一路"沿线国家合作可持续发展和双边关系行稳致远的关键所在。为此，本文提出了浙江省与"一带一路"沿线国家开展数字经济包容性发展的五大建议。

关键词：浙江省；数字经济；"一带一路"；国际合作

作者简介：殷军杰，理学硕士，浙江万里学院讲师，浙江万里学院宁波海上丝绸之路研究院院长助理，助理研究员。

一、引　言

面对当前复苏乏力的全球经济形势以及日益复杂的世界政治格局，特别是面对新冠肺炎疫情在全球范围内的蔓延，数字经济凭借其强大的发展韧性和创新能力，成为经济复苏的重要引擎，加强数字经济国际合作成为重塑全球经济结构、改变全球竞争格局的关键动力。习近平总书记多次强调要构建数字友好型"一带一路"，深化共建"一带一路"同欧亚经济联盟对接合作。"一带一路"沿线国家是全球数字经济发展的重要区域，随着数字友好型"一带一路"倡议的推进，浙江省作为"一带一路"建设枢纽、全国数字经济发展先发地，在数字经济合作方面展现出了广阔的发展前景。为此,探讨双方在数字经济合作中存在的挑战和应对的策略具有重要的现实意义。

二、浙江省与"一带一路"沿线国家数字经济合作的必要性分析

自"一带一路"倡议提出以来,浙江省委、省政府积极响应,全面部署,在"一带一路"建设大局中发出浙江声音,发挥浙江优势,贡献浙江力量。2021年11月19日,习近平总书记在第三次"一带一路"建设座谈会上强调"要稳妥开展健康、绿色、数字、创新等新领域合作,培育合作新增长点"[①]。数字经济正在成为重组全球要素资源、重塑全球经济结构、改变全球竞争格局的关键力量[②],包容性的数字经济充分尊重了数字经济主体的差异性,也发挥了数字经济规则的普遍适用性。浙江省作为"一带一路"建设枢纽、全国数字经济发展先发地,积极对接《"一带一路"数字经济国际合作倡议》和《浙江省数字经济发展"十四五"规划》等决策,主动推进与"一带一路"沿线国家展开更大范围、更宽领域、更高层次的数字经济对外开放合作,旨在将本省打造成为"一带一路"重要数字经济节点、长三角数字治理现代化示范区。

（一）全球数字经济发展的必然要求

21世纪以来,自动化加速走向数字化、网络化、智能化,新技术、新产业、新模式、新产品大规模涌现,世界经济数字化转型是大势所趋。[③]"一带一路"沿线国家是全球数字经济发展的重要区域,正处于数字化转型的关键时期。浙江省与"一带一路"沿线国家开展数字经济合作,培育具有创新性和成长性的新经济业态,已经成为推动省内数字经济高质量跨越式发展的重要引爆点和构筑竞争新优势的有利推手。

（二）把握新一轮科技革命和产业变革新机遇的现实需要

浙江省与"一带一路"沿线国家开展数字经济合作是应对国际经济科技竞

---

① 习近平出席第三次"一带一路"建设座谈会并发表重要讲话.（2021-11-19）[2021-11-20]. http://www.gov.cn/xinwen/2021/11/19/content_5652067.htm.

② 陈晓东.推动区域数字经济协调发展.（2022-01-22）[2022-04-20]. http://www.china.com.cn/opinion/think/2022-01/20/content_78001340.htm.

③ 刘婷宜.大势所趋!世界经济数字化转型来临,发展中国家"乘风破浪"势头迅猛.（2020-12-07）[2022-04-20]. https://www.sohu.com/a/436828841_128075.

争格局深刻调整、把握新一轮科技革命和产业变革新机遇的现实需要。① 一方面,新冠肺炎疫情影响广泛深远,国际经济交流合作受到阻断,与"一带一路"沿线国家开展数字经济合作为浙江省提供了多元发展机遇,将有效促进省内各地与"一带一路"沿线国家发展战略对接、产能合作等,引领带动数字经济产业整体实现跨越式发展。另一方面,新一轮科技革命和产业革命加速演进,数字经济发展呈现出多点突破、群发性突破的态势。② 与"一带一路"沿线国家开展数字经济合作,有助于推动浙江省与"一带一路"沿线国家的各类资源要素快捷流动,延伸产业链条,畅通国内外经济循环,推动浙江省构建数字经济发展新格局,为"一带一路"建设和发展贡献更多浙江智慧、浙江力量。

(三)助力浙江省打造"一带一路"重要数字经济节点的内在要求

进入"十四五"时期和新发展阶段,浙江省聚焦"一带一路"建设,构建全面开放新格局,探索建设"数字丝绸之路",与"一带一路"沿线国家在跨境贸易、多边交流、交通设施等方面的合作已经取得丰硕成果。然而,浙江省数字经济发展还存在数字技术供给能力不足、关键核心技术欠缺等问题。与"一带一路"沿线国家推进数字技术融合,提高数字资源配置效率,推动跨境供应链深度融合,有助于拓宽浙江省数字经济发展的广度,提高数字经济发展的高度,提升数字经济区域辐射的强度,这也成为支撑浙江省经济社会高质量发展的客观要求和打造"一带一路"沿线国家数字产业集群、"一带一路"重要数字经济节点的内在要求。

三、浙江省与"一带一路"沿线国家数字经济发展现状及挑战

(一)浙江省数字经济发展现状

2021年,浙江省深入贯彻落实习近平总书记推动数字经济健康发展的重要论述精神,以数字化改革为引领,深入实施数字经济"一号工程"2.0版,着力推进数字产业化、产业数字化、治理数字化和数据价值化。国家数字经济创新发展试验区和数字经济系统建设成效显著,全省数字经济发展势强行稳,引擎动能显著增强,数字经济成为推动全省经济基本盘稳固的硬核支撑,实现了"十四五"良好开局。

---

① 白春礼. 强化国家战略科技力量. 求是,2022(1):48-52.
② 白春礼. 强化国家战略科技力量. 求是,2022(1):48-52.

1. 数字经济总体规模不断扩大

浙江省数字产业持续领跑,规模占比显著提升。2021 年浙江省数字经济核心产业增加值总量达 8348.27 亿元,同比增长 13.3%;[1]数字经济核心产业固定资产投资增长 30.2%,2020 年和 2021 年平均增长 19.1%,分别高于全部固定资产投资 19.4 和 11.1 个百分点。[2]

2. 数字基础设施建设优化升级

2021 年,浙江省累计建成启用 5G 基站 10.5 万个,基本完成全省网络基础设施及 536 家政府门户网站的互联网协议第 6 版(IPv6)改造,全省 IPv6 活跃度为 84.63%。浙江省累计建成各类数据中心 193 个、大型以上数据中心 20 个,浙江省首个大型超算中心落户桐乡乌镇,联合国大数据全球平台中国区域中心落户杭州。

3. 数字产业强劲增长引领发展

浙江省数字经济核心产业软硬结构更趋优化,2021 年规模以上数字经济工业增加值突破 20000 亿元,同比增长 12.9%,利润总额达 6789 亿元,同比增长 21%,规模以上数字经济工业企业突破 5 万家。[3] 装备、高技术、战略性新兴、人工智能和高新技术产业增加值分别增长 17.6%、17.1%、17.0%、16.8% 和 14.0%,分别拉动规模以上工业增加值增长 7.5、2.7、5.5、0.7 和 8.7 个百分点。在战略性新兴产业中,新一代信息技术、新能源、生物、节能环保产业增加值分别增长 18.7%、20.4%、14.4% 和 13.7%。[4]

4. 数字赋能产业转型提档加速

浙江省产业数字化指数连续 3 年位居全国第一,组织实施规模以上工业数字化改造行动,新增工业机器人 2.3 万台,累计达 13.4 万台。深化产业集群(区域)新智造试点,累计培育智能工厂(数字化车间)423 家、未来工厂 32 家。已初步构建"1+N"工业互联网平台体系,培育省级工业互联网平台 285 个、数字化服务商 300 家。

———————————

[1] 浙江数字经济核心产业增加值突破 8000 亿元. (2022-06-14)[2022-07-01]. https://jxt.zj.gov.cn/art/2022/6/14/art_1659736_58928695.html.

[2] 数字赋能引领高质量发展 数字经济迸发出无限活力——党的十八大以来浙江经济社会发展成就系列分析之三. (2022-09-16)[2022-10-01]. http://tjj.zj.gov.cn/art/2022/9/16/art_1229129214_4996538.html.

[3] 2021 年浙江省规上工业增加值突破 2 万亿元 2022 年浙江省经信工作会议开幕. (2022-01-25)[2022-06-01]. http://zj.cnr.cn/zjyw/20220126/t20220126_525726257.shtml.

[4] 2021 年浙江省国民经济和社会发展统计公报. (2022-02-24)[2022-06-01]. http://tjj.zj.gov.cn/art/2022/2/24/art_1229129205_4883213.html.

5. 数字技术创新能级显著提升

2021年,浙江省数字经济领域新增省重点实验室13家、新型研发机构12家、省技术创新中心4家。实施数字技术重大科技攻关项目215项,已形成51项进口替代成果,截至2021年年底,浙江省数字经济领域有效发明专利达89198件,同比增长26.8%。

6. 新业态新模式发展成效显著

浙江省跨境电商、直播电商、数字贸易等新业态领跑全国,浙江自贸试验区赋权扩区成功获批。2021年,浙江省网络零售额达到2.52万亿元,同比增长11.6%,规模稳居全国第2位;实现数字贸易5279亿元,同比增长21.8%。移动支付取得新成效,2021年浙江省移动支付交易增长37.8%,活跃用户普及率为94%。跨境电子商务综合试验区总数达到12个,基本实现省内全覆盖。①

7. 数字化治理走在前列

浙江省"掌上办事之省""掌上办公之省"建设加快推进,政府数字化治理能力加快提升,浙江省申请政务服务办件"一网通办"率超过80%,共让群众少提交证明4000多万件,累计实现"智能秒办"事项111项,掌上执法率达99.85%,成为全国保留地方设定证明事项最少的省份。②

(二)"一带一路"沿线主要国家数字经济发展现状

1. 东亚国家数字经济发展现状

根据工信部信息,截至2021年12月,中国5G基站总数约为142.5万个。截至2021年6月,三家基础电信企业发展蜂窝物联网终端用户12.94亿户,较2020年12月净增1.58亿户。③据韩国科学技术信息通信部统计,2021年韩国国内数据市场规模为19.3万亿韩元,较前一年增加了14.3%。④在人工智能领域,2020年韩国实现了40%左右的年增速,大量人工智能技术应用在金融、医

---

① 2021年浙江省网络零售行业发展概况及行业发展趋势分析. (2022-05-11)[2022-06-01]. https://caifuhao.eastmoney.com/news/20220511091941639890080;全球数贸会首场论坛举行 解题数字贸易赋能共同富裕. (2022-02-22)[2022-06-01]. https://www.sohu.com/a/524701017_123753;先进经验:浙江跨境电商综合试验区覆盖全省. (2022-03-31)[2022-06-01]. https://new.qq.com/rain/a/20220331A07KKL00.

② 在八个方面"率先突破"!法治政府"浙"样建设. (2022-01-27)[2022-04-20]. https://news.hangzhou.com.cn/zjnews/content/2022/01/27/content_8155953.htm.

③ 我国网民近10亿!收入多少?都爱干啥?"画像"来了. (2021-02-03)[2022-04-20]. https://www.163.com/money/article/G1USCH0200259DLP.html.

④ 韩去年国内数据产业规模超19万亿韩元 呈井喷式增长. (2021-01-20)[2022-06-01]. http://info.jctrans.com/newspd/industry_economy/20211202595930.shtml.

疗领域,且韩国官方预测,人工智能在未来 5 年会继续保持良好的增长态势。

2. 中亚国家数字经济发展现状

数字经济政策是国家数字经济发展的方向。哈萨克斯坦于 2017 年 12 月通过了《"数字哈萨克斯坦"国家规划》,旨在通过使用数字技术加快哈萨克斯坦经济发展速度,为哈萨克斯坦经济走上创新发展道路创造条件。吉尔吉斯斯坦于 2018 年 12 月通过了《2019—2023 年吉尔吉斯斯坦数字化转型构想》,并依据《亚欧经济联盟 2025 年前数字经济议程的主要方向》,参与共建"数字丝绸之路",并支持其他有关发展区域数字基础设施的国际倡议,减少开发和发展数字技术过程中的障碍。[1]

3. 东南亚国家数字经济发展现状

相较于其他地区,东南亚地区的国家经济发展水平参差不齐,互联网用户普及率低致使实际人均电商消费支出相对较低,与发达国家存在着较大的差距。但是,东南亚国家依托本身的人口特征,未来一段时间内其互联网发展水平将会出现质的突破。印度尼西亚是东南亚最大的经济体,并且推动了云计算和数据中心行业在该地区的崛起。截至 2021 年年底,印度尼西亚互联网用户的累计购物总额增至 700 亿美元。[2]

4. 南亚国家数字经济发展现状

以印度为例,2019—2020 财年数字支付规模为 2162 万亿卢比,使用移动支付的用户人数为 1.6 亿左右。疫情期间,印度食品、杂货的数字支付规模增长了 75%。2010 年 9 月,印度开始推行"阿达尔"计划,收集居民的住址、照片、指纹、虹膜等数据,为每个居民提供独一无二的 12 位身份证编号,并与手机号和银行账号绑定。截至 2019 年 12 月,约有 12.5 亿印度人口(接近总人口的 95%)拥有了该数字身份信息。[3]

5. 中东欧国家数字经济发展现状

中东欧的欧盟成员国中,半数国家数字经济水平超过欧盟平均水平。在固定宽带方面,中东欧国家覆盖率较低,家庭固定宽带接入率低,尤其是在农村地区。在移动宽带方面,中东欧国家渗透率较高,纯移动宽带接入率高。在宽带价格方面,中东欧国家价格较低,特别是固定宽带有一定的价格优势。在与 5G

---

[1] 王海燕. 中国与中亚国家共建数字丝绸之路:基础、挑战与路径. 国际问题研究,2020(2):107-133.

[2] 印尼力促数字经济发展. (2022-03-22)[2022-06-01]. https://www.imsilkroad.com/news/p/479499.html.

[3] 印度数字经济发展"加速度". (2021-05-25)[2022-06-01]. http://www.xinhuanet.com/globe/2021-05/25/c_139951175.htm.

发展密切相关的超高速和超高容量宽带方面,中东欧国家覆盖率和接入率均较低。

6.北非国家数字经济发展现状

北非国家移动通信快速发展。埃及作为北非数字经济中心,形成了以开罗为中心的产业聚集区,宽带网络和电商发展迅猛。根据埃及国家电信管理局(NTRA)数据,埃及移动互联网用户数量在 2022 年一季度达到约 6450 万用户,移动互联网普及率为 61.3％。在摩洛哥,通过手机终端上网的用户比例为94.8％,移动互联网用户数达 2995 万。[1]

(三)浙江省与"一带一路"沿线国家数字经济合作面临的挑战

"数字丝绸之路"是数字经济与"一带一路"的结合。建设"数字丝绸之路"是习近平主席在 2017 年第一届"一带一路"国际合作高峰论坛上正式提出的倡议。[2] 与"一带一路"沿线国家开展数字经济合作,可以深刻把握以云计算、大数据、物联网、量子计算、智慧城市等为代表的数字经济新趋势,但浙江省与"一带一路"沿线国家开展数字经济合作还存在诸多挑战。

1.数字经济合作规则尚未确立,数据跨境传输存在限制

全球尚未形成统一的数字治理规则框架,"一带一路"沿线国家的数字产业划定缺乏统一标准,同时数据保护理念较为滞后,尚无法有效对跨境数据流动提供合法合理的预期。例如,北非地区一些国家因缺少数字经济发展的顶层设计,很难融入国际数字经济共同体之中。同时,浙江省企业到"一带一路"沿线国家投资,很可能会因不符合沿线国家法律规定而面临市场准入的难题,甚至遭到巨额处罚。[3]

2.数字化治理监管体系不完善,数据安全问题不断升级

数据安全对于一国开展数字治理、维护网络安全、推动数字经济的稳步发展具有重要现实意义。我国数字治理规则体系尚不完善,与多数"一带一路"国家尚未签署自由贸易协定。"一带一路"沿线国家受本国国情及发展进程的影响,数字化治理监管存在一定差异,数字技术水平不一;网络诈骗、个人隐私数

---

① 北非数字经济逐步增长,埃及成为北非地区最重要的投资目的地.(2022-08-24)[2022-10-01]. https://page.om.qq.com/page/OTt1E4ZDBwNTcI7h9IGRHmag0? source=cp_1009.

② 习近平在"一带一路"国际合作高峰论坛开幕式上的演讲.(2017-05-19)[2022-04-20]. http://tga. mofcom.gov.cn/article/zwxx/201712/20171202681385.shtml.

③ "数字丝绸之路"重在规则建设.(2021-08-19)[2022-04-20]. http://www.szzg.gov.cn/2021/xwzx/ fhzx/202108/t20210819_5672823.htm.

据泄露、网络数据被滥用、企业核心技术或重要商业信息被盗等事件频发。[1]

3. 沿线国家数字经济水平不一,基础设施建设较为落后

虽然"一带一路"沿线国家的经济一体化程度在不断提高,但是由于各国经济发展条件和基础设施水平存在较大的差异,难以与其他国家共建数字经济共同体。从不同区域来看,东南亚地区大多数是发展中国家与新兴经济体,新加坡、泰国等国家数字经济水平较高,但印度尼西亚、菲律宾和越南等国家城乡居民生活水平较低,基础设施较为落后;在中亚地区,哈萨克斯坦数字经济起步最早、发展最快,而塔吉克斯坦和土库曼斯坦发展最慢;北非地区整体数字经济发展缓慢,传统硬件基础设施薄弱,数字经济领域的相关标准和规则制定相对滞后。[2]

4. 数字化人才培养结构性短缺,数字人才优势凸显力弱

"一带一路"沿线大多数国家在大数据、区块链、人工智能等领域面临教育资源短缺的问题,研发人才、管理人才和技能型人才结构性短缺,难以满足数字经济快速发展带来的技能要求。浙江省在数字人才培养方面也面临着供不应求的困境,缺乏初级数字技能人才、顶尖数字技能人才、具备数字技术与行业经验的跨界人才等,这对省内企业的数字化转型、走出国门产生了很大的制约,同时也影响了浙江省与"一带一路"沿线国家的数字经济合作进程。[3]

四、推动浙江省与"一带一路"沿线国家数字经济包容性发展的建议

(一)加强顶层战略设计,推进浙江省与"一带一路"沿线国家数字标准和规则有效对接

浙江省要推动《浙江省数字经济发展"十四五"规划》等相关发展规划与《欧洲数据战略》《欧盟5G行动计划》等欧盟数字发展战略的对接,积极参与数字经济国际规则制定。中国已申请加入《数字经济伙伴关系协定》(DEPA),浙江省应率先做好应对。

首先,要积极对接数字经济国际规则制定,深度参与搭建中国-中东欧国家

---

① 郑智航. 数字资本运作逻辑下的数据权利保护. 求是学刊,2021(4):113-126.

② 王海燕. 中国与中亚国家共建数字丝绸之路:基础、挑战与路径. 国际问题研究,2020(2):107-133.

③ 戚玉芹. 浙江省的"一带一路"//浙江省社会科学联合会. 浙江打造"一带一路"战略枢纽研究学术研讨会论文集. 杭州:浙江省社会科学联合会,2018.

数字经济合作平台。

其次,要积极推动建立"一带一路"沿线国家数字经济标准体系。数字经济标准体系是"一带一路"沿线国家数字经济合作发展的"共同语言",浙江省作为全国数字产业化发展引领区、数字经济体制机制创新先导区和具有全球影响力的数字科技创新中心,在数字经济发展各项领域位居全国前列,理应率先助推国家相关部委建立数字经济标准体系,尤其是在人工智能、区块链等领域开展伦理准则研究,为推动中国标准成为国际标准做出浙江贡献。

(二)以数字互联互通建设为重点,推动浙江省与"一带一路"沿线国家在 5G、云计算、数字中心等数字基础设施领域的合作

"数字丝绸之路"建设方兴未艾。数字交通走廊和跨境光缆信息通道加快建设,"一带一路"沿线国家数字基础设施建设发展整体良好,呈现高质量且可负担的特征。

首先,要大力推进浙江省与"一带一路"沿线国家的新兴信息基础设施建设。通过助力"一带一路"沿线国家 5G、云计算、大数据、物联网等新一代数字基础设施建设,夯实智慧城市基建,为智慧城市上层应用提供存储力和基础算力支撑。

其次,要积极争取降低浙江省与"一带一路"沿线国家数字基础设施行业的市场准入门槛。鼓励浙江省企业在"一带一路"沿线国家数字基础设施建设中发挥引领作用,聚焦重点国家和重点领域,加大在提高移动互联网的速率和稳定性方面的投入,不断提升"一带一路"沿线国家信息化水平的硬件基础,筑牢数字经济合作根基,为缩小"数字鸿沟"提供强有力的技术支撑。同时,要分享浙江省数字经济发展的成功经验,共同探索远程合作医疗、合作开发移动支付、远程数字旅游、远程教育等新应用领域,帮助"一带一路"沿线国家提升数字经济发展能力。

最后,要探索与"一带一路"沿线重点国家、重点省(州)、重点市互动,推进百亿以上产业集群产业大脑应用和工业互联网平台全覆盖,共同打造工业互联网产业发展生态。同时,推动开展 5G、人工智能、区块链、增强现实/虚拟现实等新技术和工业控制、工业故障诊断、工业设备维护等方面的联合研发和应用,共同为浙江省与"一带一路"沿线重点国家、重点省(州)、重点市的智造创新赋能。

（三）以数字贸易为引领，进一步拓展浙江省与"一带一路"沿线国家数字经济合作的深度和广度

首先，要基于互联网技术的数字贸易发展是以平台为基础的经营模式，整合上下游资源，发挥线上线下优势，与"一带一路"沿线国家在数字贸易领域开展合作，加强各国在物流运输、金融支付、云计算和大数据服务等跨境电商领域的开放和合作，共同搭建数字贸易生态圈。

其次，要积极谋划中国（浙江）-"一带一路"沿线国家数字贸易示范区。以浙江省数字化改革为引领，叠加浙江自贸试验区创新优势，加快打造中国（浙江）-"一带一路"沿线国家数字贸易示范区，进一步推进高水平对外开放，推动中国更好地融入"一带一路"数字经济发展生态圈。

最后，要大力推进浙江省龙头企业带动数字经济的深度合作。聚焦物联网小镇、互联网小镇等，孵化培育一批数字服务出口新主体，创新发展数字贸易合作，引导贸易服务企业运用新技术和新模式与数字内容平台合作，扩大数字原创内容出口；发挥海康威视、大华等龙头企业领先优势，积极带动数字贸易出口；充分利用阿里巴巴国际站等知名跨境电商平台资源，打造跨境直播新经济，加强跨境电商合作，优化跨境服务生态。

（四）以合作模式创新为突破口，进一步探索浙江省与"一带一路"沿线国家数字经济合作的内容和形式

首先，要加强浙江省与"一带一路"沿线国家在传统产业领域的数字化改造。要从传统工业的"链控制"思维转变到数字经济发展的"圈合作"思维，以打造"数字技术＋平台企业＋数字化产业链"汇聚的生态圈为重要抓手，以数字链推动产业链和价值链的延伸。同时，要充分利用数字技术对传统生产组织方法进行转型升级，提升生产效率和产品质量，助力更多产业融入数字经济合作生态圈。

其次，要积极推动数字政务、平台经济、数据交易等领域的合作。通过推动浙江省与"一带一路"沿线国家产业数字化和数字产业化的融合发展，采用跨国经营、股权投资、技术合作等多种方法创新数字经济合作的内容与形式。

最后，要积极推进浙江省数字经济龙头企业在"一带一路"沿线国家进行"本土化"发展。例如，支付宝与捷克、匈牙利、斯洛文尼亚、波兰等国家的本地伙伴进行合作，成功地打造出多个本土化"支付宝"，为支付行业的跨境发展提

供了良好范例;短视频应用 Tik Tok("抖音"国际版)在海外市场上多次成为下载量最高的手机应用。浙江省应在数字经济企业"走出去"方面给予必要的支持,帮助其在陌生的环境中开拓市场,加快区域价值链的分工合作。

(五)以数字人才培养与交流为纽带,进一步增强浙江省与"一带一路"沿线国家数字经济的合作动能

数字人才是数字技术创新的基础,是浙江省与"一带一路"沿线国家开展数字经济合作的关键驱动力。

首先,要构建数字人才知识能力体系,探索适应浙江省与"一带一路"沿线国家数字经济合作的人才培养模式。浙江省应从政府、高校、科研机构、企业多个层面着手,探索基于双方数字经济发展现状的人才培养方式和途径。例如,在"一带一路"人才发展项目——2020 年"数字丝绸之路"云上高级研修班上,印度尼西亚、新加坡、巴西、埃及、匈牙利、老挝、柬埔寨、泰国、马来西亚等 16 个国家和地区的 56 名高级别政府官员、专家学者和商界精英就推进"一带一路"人才培养、科学研究、社会服务与国际合作等各项工作,进一步开展数字经济基础理论研究和应用研究展开了深入交流。

其次,要把握全球人才竞争新态势,大力拓展"一带一路"沿线国家人才引进新路径。参照国际惯例,对于世界顶尖级科技人才、关键领域急需的特殊人才,可适当采用行政手段引进,其他类型的国际人才引进经由市场配置,完全遵循市场规律。例如,德国、加拿大等国实施优惠移民政策来吸引人才,包括发放高技能信息通信技术人才的特别签证。同时,还要大力探索新冠肺炎疫情和逆全球化双重冲击下的全球引才新路径,包括但不限于强化源头引进,着重引进国际顶尖大学资源;破除人才流动"中梗阻";浙江省应向国家有关部委积极争取率先创设"求职签证",就地引进"一带一路"沿线国家优秀的理工科博士、博士后。同时,率先开辟高端人才绿色通道,推出高端人才引进计划加强版,进一步推动对外国职业资格和工作经验的双边互认,积极推动中东欧籍人才服务保障体系在浙江试点,形成"统一领导、多方联动"的社会融入促进系统。

最后,要进一步完善浙江省与"一带一路"沿线国家数字人才培育机制,提升双方相关人员的数字技能与素养。积极推动省内高校、科研机构与"一带一路"沿线国家开展基础学科、交叉学科建设合作,鼓励双方通过互设"未来数字技术学院"等形式,探索"数字技术＋X"人才培育模式。实施青年英才集聚系列行动,支持大学生创业创新,培育一批青年数字双创英才。探索浙江省与"一带

一路"沿线国家数字化技能培训新模式,深化科教结合、产教融合,推动双方产教融合联盟和人才实训基地建设,培养数字化转型工程技术和应用技能型人才。此外,双方应进一步加强从业人员数字技能培训,探索数字人才资源共享,培育一批复合型"数字工匠"。例如,阿里巴巴等企业将成熟的直播带货模式引入"一带一路"沿线国家,在当地实施"互联网＋职业技能培训"模式,带动当地社交电商生态发展。

（审校：孙　翼）

"双碳"背景下浙江省与"一带一路"沿线国家低碳合作发展研究

陈频频　周慧琦

摘要：随着"一带一路"沿线国家和地区对绿色低碳发展需求的增长，绿色贸易、绿色投资、绿色低碳技术等将成为"一带一路"合作的新增长领域。通过总结浙江省与"一带一路"沿线国家贸易投资特点与"双碳"背景下浙江省与"一带一路"沿线国家低碳合作发展趋势，浙江省与"一带一路"沿线国家的合作应在构建绿色贸易体系、推进绿色低碳投资、加快产业绿色转型、提高企业合规意识等方面发力。

关键词：浙江省；"一带一路"；低碳合作；绿色发展

作者简介：陈频频，法学硕士，浙江省商务研究院区域国别中心主任。
周慧琦，经济学硕士，浙江省商务研究院区域国别中心科研人员。

2021年11月19日，习近平总书记在第三次"一带一路"建设座谈会上提出，要"稳妥开展健康、绿色、数字、创新等新领域合作，培育合作新增长点，要支持发展中国家能源绿色低碳发展，推进绿色低碳发展信息共享和能力建设，深化生态环境和气候治理合作"[①]。2022年，全球范围内已经有超过130个国家和地区提出了"零碳"或"碳中和"的"双碳"目标。其中，已实现碳中和的有2个国家，已立法的有6个国家，处于立法中状态的包括欧盟和其他5个国家，提出"双碳"目标但尚在讨论过程中的国家和地区有近100个。截至2020年年底，全球已做出碳中和承诺的经济体中有一半左右来自"一带一路"沿线国家和地区，这些经济体的碳排放量占全球的65%，经济总量占全球的70%。在2021年全国两会上，"双碳"目标首次被写入政府工作报告。2021年4月22日，习近

---

① 习近平出席第三次"一带一路"建设座谈会并发表重要讲话. (2021-11-19)[2021-11-20]. http://www.gov.cn/xinwen/2021-11/19/content_5652067.htm.

平总书记提出中国将"双碳"纳入生态文明建设整体布局。浙江省高度重视"双碳"工作,2021 年 7 月 20 日,省委书记袁家军主持召开全省碳达峰碳中和工作领导小组第一次全体会议,部署全省碳达峰工作。

"一带一路"作为国家一项重要的倡议,对国家乃至世界发展举足轻重,但从目前的发展状况来看,浙江省与"一带一路"沿线国家的经济合作中高能耗领域占比偏高,这既违背各国政策目标,又不利于可持续发展。同时,在全球变暖大背景下,"一带一路"建设中可能出现生态环境问题,这将导致严重的生态环境风险和危机,直接危及沿线国家的可持续发展。因此,浙江省与"一带一路"沿线国家的经济合作决不能走传统的"先污染、后治理"的老路,而必须坚持生态文明理念,建设绿色"一带一路"。在"双碳"背景下,浙江省需提前谋划,抢抓"一带一路"绿色低碳发展机遇,倒逼产业结构调整,大力开拓"一带一路"市场,推进高水平对外开放。

一、浙江省与"一带一路"沿线国家贸易投资特点

(一)贸易规模持续扩大,约占全省贸易总额的三分之一,钢材、铝材等高碳商品出口占比较高

2021 年 1—9 月,浙江省与"一带一路"沿线国家的贸易进出口总额达12629.90 亿元,同比增长 23.28%,占全省全部贸易总量的 35.83%。其中,出口 8820.86 亿元,同比增长 23.50%,占全省出口总量的 33.93%;进口 3809.03 亿元,同比增长 22.75%,占全省进口总量的 41.19%。出口产品中钢材、铝材等高碳商品占比较高。同时期,浙江省对"一带一路"沿线国家出口钢材 309.2 万吨,占全省钢材出口总量的 58.4%;出口铝材 21.5 万吨,占全省铝材出口总量的 45.1%。[①]

(二)浙江省对"一带一路"沿线国家和地区投资占全省对外投资的一半以上,集中在水泥、钢铁等高碳材料需求旺盛的基础设施领域

2022 年 1—6 月,浙江省经备案(核准)在"一带一路"沿线国家和地区的境外企业共 237 家,同比增长 25.40%,备案额为 43.29 亿美元,同比增长107.53%,占全省比重为 61.98%。2022 年 1—8 月,印度尼西亚、越南分别居浙江省对外承包工程营业额第二和第七;印度尼西亚、越南、新加坡分别居浙江

---

① 欧美碳关税对浙江省高碳行业出口影响分析. 杭州海关专报,2021(32):6.

省境外投资备案额第二、第七和第八。①"一带一路"沿线国家对水泥、钢铁、玻璃等材料需求旺盛,东南亚的水泥需求量以年均8％的速度增长,印度尼西亚则是全球钢材消费量最大的国家之一。浙江省根据需求在东南亚投资的重大项目主要有:柬埔寨金边市第二环线(西段)工程、缅甸仰光投资码头及建材项目、杭州锦江集团在印度尼西亚投资建设的年产150万吨的氧化铝厂及配套设施项目、浙江恒逸石化有限公司在文莱投资建设的年加工800万吨原油的石化项目等。

二、"双碳"背景下浙江省与"一带一路"沿线国家低碳合作发展趋势分析

(一)绿色贸易发展提速,将成为"一带一路"合作新增长点

构建绿色贸易体系,开展绿色低碳贸易合作,是贯彻落实中央关于"双碳"重大战略决策的内在要求,也是塑造国际竞争新优势的必然选择。2022年3月,国家发展改革委、外交部、生态环境部、商务部联合印发了《关于推进共建"一带一路"绿色发展的意见》(简称《意见》),同时,中国与29国共同发起了"一带一路"绿色发展伙伴关系倡议,成立"一带一路"绿色发展国际联盟并发布《"一带一路"绿色投资原则》,承诺"大力支持发展中国家能源绿色低碳发展,不再新建境外煤电项目",共建"一带一路"的绿色底色更加鲜明。与此同时,随着新冠肺炎疫情、气候变化和生物多样性丧失等全球性挑战进一步加剧,协调经济社会发展与资源环境保护的需求更加强烈,绿色丝绸之路建设面临着空前的机遇。《意见》提出,要进一步推进共建"一带一路"绿色发展,让绿色切实成为共建"一带一路"的底色,部署了绿色产业、绿色贸易等绿色发展重点领域的合作,绿色贸易发展将加速推进。"一带一路"沿线国家和地区人口密度大,基础设施普遍落后,大多处于生态环境脆弱带,加之城市化、工业化导致的各种环境问题,迫切需要加强环境治理,发展绿色贸易。以印度政府的"智慧城市"计划为例,该计划提出要建设100个以提高生活质量并创造清洁和可持续发展环境为目标的智慧城市。该计划的实施将在太阳能发电并网技术、垃圾循环利用技术、低碳产品及服务等方面产生巨大需求,浙江省可借此契机,深化节能环保、清洁能源等领域的技术装备和服务合作,推动清洁产品、新能源产品等绿色产

---

① 按累计中方投资备案额排序。

品进出口。

(二)绿色贸易壁垒门槛提高,反促浙江省企业低碳化发展

"一带一路"倡议涵盖的 7 大区域中,西亚北非地区的国家以其颁布的 7722 项有关绿色贸易壁垒的条款总量遥遥领先,东亚地区以 6003 项位列第二,以上地区颁布的条款总数均超过 6000 项,属于绿色贸易壁垒实施的较高密度区域;东南亚和中东欧地区的国家颁布的条款总数均超过 1000 项,但不到 6000 项,属于绿色贸易壁垒实施的中等密度区域;南亚、东北亚和中亚地区的国家颁布的条款总数均不足 1000 项,属于绿色贸易壁垒实施的较低密度区域。具体来看,沙特阿拉伯、中国、泰国、乌克兰、印度、俄罗斯和哈萨克斯坦等国的绿色贸易壁垒实施强度,在经贸发展水平、生态保护需求等因素的共同影响下,分别占据了各自所在地区的领先地位。其中,中国绿色贸易壁垒条款总数占所在区域条款总数的近一半,并成为"一带一路"沿线绿色贸易壁垒条款颁布总数最多的国家。从分时段发展情况来看,在"一带一路"沿线所有国家 2001—2022 年颁布的共 19785 项绿色贸易壁垒条款中,2014 年及以后的年颁布数较此前增长了将近一倍,表明自绿色"一带一路"建设以来,沿线国家对贸易绿色发展的重视程度相比此前都有较大提升。在全面推进对外开放和"一带一路"建设如火如荼的大背景下,浙江省萌生了规范贸易标准、优化贸易结构、保护新生产业、积累后发优势等迫切需求。①

(三)绿色投资需求巨大,倒逼产业低碳转型发展

2021 年 9 月,习近平主席在第七十六届联合国大会一般性辩论上强调,中国将大力支持发展中国家能源绿色低碳发展,不再新建境外煤电项目。随着碳市场、碳税等政策工具的推出,煤电、钢铁、水泥等行业面临巨大压力,高碳行业投资减少将倒逼行业转型升级。根据清华大学金融与发展研究中心研究估算,到 2030 年前,"一带一路"沿线国家和地区在电力、运输、建筑和制造 4 个重点行业的绿色投资需求巨大,平均每年在 7850 亿美元左右。② 在国家自主贡献(NDC)情景预测模型测算下,"一带一路"沿线国家和地区每年的清洁能源及相

---

① 绿色"一带一路"、绿色贸易壁垒的总体实施情况. (2022-09-02)[2022-09-09]. http://chinawto. mofcom. gov. cn/article/ap/p/202209/20220903345452. shtml.

② 柴麒敏,傅莎,温新元. 基于 BRIAM 模型的"一带一路"国家低碳能源发展情景研究. 中国人口·资源与环境,2020(10):1-11.

关基础设施投资将从 2015 年的约 2819 亿美元增长到 2050 年的约 5301 亿美元,超过其他国家和地区的此类投资。在全球 2℃温升目标情景预测下,"一带一路"沿线国家和地区每年的清洁能源投资将翻番,到 2050 年约为 1.1 万亿美元。2015 年至 2050 年的累计投资将达到约 11.4 万亿美元,比 NDC 情景增加了 6.6 万亿美元。如果最终要将全球温升控制在 2℃以内,从 2050 年到 21 世纪末,"一带一路"沿线国家和地区还需在清洁能源领域累计增加约 37.4 万亿美元的投资(见表 1)。预计到 21 世纪末,"一带一路"沿线国家和地区能源供给部门的总投资变化并不大,但投资结构将发生显著的变化,在清洁能源及其配套设施领域的绿色投资占比大大提高,特别是可再生能源发电、智能电网、能源储存、氢能利用、碳捕获和封存等新型基础设施领域。如果"一带一路"建设的投资者仍然以传统资产组合和理念进行决策,很可能在政策转型的风险下造成"资产搁置"。因此,浙江省应把握低碳转型机遇,加大绿色项目投资。

表 1 "一带一路"沿线国家和地区在不同情境下的投资需求 单位:万亿美元

领域类别	NDC 模型		2℃模型	
	2015—2050 年	2051—2100 年	2015—2050 年	2051—2100 年
化石能源领域投资	17.3	42.4	13.0	14.8
—化石能源开采	15.2	39.7	11.1	13.3
—化石能源发电	2.1	2.7	1.9	1.5
清洁能源领域投资	4.8	29.0	11.4	48.8
—生物质能利用	1.1	7.1	2.2	8.7
—可再生能源发电	3.1	17.1	6.1	28.6
—核能发电	0.5	3.0	2.1	8.8
—装置 CCS 化石能源发电	0.0	0.2	0.5	0.1
—CO_2 运输和储存	0.1	1.6	0.5	2.6
配套设施投资	9.1	26.9	10.4	29.6
—智能电网	7.1	17.8	7.4	20.2
—氢能利用	0.0	1.2	0.3	2.3
—能源储存	0.0	1.1	0.2	2.2
—其他辅助服务	2.0	6.8	2.5	4.9
总投资	31.2	98.3	34.8	93.2

数据来源:柴麒敏,傅莎,温新元. 基于 BRIAM 模型的"一带一路"国家低碳能源发展情景研究. 中国人口·资源与环境,2020(10):1-11.

(四)绿色低碳技术创新破题,是未来抢占能源革命制高点的关键

国务院印发的《关于加快建立健全绿色低碳循环发展经济体系的指导意见》①以及浙江省发布的《关于以新发展理念引领制造业高质量发展的若干意见》②等文件都提出了绿色低碳产业发展目标,发展绿色低碳优势产业俨然已成为浙江省围绕"双碳"目标推动高质量发展必须解决的重大问题,也将是推动绿色"一带一路"建设的重要支撑。文件提出要支持构建清洁低碳、安全高效的能源体系;有序减量替代,推进煤炭消费转型升级;优化清洁能源支持政策,大力支持可再生能源高比例应用,推动构建新能源占比逐渐提高的新型电力系统;支持光伏、风电、生物质能等可再生能源,以及发电出力平稳的新能源替代化石能源;完善支持政策,激励非常规天然气开采增产上量;鼓励有条件的地区先行先试,因地制宜发展新型储能、抽水蓄能等,加快形成以储能和调峰能力为基础支撑的电力发展机制;加强对重点行业、重点设备的节能监察,组织开展能源计量审查。

当前,全球在低碳转型、深度脱碳、资源再生利用等方面仍面临诸多技术难题,而作为实现绿色发展和碳中和的关键驱动力,推动绿色低碳技术创新已经成为世界各国的普遍共识。例如,在工业领域,印度尼西亚要求所有行业深度脱碳,尤其是不锈钢和镍生产等行业;孟加拉国正在发展低碳的内陆水上运输。在农业生产领域,咖啡豆种植是埃塞俄比亚许多家庭的经济支柱。科学家在英国《自然·植物》杂志发表论文警示,在全球气候变化的背景下,埃塞俄比亚现有种植区的 39% 至 59% 将不再适合种植咖啡豆,不过,如能及早采取相应措施来适应、缓解气候变化,当地适宜种植咖啡豆的区域面积则能提高至少 4 倍。③可见绿色产业将迎来新一轮发展,这对浙江省企业的绿色技术水平也提出了更高要求。

(五)低碳法律及环评标准提升,企业"走出去"存在合规风险

浙江省对"一带一路"沿线国家和地区的投资集中在水泥、钢铁、电力等高

---

① 《关于加快建立健全绿色低碳循环发展经济体系的指导意见》中提到,到 2035 年,绿色发展内生动力显著增强,绿色产业规模迈上新台阶,重点行业、重点产品能源资源利用效率达到国际先进水平。

② 《关于以新发展理念引领制造业高质量发展的若干意见》在培育先进制造业集群、推动制造方式转型、完善和优化全球产业链、优化制造业发展环境等 7 个方面出台了 30 条具体措施。

③ 给地球系上"绿"丝带——推进全球环境治理的绿色"一带一路". (2021-11-19)[2021-11-20]. https://www.sohu.com/a/502218922_115239.

能耗项目,而随着低碳环保意识不断增强,对环境保护的法律不断加码,一些国家绿色贸易壁垒的实施强度也随之不断提高。例如,越南对"一带一路"倡议中的环境评价、规划环境影响评价及项目环境影响评价提出了法定要求,在 2020 年取消或推迟了 13 座燃煤发电厂的建设计划,并新增分布式太阳能装机容量 7 吉瓦;巴基斯坦则基于建设项目的投资额或建设规模进行环境评价分类管理;孟加拉国在综合考虑项目所属行业及其对环境造成的影响的基础上,将建设项目划分为绿色、橙色-A、橙色-B、红色共 4 类环境清洁等级,并相应开展初步环境核查或项目环境影响评价。在环境评价文件的审查和批准方面,越南、巴基斯坦和孟加拉国都将相关审批权授予国家和地区层面的环境监管机构。目前,巴基斯坦正在逐步下放环境审批权,越南则根据受评项目特点,组织多部门甚至国会来审批环境评价文件。同时,巴基斯坦、越南、孟加拉国针对后续监督管理,均采用自下而上的监督管理方式,其中包括对环境治理和保护工作的定期抽查,以及对不利影响减缓措施与环境管理计划执行情况的核查。

"一带一路"沿线国家和地区生态环境敏感,由于大多数沿线国家属于发展中国家,环境管理基础薄弱,以高耗能产业为主的投资活动存在较高的环境风险和影响。绿色发展是"一带一路"倡议的重要内涵,目的是保护公众身体健康,维护环境生态系统,应对气候变化,保卫人类和生物赖以生存的环境,支持社会和经济的可持续、绿色低碳和包容性发展。自然资源保护协会(NRDC)自 2016 年启动绿色带路项目,研究中国与"一带一路"沿线国家在相关重点行业产能合作中的低碳发展方案、政策措施、实施路径和相关机制,提供绿色金融支持绿色产能合作中的机制和指南,并分享中国有关行业低碳绿色的技术和经验,促进"一带一路"沿线国家绿色发展和应对气候变化目标的实现。此外,NRDC 作为发起机构之一,支持"'一带一路'绿色发展平台"的建立,促进相关研究和信息的分享,平台的合作伙伴包括国家核心智库、行业协会、科研院所等。面对我国和"一带一路"沿线国家环保评价标准逐步提升的现状,浙江省企业更应加强合规意识,避免因合规问题受到"一带一路"沿线国家不同程度的制裁。

三、浙江省与"一带一路"沿线国家低碳合作发展的建议

(一)构建绿色贸易体系

举办高层绿色贸易论坛,与"一带一路"沿线国家和地区开展绿色贸易战略性讨论,制定绿色贸易路线图和行动计划,向"一带一路"国家和地区分享浙江

省在当前发展阶段的绿色发展和治理经验，讲好绿色贸易故事。深化绿色产能合作，把"一带一路"建成"减贫之路""增长之路"，开展绿色发展国际研究，提升沿线国家生态环境保护、气候行动与污染防治能力，促进先进绿色低碳技术的交流与转让。推动绿色贸易发展作为绿色"一带一路"建设的核心，全面提升绿色产品贸易的规模和质量。在全球各国积极参与国际绿色贸易规则制定的背景下，浙江省应优化省内绿色贸易政策体系，促进绿色贸易技术交流与合作，构建绿色贸易交流平台和机制，推动沿线国家共商绿色贸易战略，共享绿色贸易经验，实现绿色产品贸易朝着开放、包容、普惠、平衡、共赢的方向发展。鼓励引导外贸企业推进产品全生命周期绿色环保转型，促进外贸产业链供应链绿色发展。从严控制高污染、高耗能产品出口，扩大节能环保服务、环境服务进出口，取消高排放产品出口退税，降低环境产品进口关税。

（二）推进绿色低碳投资

加大绿色低碳项目的招商引资力度，加大低碳基础设施投资，重点开展大宗商品"公转水""公转铁"、多式联运提升等行动，开展运输装备新能源化和能效提升行动，促进沿线国家货运车辆大型化、箱式化、专业化发展。促进数字基础设施联通，利用浙江省在数字经济方面的优势，引导和支持大中小企业参与"一带一路"国家和地区的数字基础设施建设，拓宽在物联网、智能互联、5G等领域的合作范围。加快"一带一路"沿线国家和地区电网、水利、公路、港口以及铁路等传统基础设施与互联网、大数据、人工智能等新一代信息技术的深度融合，推动智能电网、智能水务、智能港口建设。支持企业投资建设"一带一路"绿色低碳国际港口、国际近零碳排放示范区等。构建绿色低碳交通体系，投资建设新能源汽车充（换）电桩等，推广新能源和清洁能源车船等节能低碳型交通工具，推广智能交通浙江方案；加强绿色交通领域国际合作；积极推动国际海运和国际航空低碳发展；鼓励企业参与境外铁路电气化升级改造项目，发展多式联运和绿色物流。扩大生活领域设施投资，加大对生活污水处理设施、垃圾处理设施、空气监测设备、流域治理技术设备等方面的投资，加强再生资源回收利用。在对外投资和承包工程上，将第三方环境影响评估纳入项目备案管理，将环境敏感型项目列为须核准项目。深化能源技术装备领域合作，重点围绕高效低成本可再生能源发电、先进核电、智能电网、氢能、储能、二氧化碳捕集利用与封存等开展联合研究及交流培训；深化绿色清洁能源合作，推动能源国际合作绿色低碳转型发展；鼓励太阳能发电、风电等企业"走出去"。

（三）加快产业绿色转型

发挥国际产业合作园、境外合作区作用，培育形成资源能耗小、环境影响小、科技含量高、产业效益好的绿色低碳优势产业集群。探索绿色低碳产业链"链长制"试点，发挥开发区新能源汽车等产业链"链长"作用，为"一带一路"沿线国家和地区传统产业生态化、低碳化转型提供指导和服务。确定标准水平，引领高耗能行业节能降碳。以高能耗行业的低碳清洁化为重点，提升传统产业合作，通过政策设定标准来引领高耗能行业节能降碳、技术改造。对标省内外生产企业先进能效水平，确定高耗能行业能效标杆水平，参考国家现行单位产品能耗限额标准确定的准入值和限定值，科学划定各行业能效基准水平。以绿色新兴产业联合研发、合资联营等方式，共同促进绿色技术、绿色产品的研发和绿色产业体系的培育。以绿色项目为重点，推动绿色产业做大做强。建立绿色低碳项目清单制管理。建立节能减碳技术改造项目、绿色低碳项目、绿色低碳科技成果转化项目"三张清单"，配套专项授信额度，推动信贷资源向绿色低碳项目倾斜。互相学习借鉴，促进电动汽车、新材料、新能源等产业发展，引导居民消费观念转变。鼓励企业通过设立境外研发中心、创新中心等科技创新平台，加强绿色技术创新合作，深入开展碳中和、碳排放等绿色课题研究合作。研究和借鉴国际环保原则、标准和惯例，与国际接轨。利用浙江省本土民营跨国公司的优势，打造一批大型绿色产业集团。

（四）提高企业合规意识

强化机制建设，建立企业合规管理体系，引导浙江省各市县"双高"企业重视国际化经营合规工作，倡导行业合规自治，形成"政府＋商协会＋企业"为一体的合规管理体系。同时，建立正向合规建设奖励机制，即对低碳合规企业和执行示范企业给予奖励。优化完善企业合规评价体系，有机融入低碳、绿色、环保理念，推动"走出去"企业自觉遵守当地环保法律、法规、标准和规范。加大合规服务供给，培育本土合规服务机构和专家，选派人员与北京、上海、深圳合规服务机构共建培育。建立合规专家库，推动合规师新职业尽早落地，支持鼓励高校设立合规管理专业方向，为企业合规经营建立人才库。依托省级外贸合规预警点等工作平台以及"订单＋清单"监测预警管理系统，整合有关职能部门涉外合规要求，建立合规服务平台发布信息和提供预警服务，改变企业获取信息资源不畅及合规服务成本高的现状，提升应对绿色壁垒的能力。依托浙江省金融综合服务平台等渠道,进一步扩大企业环境信用信息、绿色项目、绿色制造、绿色工厂、绿色建筑等绿色信息共享范围。对接浙江省企业碳账户、工业碳平台、有关碳交易平台等,强化碳排放、碳交易等信息集成共享。加强低碳合规宣传培训,组织低碳合规领域专家学者、实务律师等开展有关"一带一路"低碳专题讲座,聘请低碳化领域专业智库组织分国别、行业进行定期培训,营造企业重合规的营商环境。

(五)提高低碳经济循环利用效率

"一带一路"沿线许多区域人口密集,产业发展和技术水平相对滞后,不能重走发达国家"先污染,后治理"的老路,必须通过全面确立并推广企业循环和区域循环经济建设系统工程,才能实现绿色发展。在企业循环层面,要积极推广绿色设计、清洁生产、绿色营销等主要循环途径,建立一个物质、能量、信息、价值流动的动态循环产业链,让某一环节排放的废物变为另一环节的资源,使污染趋零,推进企业循环体系建设,使产品生产过程生态化、绿色化。在区域循环层面,要通过物质链、能量链、价值链、市场网络、信息网络实现循环经济在城乡、海陆、中心—边缘等空间高效循环,形成城乡一体、海陆和谐、中心—边缘互促的循环格局,使资源得以优化配置和高效利用。①着力推进能源资源市场化配置改革,建立和完善能源消费市场化发展机制,引导能源资源向优势地区、优势行业、优势项目倾斜,提升能源资源利用效率,促进经济高质量发展。构建能源资源利用评价体系,建立涵盖经济发展水平、产业结构特点、能源消费结构、能效技术标准等多维度的能效评价体系,科学设置评价模型,科学合理制定能源资源优化配置目标,建立年度评价、中期评估等定期评价制度,加强评价考核结果应用,促进地方不断提升能源资源配置水平。

(审校:王宇栋)

---

① 董锁成,李泽红,李富佳,等. 解说"一带一路":"一带一路"绿色发展模式与对策.(2017-05-11)[2022-06-09]. https://www.sohu.com/a/139751787_115495.

浙江省"一带一路"贸易合作
绿色转型的实践、困境及发展路径研究

颜　榕

摘要：浙江省处于"一带一路"长江经济带以及长江三角洲区域一体化发展国家战略相互融合的交会地带，长期以来深入参与"一带一路"建设，凭借其各大平台优势，与各方开展了全方位、多层次、宽领域的合作。在国际经贸交流合作方面，2020 年浙江省与"一带一路"沿线国家贸易进出口总额达 1.16 万亿元，对外投资与园区建设也不断升温。2017 年国家环境保护部等部委出台《关于推进绿色"一带一路"建设的指导意见》，指出要以绿色贸易为抓手，推动"一带一路"建设，与"一带一路"沿线国家共商绿色贸易政策，共建绿色贸易规则，共享绿色贸易经验。2021 年浙江省政府也印发了《浙江省人民政府关于加快建立健全绿色低碳循环发展经济体系的实施意见》，指出要加快建立健全绿色低碳循环发展经济体系，促进经济社会发展全面绿色转型。在低碳循环经济理念的引领下，浙江省加快了对外贸易合作绿色转型的步伐，在政策法规制定、产业结构调整、贸易模式转变等方面做出了相应努力。虽然目前转型尚未彻底实现，但凭借其相对强势的数字技术、稳固的基础设施建设以及与"一带一路"沿线国家日益紧密的贸易联系，浙江省可为"一带一路"贸易合作可持续发展做出更多的贡献。

关键词："一带一路"倡议；绿色贸易；浙江省

作者简介：颜榕，浙江大学非传统安全与和平发展研究中心及浙江大学外国语学院国际组织与国际交流专业硕士研究生。

一、引　言

"绿色"概念伴随着环境问题的日渐突显和可持续发展理念的提出而产生。

20世纪60年代起,以保护环境为主旨的绿色消费观念开始流行于发达国家,催生了绿色产品,推动了生产技术的革新。在经济全球化和贸易自由化的浪潮下,一些经济学家开始关注国际贸易中产生的环境问题,逐步形成了绿色贸易这一议题。区别于只关注市场内部费用因素的传统国际贸易,绿色贸易的概念中纳入了市场之外的环境因素,扩充了贸易的成本范围,增加了环境成本和与之相关的社会成本两大内容。[1] 1960年新制度经济学代表人物罗纳德·科斯以环境污染问题为例,指出"环境资源的产权不明使经济活动产生的环境成本得不到内化,解决方法是通过法律手段界定环境资源的产权,重新分配权利,保障公众福利"[2]。这一理论将环境与经济之间的联系构建起来,促使人们开始审视旧的国际贸易规则。20世纪末,经济一体化飞速发展加剧了区域间的贸易竞争,绿色贸易成为竞争的保护伞。部分发达国家以此为名设置贸易壁垒来维护自身利益,这也使得许多国家与国际组织意识到环境保护政策或成为国际贸易的障碍,有可能导致新的贸易保护主义形式的产生,即绿色保护主义。为了寻求平衡,各方开始呼吁减少和适当消除环境产品和服务的关税及非关税壁垒。1994年,世界贸易组织签署《关于贸易与环境的决定》,正式将环境保护、稀有资源保护和可持续发展列入其目标清单,决定成立贸易与环境委员会,力争能够同时做到保护环境和发展经济。从此,绿色贸易的内涵逐步转变为如今的"贸易与环境相辅相成、相互协调、相互促进",在贸易过程中尽量避免对生态环境造成威胁,保证贸易的可持续发展。它不再是简单的规则意识形态,而包含了更多抽象的文化色彩和具象的构成要素,例如绿色生产、绿色消费、绿色设计、绿色服务及绿色营销等。

我国也在21世纪初开始关注绿色贸易,初期的政策规划以积极应对国外技术性贸易措施和"碳关税"等绿色贸易措施为主,"十三五"期间开始转变观念,提出要建立健全绿色投资与绿色贸易管理制度体系,如今我国更加强调完整绿色贸易体系的建立和绿色技术的自主创新。2021年,商务部发布的《"十四五"对外贸易高质量发展规划》将"构建绿色贸易体系"作为十项重点任务之一,并提出建立绿色低碳贸易标准和认证体系、打造绿色贸易发展平台、营造绿色贸易发展良好政策环境、扎实开展绿色低碳贸易合作等四大项措施。而"一带

---

[1] 环境成本是指国际贸易对人类生存的自然环境造成的负面影响,例如能源、生物源性产品的贸易对大气、生物多样性等的破坏;社会成本是伴随环境成本产生并由于税收政策、劳工标准、竞争政策以至人权等社会政策失误而造成的后果。

[2] Ronald, H. The problem of social cost. *The Journal of Law and Economics*, 1960(1):42.

一路"建设作为我国对外贸易合作的主要载体之一,很早便被赋予绿色转型的任务。2016年习近平主席首次提出要"打造绿色丝绸之路",后又在第一届和第二届"一带一路"国际合作高峰论坛上进一步阐述了"一带一路"绿色发展的具体目标。[①] 2022年5月,国家发展改革委等四部门联合印发《关于推进共建"一带一路"绿色发展的意见》,其中特别强调了要推进绿色投资,优化贸易结构。该意见鼓励企业开展新能源产业和绿色产业的投资合作,赴境外设立聚焦绿色低碳领域的股权投资基金,大力发展高质量、高技术、高附加值的绿色产品贸易,加强节能环保产品和服务进出口。这些措施都体现了我国提升贸易产业合作中的绿色化程度、推动共建"一带一路"国家向绿色贸易转型的决心。[②]

浙江省位于我国"一带一路"的重要节点上,西接长江经济带,东接海上丝绸之路,且拥有港口货物吞吐量居世界第一的宁波舟山港。得天独厚的地理位置、便捷的交通运输网络以及扎实的贸易投资基础促使浙江省形成了领先开放的格局,为其参与"一带一路"建设提供了独特的优势。如今,浙江省与众多"一带一路"沿线国家建立了贸易合作伙伴关系,积极主动响应国家建设绿色"一带一路"的号召,努力实现贸易合作绿色转型,并借此机遇加速自身绿色经济体系的建成。

二、浙江省与"一带一路"沿线国家贸易合作总体情况

(一)贸易总额与贸易产品结构

近年来浙江省与"一带一路"沿线国家的贸易进出口总额快速增长,2020年其总额达约1.2万亿元人民币,较2019年增长约10.7%(如图1所示,2019年进出口总额为1516.0亿美元,折合约1.0万亿元人民币),高出同期全国对"一带一路"沿线国家进出口平均增速9.7个百分点,占同期全省进出口总额的34.1%,其中,出口额为8355.6亿元人民币,较2019年增长5%,进口额为

---

① 国家发展改革委副秘书长苏伟:"一带一路"绿色金融与低碳发展. (2021-06-15)[2022-05-31]. http://zjydyl.zj.gov.cn/text/ghsl/zkyj/202106/307350.html.

② 国家发展改革委等部门关于推进共建"一带一路"绿色发展的意见. (2022-03-28)[2022-05-31]. https://www.ndrc.gov.cn/xwdt/tzgg/202203/t20220328_1320630_ext.html.

3220.3 亿元人民币,较 2019 年增长 28.9%,[①]在长三角地区居于领先地位。

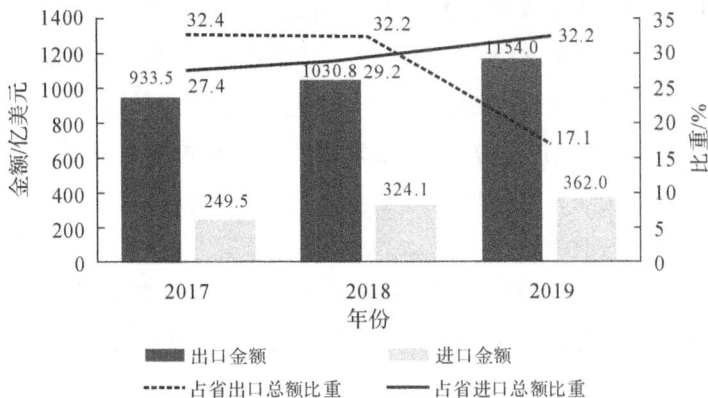

图 1　浙江省与"一带一路"沿线国家贸易金额状况

数据来源:《中国商务年鉴》编辑委员会. 中国商务年鉴. 北京:中国对外经济贸易出版社,2018—2020.

从产品结构看(见表 1),浙江省的进口商品集中于大宗商品,近年来始终保持在进口额的 50% 左右。铁矿砂及其精矿、成品油、初级形状塑料、二甲苯等大宗商品的进口年增幅均超过 20%。出口商品集中于机电产品及劳动密集型产品,机电产品保持在出口额的 40% 左右,纺织服装和八大类轻工产品也稳定地占据着较高的出口比例。

表 1　浙江省主要进出口产品种类情况

(a)进口产品贸易额　　　　　　　　　　　　单位:万元

产品种类	年份				
	2016 年	2017 年	2018 年	2019 年	2020 年
机电产品	8535271	10666725	12751334	13707911	14558995
初级形状塑料	3752299	5006104	5887097	6551020	6672373
二甲苯	1551528	1905211	3094062	3033078	2040020
铁矿砂及其精矿	2914691	4204365	4444772	6155719	7406912
成品油	1635280	2524507	4543692	3943559	2540701

---

① 2020 年浙江省对"一带一路"沿线国家进出口增长超 1 成　增幅高出同期全国对"一带一路"沿线国家进出口平均增速 9.7 个百分点. (2021-02-04)[2022-08-03]. http://kab. ningbo. gov. cn/art/2021/2/4/art_1229104354_58893365. html.

(b)出口产品贸易额 　　　　　　　　　　单位:万元

产品种类	年份				
	2016 年	2017 年	2018 年	2019 年	2020 年
机电产品	74904798	84043878	92076534	98871159	113555100
高新技术产品	11117144	12631349	14082936	16050174	20254283
农副产品	6241266	6685174	7175979	6996301	6818395
服装及衣着附件	19618625	19608519	20406957	19988505	17633268
纺织纱线、织物及制品	22938780	24610971	26860518	29136079	31749533

数据来源:浙江省统计局,国家统计局浙江调查总队.浙江统计年鉴(2021).北京:中国统计出版社,2021.

浙江省与"一带一路"沿线国家的贸易产品结构与省内进出口产品结构类似,主要进口商品为原油、初级形状塑料、机电产品、基本有机化学品和高新技术产品,2020 年进口额分别为 491.2 亿元、393.0 亿元、300.7 亿元、268.1 亿元以及 231.5 亿元,其中原油产品进口增幅达 188.9%,高新技术产品进口增幅达 60.6%。主要出口商品为机电产品和劳动密集型产品,2020 年出口额分别为 3908.4 亿元和 2588.2 亿元,其中机电产品出口增幅达 13.4%,劳动密集型产品出口额则有所下降。[①]

(二)对外投资与园区建设

项目投资是浙江省参与共建"一带一路"的重要支撑。近年来浙江省企业对外投资的热情愈发高涨,项目投资的潜力得到进一步释放。2018 年浙江省在"一带一路"沿线国家投资项目达 141 个,涵盖 29 个国家,占全省境外投资的 28.9%,同比增长 113.6%。其中,由于东南亚国家与浙江省地理位置相近、产业互补性强,浙江省对东南亚"一带一路"国家的投资额占比达 68%,新建项目共计 115 个,占沿线国家投资项目总数的 81.6%。此外,浙江省投资产业集中于制造加工、服务业和科技研发,对上述 3 个领域共计投资 22.8 亿美元,占投资总额的 92.7%。[②]

"一带一路"建设中,各类经济园区对经贸活动的顺利开展起着重要的作用。长三角地区是境外经贸园区最早的建设者,而浙江则是长三角地区设立最

[①]　宁波市人民政府口岸办公室. 2020 年浙江省对"一带一路"沿线国家进出口增长超 1 成　增幅高出同期全国对"一带一路"沿线国家进出口平均增速 9.7 个百分点.(2021-02-04)[2022-08-03]. http://kab.ningbo.gov.cn/art/2021/2/4/art_1229104354_58893365.html.

[②]　郭斯兰. 从大数据看浙江"一带一路"建设. 浙江经济,2019(11):21.

多境外国家级园区的省份(见表2)。这些设立在"一带一路"沿线国家的经济园区吸引来自各个国家和地区的企业驻扎,不断创造新的就业岗位。

表 2　浙江省设立"一带一路"沿线国家经济园区

国家级园区	省级园区
俄罗斯乌苏里斯克经贸合作区	塞尔维亚贝尔麦克商贸物流园区
越南龙江工业园	文莱大摩拉石油炼化工业园区
泰中罗勇工业园	越美(尼日利亚)纺织工业园
乌兹别克斯坦鹏盛工业园	

资料来源:刘洪槐. 长三角参与"一带一路"建设的实践和建议. 经济体制改革,2021(5):55-60.

(三)主要贸易对象

根据杭州海关的统计数据以及国内部分学者的模型计算,目前与浙江省贸易联系最为紧密的"一带一路"沿线国家包括俄罗斯、韩国、越南、印度尼西亚、泰国、菲律宾、马来西亚、土耳其和沙特阿拉伯,贸易总额可达"一带一路"沿线国家总贸易额的 47.1%。从增长态势来看,以印度尼西亚、越南、马来西亚等国家为代表的东南亚地区正成为浙江省参与"一带一路"建设的新兴市场,出口额年增幅达到 20% 以上。柬埔寨、斯洛文尼亚、哈萨克斯坦、拉脱维亚、以色列、保加利亚等国家也正逐步与浙江省建立起高度结合的贸易关系。[①] 另外,与国内其他省市相比,浙江省在与欧洲国家和北非国家合作方面的优势更为明显,合作对象国包括摩洛哥、保加利亚、波兰、罗马尼亚、爱沙尼亚、拉脱维亚、立陶宛、斯洛文尼亚、克罗地亚等。

三、浙江省对外贸易合作绿色转型的实践

(一)政策与规划的陆续出台

在贸易绿色转型的政策规划制定方面,浙江省总体遵循立足省内、放眼境外的原则,挖掘合作潜力。2021 年 11 月 16 日,浙江省政府印发了《浙江省人民政府关于加快建立健全绿色低碳循环发展经济体系的实施意见》,提出的主要目标包括:到 2025 年,产业结构和能源结构调整优化取得明显进展,资源利用

[①] 刘利民,王敏杰,陈晶晶. 浙江与"一带一路"沿线国家贸易结构研究. 浙江万里学院学报,2020,33(2):1-7.

效率大幅提升,基础设施绿色化水平不断提高,绿色技术创新体系更加完善,绿色低碳循环发展的经济体系基本建立;到 2030 年,"绿水青山就是金山银山"转化通道进一步拓宽,美丽中国先行示范区建设取得显著成效;到 2035 年,生态环境质量、资源集约利用、美丽经济发展全面处于国内领先和国际先进水平,碳排放达峰后稳中有降,"诗画浙江"美丽大花园全面建成,率先走出一条人与自然和谐共生的省域现代化之路。① 在省内发展的基础上,浙江省在外贸企业推广"碳标签"制度,积极应对欧盟碳边境调节机制等绿色贸易规则,并且寻求国内外在绿色低碳循环发展领域的政策沟通、项目合作及人才培训等。在上述意见的引导下,2021 年 11 月 26 日,浙江-RCEP 区域"双碳"经济技术对接会在杭州举行,浙江省向有着较为先进的绿色低碳技术的 RCEP 成员学习,并提出与其在项目、资金、技术等方面开展绿色产能国际合作的新意愿,以形成优势互补。

(二)绿色产业新建项目的兴起

在新的发展形势下,浙江省愈发重视新能源产业的投资建设。在 2019 年首次发布的 56 项浙江省参与"一带一路"建设成果清单中,出现了大量以资源回收利用为目标的产业生态项目,例如浙江开山压缩机股份有限公司投资印度尼西亚地热项目、杭州锦江集团有限公司投资印度勒克瑙垃圾处理一体化项目、浙江华友钴业股份有限公司投资刚果(金)铜钴矿区项目等。② 随着"双碳"目标的提出和能源结构的调整优化,全球再生能源成本进一步下降,风电、光伏等清洁能源项目迎来了前所未有的发展。能源转型孕育了新的经贸机遇,浙江企业对外承包工程也迎来了全新的发展热点。中国电建华东院(杭州总部)总承包的阿曼益贝利 607 兆瓦光伏电站成为阿曼最大的光伏项目,已于 2021 年按期投入商业运行。

(三)新型贸易模式的蓬勃发展

随着各类数字技术的研发,以数字服务贸易和跨境电商为代表的数字贸易正在日益改变全球贸易模式,其在新冠肺炎疫情下更是表现出强大的发展潜

---

① 浙江省人民政府关于加快建立健全绿色低碳循环发展经济体系的实施意见. (2021-12-07)[2022-05-31]. http://www.zj.gov.cn/art/2021/12/7/art_1229019364_2378478.html.

② 我省首发"一带一路"倡议 56 项建设成果清单. (2019-06-11)[2022-05-31]. http://zfxxgk.zj.gov.cn/xxgk/jcms_files/jcms1/web25/site/art/2019/6/11/art_4763_2040338.html.

力。借助长三角地区数字经济繁荣的优势,浙江省果断实施了数字经济"一号工程",近年来数字贸易发展迅猛。2022 年 5 月 7 日,浙江省商务研究院课题研究成果交流发布会上颁布的《浙江省数字贸易发展蓝皮书(2022)》的数据显示,2021 年浙江省数字贸易进出口额达 5279.00 亿元,其中数字服务贸易进出口额达 1975.56 亿元(出口额达 1025.10 亿元,进口额达 950.46 亿元),同比增长 12.47%,跨境网络零售出口额达 2430.20 亿元。[①] 在新冠肺炎疫情期间,浙江省也维持了对外贸易稳中有进的局面。从进出口市场来看,以"一带一路"为核心的市场多元化发展成效显著,目前浙江省已成功输出速卖通、执御、嘉云等一批跨境电商平台,它们在东南亚、中东等"一带一路"沿线地区已占有较大市场份额。以此为契机,浙江省积极推动与"一带一路"沿线国家和地区的电子商务贸易合作,探索全球电子商务新模式、新规则、新标准。浙江省以世界电子贸易平台(eWTP)为引领,发挥跨境电子商务和"互联网+"优势,强化国际贸易创新,拓展国际新金融服务,打造"数字丝绸之路"门户枢纽。

四、浙江省对外贸易合作绿色转型的困境

(一)贸易产品质量持续改善但主要结构未变

近年来,浙江省进出口商品结构持续优化。浙江省机电、高新产品贸易继续保持快速增长,2020 年机械类设备和电器电子类产品出口同比增长 10.8% 和 9.7%;大宗商品进口总体量价齐升,初级形状塑料、铁矿砂等 20 种大宗商品进口额为 1243.9 亿元,占全省进口额的 55.1%。[②] 浙江省对外出口商品中高新技术产品的比重不断上升,但高能耗的机电产品、纺织服装和家具等劳动密集型产品依旧是浙江省的主要出口产品。这说明浙江省作为一个外贸出口大省,对外贸易发展以粗放型为主的增长方式尚未得到根本改变。浙江省出口产品仍具有"高投入、高消耗、低效益"的特点,在获得大量贸易顺差的同时,出口了大量成本相对较低的碳基能源资源,容易造成大量的环境逆差。[③]

---

① 2021 年浙江数字贸易进出口额达 5279 亿元. (2022-05-07)[2022-05-31]. https://js.zjol.com.cn/ycxw_zxtf/202205/t20220507_24195171_ext.shtml.

② 浙江省统计局,国家统计局浙江调查总队. 浙江统计年鉴(2021). 北京:中国统计出版社,2021.

③ 殷宝庆,颜青. 资源环境约束与对外贸易绿色转型升级——以浙江省为例. 企业经济,2016(11):144-148.

(二)能源利用效率提升但受疫情冲击明显

2010—2019 年,浙江省能源消费弹性系数[①]始终保持在 1 以下(见图 2),且在 2010—2014 年出现了两次明显的下降,此后鲜有波动,较为平稳。这意味着省内的耗能工业在不断优化发展,能源利用效率得到提高。但 2020 年能源消费弹性系数反升至 2.8,创 10 年来新高,主要原因是新冠肺炎疫情的冲击,另外,各方的限制使得省内宏观经济主要指标出现明显下滑,同时也削弱了能源的投入效益。

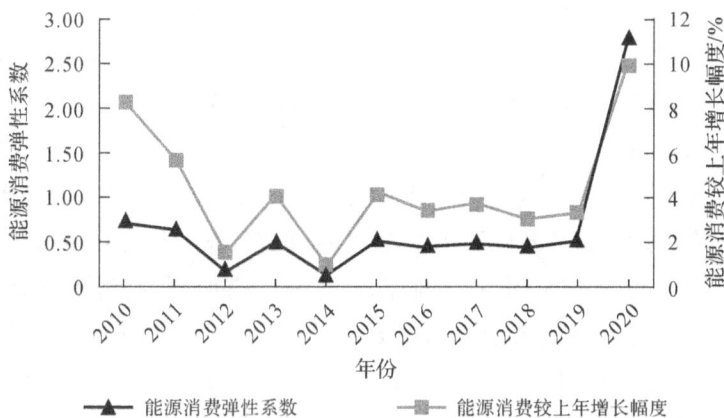

图 2 浙江省能源消费状况

数据来源:浙江省统计局,国家统计局浙江调查总队.浙江统计年鉴(2021).北京:中国统计出版社,2021.

(三)缺乏明确的绿色贸易体系与技术引导

首先,我国尚未建立起完整的绿色贸易标准和认证体系,仍处于从应对绿色贸易壁垒逐渐发展到初探绿色贸易体系内涵的过渡阶段,仅有统领性规划文件指出主要发展任务要求。浙江省若要根据自身实际情况建设一套完整的标准体系,仍需较长的探索时间。其次,省内促进绿色贸易技术的保障机制也不完善,因为绿色贸易技术创新的私人收益远远低于社会收益,且发展绿色贸易技术具有不确定性与高风险性,一味依靠企业自身进行技术创新不是可持续的。

---

① 能源消费弹性系数,亦称"能源消费增长系数",指一定时期能源消费平均增长率与同期国民生产总值平均增长率或工农业生产总值平均增长率的比值。

五、浙江省"一带一路"贸易绿色转型的发展建议

（一）充分发挥浙江自贸试验区优势，开展产业建设

浙江自贸试验区的建设为"一带一路"沿线国家互联互通、互利合作搭建了非常好的平台，是浙江新一轮改革开放的高地。浙江自贸试验区非常注重自身特色，要提升以油品为核心的大宗商品全球配置能力，成为东部地区重要的海上开放门户示范区、国际大宗商品贸易自由化先导区和具有国际影响力的资源配置基地。许多重大项目在浙江自贸试验区进行建设，目前舟山已形成完整的油气产业链，绿色石化项目已顺利展开；宁波正重点发展石油天然气、新能源、国际航运和人工智能等产业；杭州一直在加快发展数字经济，吸引了越来越多的投资意向；金华-义乌地区也在建设新的国际贸易中心。因此，应抓住各自贸区的优势，加快产业结构调整与产业布局优化。首先，以自贸区新兴产业为基础，大力培育节能环保的新能源产业，前期将自贸区作为统筹规划的试点，在特定范围内保证配套基础设施的全覆盖，逐步减少高能耗、高污染产业的数量。其次，在形成经验后，通过整体推进的方式引导绿色产业集群的形成，以群体效应促成省内产业结构的本质变化。最后，以"一带一路"为平台，将绿色产业体系进一步扩大到对外贸易中，彻底改变进出口产品的结构，实现产业结构和贸易结构的绿色转型。

（二）依托"四港"建设，提高资源利用效率

围绕"一带一路"政策沟通、设施联通、贸易畅通、资金融通、民心相通的主题，浙江省联动推进"四港"建设，即海港、陆港、空港、信息港建设，旨在加快构建畅通高效的运输通道网络。海港方面，浙江省组建了浙江省海洋港口发展委员会和省海港投资运营集团，成立了宁波舟山港集团，同时积极推进舟山江海联运服务中心建设，构建服务"21世纪海上丝绸之路"的海港体系和海上运输大通道。陆港方面，浙江省积极构建贯穿"丝绸之路经济带"的陆港体系和陆上运输大通道。"义新欧"班列于2014年11月18日开通，截至2020年10月21日，共开行1000列，共发运8.3万标箱，同比增长203%，发运量约占全国总量10%。[①] 空港方面，以杭州、宁波、温州三大机场为重点，大力提升航空基础设施

---

① "义新欧"中欧班列今年开行满1000列.（2020-10-23）[2022-05-31]. http://zjydyl.zj.gov.cn/text/ghwl/yxobl/202010/305825.html.

水平,积极拓展和完善航线网络。信息港方面,依托国家交通物流公共信息平台,推进港口、航运、铁路信息交换。同时,充分发挥阿里巴巴的国际电商优势,推进 eWTP 建设,加快建设面向"一带一路"沿线国家的便捷高效的物流信息走廊。

当前,浙江省应把握住自身作为物流关口与数智化发展中心的优势,加快提升对外贸易的水平。一方面,凭借发达的海陆空三系交通网络,建设省内企业与"一带一路"沿线国家的贸易物流网,简化物流环节,最大程度减少物流能耗。另一方面,借鉴疫情期间政府网上办公的经验,可通过建设绿色贸易信息数据库,保证物流状态、货品属性、进出口要求、相关法律政策等信息的及时获取,同时与 eWTP 共建成为统一的体系,使这些信息能够真正地为政府、企业、民众所共享,从而实现更加快捷且准确的资源配置。

(三)利用国际合作的力量,推动绿色贸易标准建立

浙江省在对外贸易合作中同许多参与"一带一路"倡议的国家联系密切,它们也是东盟、亚太经合组织、上海合作组织、中非协会等许多国际组织的主要成员国。浙江省的企业应积极参与到各国际组织发起的有关贸易转型的活动中,在学习他国先进绿色技术、绿色生产工艺、绿色产品以及绿色流通等方面的经验的同时,寻求与这些国家进行绿色贸易务实合作的机会,在一轮接一轮的合作实践中整合观念,实现洽谈对接,定期编制、尽早建立起一套多方认可的行业标准,并在"一带一路"沿线国家进行推广,共同巩固绿色产业发展基础,培育新的经济增长点和国际竞争优势。

(审校:贺轶洲)

智慧教育视域下浙江省参与共建"一带一路"教育云平台的 SWOT-CLPV 分析

胡　洁　王艳瑜

摘要：教育是国家富强、民族繁荣的根本，在共建"一带一路"中发挥着基础性和先导性的作用，为民心相通架设桥梁。作为海陆丝绸之路的重要交会点，浙江省一直是"一带一路"教育合作的创新实践者。基于当前智慧教育趋势以及"一带一路"教育合作的前期成果，本文提出浙江省参与共建"一带一路"教育云平台的建议，并采用 SWOT-CLPV 方法进行分析，得出该建议既有前期合作多样、技术基础牢固、政策支持力度大的优势，又有沿线国家信息化水平低、浙江省智慧教育国际化水平不足的劣势；既存在数智教育潮流、教育合作及人才培养的机会，又面临部分国家存有偏见、合作专项政策少、国际局势不稳定的挑战。本文进而从创新合作形式、推动智慧教育发展、建设教育云平台专项以及规避风险四方面提出对策，以推动后疫情时代的在地国际化教育，助力浙江省深入参与"一带一路"教育建设。

关键词：浙江省；"一带一路"；智慧教育；教育云平台；SWOT-CLPV 分析

作者简介：胡洁，文学博士，浙江大学外国语学院研究员，浙大宁波理工学院外国语学院院长，教育部国别和区域研究中心波兰研究中心主任。

王艳瑜，文学硕士，浙江大学外国语学院研究生。

一、引　言

"一带一路"是指中国提出的共建"丝绸之路经济带"与"21 世纪海上丝绸之路"的倡议，旨在共建物畅其流、政通人和、互利互惠、共同发展的"一带一路"命运共同体。^① 其中，教育作为民族富强的根本，是"一带一路"人文建设的重要组成部分，对实现沿线国家的民心相通意义重大，也为贸易等多方面的合作提供人才支持。自倡议提出以来，中国高度重视"一带一路"教育建设。2016 年，教育部发布《推进共建"一带一路"教育行动》^②，为打造区域教育开放交融平台指明了方向。近期，教育部延续前期政策方向，将进一步推动"一带一路"教育行动高质量发展列为 2022 年的工作要点之一。^③

作为海陆丝绸之路的重要交会点，浙江省一直是"一带一路"倡议的积极实践者、开拓创新者，高度重视"一带一路"教育建设，致力于打造促进人文交流的"浙江窗口"。在最新出台的《浙江省教育事业发展"十四五"规划》中，浙江省提出了深化"一带一路"教育合作，加强人文交流的系列措施，例如在海外建设"丝路学院"、培养本土化人才、实施"千校结好"工程等^④，其高质量打造"一带一路"重要枢纽的系列成果也受到国家发展改革委的表彰。

然而，新冠肺炎疫情引起的逆全球化浪潮对重建教育新生态提出了挑战。出入境管控减少了人员流动，对出国办学、来华留学等教育合作项目产生了影响，进而加剧传统跨境教育合作的不确定性。鉴于此，学者们提出了"虚拟留学""在线合作交流""在地国际化教育"等倡议。^⑤ 与此同时，一些科技公司，例如新加坡九竹教育科技公司，已开始积极探索与"一带一路"沿线国家的教育云平台合作。^⑥ 基于教育重塑、智慧教育的趋势，借鉴前期"一带一路"教育云平台的建设经验，本文提出浙江省参与共建"一带一路"教育云平台的建议。具体而言，浙江省应积极与"一带一路"沿线国家和相关科技公司合作，以"共商、共建、共享，助力民心相通"为理念，打造集多语教学、资源共享、学者论坛、企业招聘等多样化功能于一身的"一带一路"教育云平台（见图 1）。

---

① 推动共建丝绸之路经济带和 21 世纪海上丝绸之路的愿景与行动. (2015-03-28)［2022-03-06］. http://www. xinhuanet. com/world/2015-03/28/c_1114793986. htm.

② 推进共建"一带一路"教育行动. (2016-07-15)［2022-03-06］. http://www. moe. gov. cn/srcsite/A20/s7068/201608/t20160811_274679. html.

③ 教育部 2022 年工作要点. (2022-02-08)［2022-02-25］. http://www. moe. gov. cn/jyb_xwfb/gzdt_gzdt/202202/t20220208_597666. html.

④ 浙江省教育事业发展"十四五"规划. (2021-06-24)［2022-02-27］. http://jyt. zj. gov. cn/art/2021/6/24/art_1229266643_4670617. htm.

⑤ 魏礼庆,常栩雨. 疫情下教育国际合作与交流的思考. 中国高等教育,2020(22):54-55;王聪聪,徐峰,乐斌. 新发展格局下我国对外高等教育合作的挑战与应对. 宁波大学学报(教育科学版),2021(3):36-43.

⑥ 范玮. 新加坡教育科技公司搭建"一带一路"教育云平台. (2018-01-19)［2022-04-01］. http://sg. xinhuanet. com/2018-01/19/c_129794625. htm.

共商、共建、共享,助力民心相通

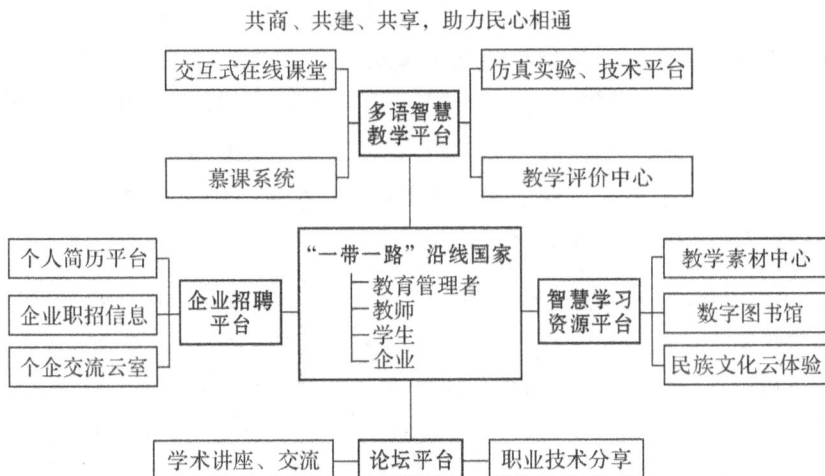

图 1 "一带一路"教育云平台架构

SWOT 分析法是一种用于识别某项业务或计划的优势(S,strengths)、劣势(W,weaknesses)、机会(O,opportunities)、威胁(T,threats)的定性研究方法,最早于 20 世纪 50 年代由美国哈佛商学院的史密斯团队提出[1],被广泛应用于项目初期阶段的决策及战略制定过程。在此基础上,学者进一步提出了 SWOT-CLPV 方法,即在定性分析内部优势与劣势、外部机会与威胁的基础上,定量分析内部劣势对外部机会所产生的抑制作用,即抑制性(C,control)、内部优势与外部机会互相适应所产生的杠杆作用,即杠杆性(L,leverage)、内部劣势与外部环境共同威胁激发问题的情况,即问题性(P,problem),以及内部优势受到外部环境威胁所表现出的脆弱性(V,vulnerability)。[2] 本文将采用 SWOT-CLPV 方法(见图 2),对前述建议进行系统分析。

通过 SWOT-CLPV 方法,下文将评估浙江省参与共建"一带一路"教育云平台的内部优势与劣势、外部机会与风险以及各因素相互作用所产生的效果,进而寻求浙江省拓展深化"一带一路"教育合作的策略与发展路径。

---

① Panagiotou, G. Bringing SWOT into focus. *Business Strategy Review*,2003,14(2):8-10.
② 陈茂强. SWOT-CLPV 理论及应用. 浙江工商职业技术学院学报,2005(4):11-15;邵梅英,司明舒,井淇,等. 基于 SWOT-CLPV 模型山东省"医养结合"服务模式评价. 中国公共卫生,2019(7):910-914.

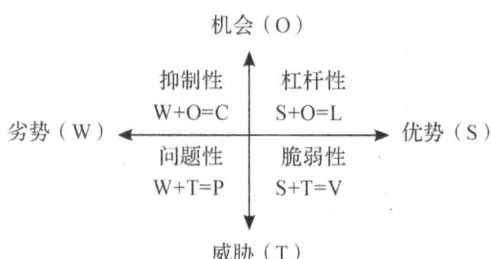

图 2　SWOT-CLPV 模型

二、浙江省参与共建"一带一路"教育云平台的 SWOT 分析

结合当今时代背景与浙江省自身发展现状,采用 SWOT 方法对"浙江省参与共建'一带一路'教育云平台"这一建议进行分析,得到表 1。

表 1　浙江省参与共建"一带一路"教育云平台的 SWOT 分析

优势(S)	劣势(W)
S1:浙江省与"一带一路"沿线国家教育合作网络广泛,维度多样 S2:浙江省智慧教育发展位居前列,技术基础牢固 S3:浙江省与"一带一路"沿线国家重视教育双边及多边合作,政策支持力度大	W1:"一带一路"沿线国家多为发展中国家,信息化水平较低 W2:浙江省智慧教育聚焦省内发展,国际化水平仍需加强
机会(O)	威胁(T)
O1:信息化时代,构建教育云平台成为主流趋势 O2:"一带一路"建设深入推进过程中,教育合作等人文交流不可或缺 O3:新冠肺炎疫情挑战下,各国经济复苏需要培养高素质人才	T1:部分国家对中国存在偏见,影响双方教育合作 T2:合作专项政策较少,经费保障存在挑战 T3:阿富汗变局、俄乌局势增加不稳定因素,影响"一带一路"教育云平台建设

(一)优势分析(S)

1. 浙江省与"一带一路"沿线国家教育合作网络广泛,维度多样(S1)

浙江省重视打造"留学浙江""文化窗口驿站"等名片,形成了政府构建平台、学校积极参与的"一带一路"教育交流模式,合作网络涵盖亚非欧地域的多个国家,合作项目多样。例如,浙江国际教育展先后在格鲁吉亚、捷克等"一带一路"沿线国家举办;以宁波职业技术学院为代表的职业技术院校积极承办"一带一路"沿线国家的研修培训合作;截止到 2021 年年底,浙江省在海外建设"丝路学院"多达 25 家;"东亚文化之都"城市数量位居全国首列①;浙江大学、浙江工业大学等高校成为"一带一路"智库建设支持单位。此外,浙江省构建的"1＋11＋N"省市县三级英文网站及海外媒体运营平台为宣传浙江教育名片,提升国际知名度,牵线"一带一路"沿线国家,打造教育合作矩阵提供了坚实基础。

2. 浙江省智慧教育发展位居前列,技术基础牢固(S2)

浙江省是互联网大省,在《中国互联网发展报告 2021》②中,其互联网发展综合情况位居全国第六,享有"数字浙江"的金名片。一直以来,浙江省致力于积极探索"互联网＋N"技术,高度关注数字化教育和数智化教育。依据教育部发布的《中国教育信息化发展报告》,浙江省基础教育信息化综合发展指数自2016 年起便蝉联全国第一。③ 2019 年,浙江省教育厅启动区域和学校整体推进智慧教育综合试点,旨在以点带面,推动全省智慧教育发展。④ 在"十四五"规划开局之际,浙江省即提出基于大数据等新兴技术发展,重塑教育新形态的奋斗方向,并与电信、联通、移动和华数四大运营商签了"十四五"战略合作框架协议,在教育新型基础设施建设、教育数字化改革等领域开展合作。⑤ 除省内发展外,跨省智慧教育合作也得到了广泛关注。例如,浙江省学海教育科技有限公司的"智通云"教育云平台的使用范围已覆盖河北、山东、江苏等多个省区。浙江省委书记袁家军在出席 2022 年全省数字化改革推进大会中也强调,2022 年是实现数字化改革"一年出成果、两年大变样、五年新飞跃"战略目标的关键之年。⑥ 因此,浙江省应在数字化改革潮流中顺势而为,乘胜前进,以信息通信技术为支撑,探索智慧教育的国际合作。

---

① 地方参与共建"一带一路"实践之八:浙江高质量打造"一带一路"重要枢纽. (2021-12-30)[2022-03-06]. https://www. ndrc. gov. cn/fggz/qykf/xxjc/202112/t20211230 _ 1310980. html? code ＝ & state＝123.

② 《中国互联网发展报告 2021》和《世界互联网发展报告 2021》蓝皮书发布. (2021-09-26)[2022-03-06]. http://www. cac. gov. cn/2021-09/26/c_1634248509015615. htm.

③ 浙江省基础教育信息化综合发展指数连续 5 年位居全国第一. (2021-12-31)[2022-03-06]. https://www. zjedu. org/art/2021/12/31/art_1126_1405. html.

④ 浙江省教育系统网络安全和信息化工作领导小组办公室关于公布区域和学校整体推进智慧教育综合试点单位名单的通知. (2019-07-26)[2022-03-05]. http://jyt. zj. gov. cn/art/2019/7/26/art_1532985_36122607. html.

⑤ 省教育厅和四大运营商签署"十四五"战略合作框架协议. (2021-09-17)[2022-03-05]. http://jyt. zj. gov. cn/art/2021/9/17/art_1543973_58918072. html.

⑥ 刘乐平. 袁家军到省发展改革委、省自然资源厅调研数字化改革工作. (2022-02-22)[2022-03-06]. https://zjnews. zjol. com. cn/gaoceng_developments/yjj/zxbd/202202/t20220222_23846169. shtml.

3. 浙江省与"一带一路"沿线国家重视教育双边及多边合作,政策支持力度大(S3)

浙江省紧随国家"一带一路"倡议号召,所出台的政策多次强调"一带一路"教育合作的重要性,为相关教育合作的开展提供大力支持。在《关于做好新时期教育对外开放工作的实施意见》中,深入开展"一带一路"教育活动被列入浙江省新时期教育对外开放工作的重点部署内容之一。[①]《浙江省教育事业发展"十四五"规划》也强调,校企要携手助力"一带一路",与沿线国家共建"丝路学院",推进"一带一路"各类人才培训,深入实施"千校结好"工程等。在浙江省相关政策的支持引导下,2021 年 12 月,浙江省中华职业教育社召开研讨会,省委领导干部、专家学者、企业管理人员参与其中,探讨校企合作推进"丝路学院"建设等系列措施。[②] 此外,"一带一路"沿线国家也为双边及多边教育合作提供了政策支持。例如,多个沿线国家与中国签订了学历学位互认、互免签证等协议,为人才流动、教育交流提供便利。

(二)劣势分析(W)

1. "一带一路"沿线国家多为发展中国家,信息化水平较低(W1)

"一带一路"跨度广泛,沿线国家多为发展中国家,经济、科技等发展水平较低,网络信息技术的普及程度并不理想。当前,沿线国家虽已加大力度推进信息化建设,例如哈萨克斯坦出台了《数字哈萨克斯坦》国家规划并将改善教育体系列为 10 个优先方向之一[③],但"一带一路"教育云平台如何架构、连接各国仍存在信息通信技术方面的挑战。

2. 浙江省智慧教育聚焦省内发展,国际化水平仍需加强(W2)

浙江省智慧教育虽已取得卓越的前期成果,但数字化和数智化教育更多是在省内普及。以"智慧教育"为关键词在浙江省教育厅官网进行检索,可发现所得到的动态信息几乎都在关注省内智慧教育发展,包括智慧教育示范点建设、资源平台互通共享、智慧教育深度帮扶等,鲜见涉及浙江省智慧教育连通国外的相关动态。相关科技公司虽也与全国各省市开展在线教育合作,共享教育资

---

① 省委办公厅、省政府印发《关于做好新时期教育对外开放工作的实施意见》. (2016-12-23)[2022-03-06]. http://jyt.zj.gov.cn/art/2016/12/23/art_1532992_21468613.html.

② 翁杰. 服务"一带一路"建设 校企共同推进"丝路学院"建设. (2021-12-08)[2022-03-06]. https://zj.zjol.com.cn/news.html? id=1773531.

③ 哈制定新版《数字哈萨克斯坦》国家规划. (2020-10-24)[2022-04-01]. http://kz.mofcom.gov.cn/article/jmxw/202010/20201003010533.shtml.

源,但走出国门、与他国共建课程种类丰富的多语教学云平台、开展线上研讨论坛等仍是今后需加强的方向。在提升浙江省智慧教育国际化水平的进程中,语言、跨国信息技术、平台建设等都是需要攻克的难题。

(三)机会分析(O)

1. 信息化时代,构建教育云平台成为主流趋势(O1)

随着信息通信技术的发展,远程学习、网上学习日渐流行,尤其是在新冠肺炎疫情的影响下,各个国家和国际组织积极探索教育云平台建设。例如,联合国教科文组织于2021年12月召开世界慕课与在线教育大会,探讨通过在线教学和混合学习的模式来建设面向未来的高等教育。① 中国也高度重视教育信息化、数字化建设。在教育部2022年2月15日举办的新闻发布会上,教育部基础教育司司长吕玉刚指出,实施教育数字化战略行动是教育部2022年的工作要点之一,我国将进一步升级国家中小学网络云平台建设,推进优质资源共建共享,以教育信息化引领教育现代化。② 综上所述,无论是国际教育热点议题还是我国教育发展战略,均将构建教育云平台视为不可或缺的一部分,这为构建"一带一路"教育云平台提供了方向指引。

2. "一带一路"建设深入推进过程中,教育合作等人文交流不可或缺(O2)

政策沟通、设施联通、贸易畅通、资金融通、民心相通是建设"一带一路"的主要内容。其中,民心相通为其他"四通"提供社会基础,是顺利推进"一带一路"建设的重要前提③,而人文交流则是推动民心相通的有效途径。推进区域内教育合作发展,通过学术往来、人才交流、合作办学等形式,促进教育资源优化整合,教育机制互相借鉴,既可加强人民间的友好往来与情感认同,奠定坚实的民意基础,也可助推高素质、国际化的人才培养,为"一带一路"建设提供智力支持。

3. 新冠肺炎疫情挑战下,各国经济复苏需要培养高素质人才(O3)

新冠肺炎疫情减缓了交通运输、休闲旅游等领域的发展,对全球经济发展提出了重大挑战。国际货币基金组织发布的《经济前景调查报告》显示,在其所

① Global MOOC and Online Education Conference 2021. (2021-12-13)[2022-03-06]. https://iite. unesco. org/news/global-mooc-and-online-education-conference-2021.

② 教育部新闻发布会介绍2022年基础教育重点工作任务和中小学幼儿园开学有关工作要求. (2022-02-15)[2022-03-06]. http://www.gov.cn/xinwen/2022-02/15/content_5673771.htm.

③ 推动共建丝绸之路经济带和21世纪海上丝绸之路的愿景与行动. (2015-03-28)[2022-03-06]. http://www.xinhuanet.com/world/2015-03/28/c_1114793986.htm.

调查的 194 个国家和地区中,仅 52 个国家和地区的 2020 年 GDP 相比 2019 年有所增长,占比约 27%。[①] 当前,各国致力于寻求经济复苏之路,在此节点上,人才资源对推动产业创新、科技进步、经济发展十分重要,对高素质人才的需求为各国教育合作提供了契机。

(四)威胁分析(T)

1. 部分国家对中国存在偏见,影响双方教育合作(T1)

随着中国综合国力的不断提升,部分国家鼓吹"中国威胁论",加之新冠肺炎疫情推动了逆全球化和单边主义浪潮,对中国的对外合作产生影响。"一带一路"沿线国家众多,各国间社会制度和文化、价值观存在差异,部分沿线国家及其民众对中国存在认知误区,合作关系并不稳定,一些国家甚至在国际上制造损害中国主权和领土完整的言论。这种不稳定的态度和立场干扰了教育交流与合作,增大了"一带一路"教育合作政策的实施阻力。

2. 合作专项政策较少,经费保障存在挑战(T2)

有学者以我国与"一带一路"沿线中东欧国家的高校合作为例指出,当前的"一带一路"教育合作仅停留在师生互派、共同举办学术会议的浅层面,实质性合作较为有限,长效合作机制有待探索。[②] 在浙江省参与"一带一路"教育合作的进程中,虽取得了建设"丝路学院"、成立产教协同联盟等成果,设立了"浙江省政府来华留学生奖学金",但与"一带一路"沿线国家齐力打造教育云平台的合作专项政策较为稀缺。目前,宁波市在《"一带一路"国家职业合作发展规划》中将智慧职业教育建设列为首批重点项目之一[③],但如何设计教育云平台、各环节需投入多少经费等问题仍有待探索。

3. 阿富汗变局、俄乌局势增加不稳定因素,影响"一带一路"教育云平台建设(T3)

打造"一带一路"教育云平台、汇聚优质教育资源离不开沿线国家的通力合作。然而,当前世界局势复杂动荡,政治外交冲突加剧,不稳定因素的增加阻碍了世界各国的教育交流与合作。备受关注的阿富汗变局、俄乌局势等国际事件

① World economic outlook. (2021-04-06)[2022-03-06]. https://www.imf.org/en/Publications/WEO/weo-database/2021/April/weo-report.
② 马佳妮,周作宇."一带一路"倡议下中国与中东欧教育合作:挑战与机遇. 中国高教研究,2019(12):65-71.
③ 关于启动"一带一路"国家职业教育合作发展三年行动计划首批重点项目建设的通知.(2018-11-08)[2022-02-27]. http://jyj.ningbo.gov.cn/art/2018/11/8/art_1229166701_1063361.html.

所涉及的利益相关方大多为"一带一路"沿线国家,各国的关系走向及自身发展都将对"一带一路"多边教育网络建设提出挑战。

三、基于 SWOT 分析的 CLPV 评估及策略建议

(一)CLPV 评估

基于上文对浙江省参与共建"一带一路"教育云平台的 SWOT 分析,下面将进一步做 CLPV 评估,分析内部优劣势与外部机会和风险相互作用所产生的抑制性(C)、杠杆性(L)、问题性(P)及脆弱性(V)(见表 2 和表 3),以寻求该教育合作的有利因素和不利因素。

表 2　优劣势与机会矩阵

杠杆性与抑制性评估	优势和劣势	机会 O			关联效应
		O1	O2	O3	
优势 S	S1	L	L	L	3L
	S2	L	L		2L
	S3	L	L	L	3L
劣势 W	W1	C			1C
	W2	C	C	C	3C
抑制性 C		2C	1C	1C	4C
杠杆性 L		3L	3L	2L	8L

表 3　优劣势与威胁矩阵

杠杆性与抑制性评估	优势和劣势	威胁 T			关联效应
		T1	T2	T3	
优势 S	S1	V	V	V	3V
	S2			V	1V
	S3	V	V	V	3V
劣势 W	W1		P	P	2P
	W2	P	P	P	3P
问题性 P		1P	2P	2P	5P
脆弱性 V		2V	2V	3V	7V

由表 2 可知,浙江省参与共建"一带一路"教育云平台的优势将在机会的驱动作用下得到更好发挥。其中,信息化时代构建教育云平台的主流趋势和教育人文交流在"一带一路"中的重要性是外部机会最大的支持因素。与此同时,内部优势的发挥也会撬起外部的机会,其中,浙江省与"一带一路"沿线国家前期教育合作的成果以及双方对教育合作的政策支持是推动"一带一路"教育云平台建设的最大动因。然而,当内部资源与外部机会不相匹配时,将会产生抑制作用,阻碍教育合作的发展。根据表 2 的分析结果,浙江省智慧教育国际化水平不足是抑制浙江省参与共建"一带一路"教育云平台的主要阻力,抑制性为3C。同时,大多数"一带一路"沿线国家信息化水平低,也对教育云平台的建构产生了一定的负面影响。

当内部劣势与外部威胁相互作用时,便会加剧问题的严重性,影响"一带一路"教育云平台建设的成功。由表 3 可知,专项合作政策及其经费保障问题,以及世界不稳定局势是"一带一路"教育云平台建设的主要威胁因素,当 W1 和 W2 遇到外部威胁时,产生的问题性分别为 2P 和 3P。与此同时,外部威胁因素会减弱内部优势强度,从而出现优势难以充分发挥的脆弱性局面。分析表 3 可得,浙江省参与共建"一带一路"教育云平台所面临的外部威胁与内部优势关联紧密,其中世界局势不稳定对发挥内部优势的影响最大,部分国家对中国的偏见与专项政策、资金支持保障风险的影响次之。

(二)策略建议

通过 CLPV 评估,本文进而以问题为导向,提出浙江省参与共建"一带一路"教育云平台的若干策略,旨在充分结合内部优势与外部机会,寻求内部劣势转化路径,科学规避外部风险。

1. SO 增长策略:创新合作形式,利用新兴技术开展线上活动,打造浙江教育合作样本

浙江省应顺应信息化时代教育发展潮流,在充分利用前期与"一带一路"沿线国家所搭建的教育合作网络的同时,创新合作形式,通过开展丰富的教育文化线上交流论坛、建设开放式在线课程、推动数字化学习模式、鼓励民间群体宣传浙江发展和浙江教育等形式,打造浙江对外教育合作名片,使"一带一路"沿线国家民众更加深入地了解浙江文化,更加积极地参与教育合作,以吸引更多的教育合作潜在用户。

2. WO 转型策略：汇聚多方力量，加快信息通信技术建设，推动智慧教育"走出去"

当前"一带一路"沿线国家虽重视教育合作，但大多数地区信息化水平较低的现状对连通各国教育资源、打造"一带一路"教育云平台提出了挑战。扭转此劣势需要政府、企业、教育界等多方力量参与。其中，政府需与沿线国家强化信息化战略，制定互联网基础设施建设与合作方案；信息通信企业、教育技术企业等应进一步激发产业积极性，加大对"一带一路"沿线国家的投资，提供技术援助；教育界则应进一步完善智慧教育，为提升"一带一路"沿线国家国际化水平提供语言支持、教育资源支持，推动浙江省智慧教育"走出去"。

3. ST 转型策略：加强政策沟通，设立教育云平台建设专项，科学制定顶层设计

在已有的教育合作项目基础上，浙江省应与"一带一路"沿线国家相关教育人员加强合作沟通，将教育云平台建设纳入双方合作政策框架内，推动教育资源共商共建共享。一是要采用试点机制，浙江省可先与合作关系密切的英国诺丁汉大学、俄罗斯圣彼得堡国立海洋技术大学、意大利比萨大学等高校一同设立教育云平台建设专项，发挥示范引领作用，以点带面，不断拓宽教育云平台。二是要从合作方的政治经济发展情况、特色教育资源、不同学段的教育需求、民族文化传统等方面出发，做好教育云平台建设专项的顶层设计，科学规划经费，吸引民营企业等民间群体的投资，确保稳定的资金支持。

4. WT 转型策略：增强合作认同，做好风险评估及应急预案，依托国际组织整合资源

动荡的国际局势和部分国家对中国"一带一路"倡议的偏见加剧了浙江省与沿线国家连通教育云平台的复杂性，因此浙江省在参与共建"一带一路"教育云平台的进程中，应注重弥补自身劣势，规避风险。一是要加强"一带一路"教育合作的宣传力度，以浙江省与沿线国家教育合作取得的前期成果和教育云平台的规划目标来增强沿线国家民众的认同感，提升"一带一路"教育云平台开展的广度与深度。二是要构建与沿线国家教育合作的风险评估机制，根据国际局势走向，预判潜在问题，及时采取措施保障"一带一路"教育云平台的顺利运行，避免资源损失、合作中断等问题。三是要积极与上海合作组织、欧盟等国际组织合作，借助第三方平台，整合教育资源，寻求制度契合点，共建"一带一路"教育云平台。

（审校：孙　翼）

浙江省与沙特阿拉伯
数字经济合作的机遇与风险

刘　彬

摘要：作为"一带一路"倡议下的长期合作伙伴,沙特阿拉伯与浙江省在数字经济领域的合作值得期待。一方面,沙特阿拉伯将发展数字经济纳入国家长期发展愿景和国家经济多元化转型规划,并且沙特阿拉伯国内在基础网络设施、应用基础设施以及商用基础设施建设方面均取得了显著成效,同时在智慧城市建设、电子商务、数字媒体等领域有着较大市场潜力。另一方面,浙江省不仅在区块链、大数据、物联网、云计算、人工智能技术等领域具有研发与应用的基础与实力,并且同样制定了成为国际数字贸易战略枢纽的远景目标。浙江省与沙特阿拉伯在数字领域的合作符合双方共同利益,但同时不能忽视国际市场竞争、西方科技门罗主义、网络安全、用工成本等挑战,并且应通过加强顶层规划、强化本土化思维,以及为跨境企业提供公共服务等手段,推动浙江省与沙特阿拉伯数字经济合作真正落地。

关键词："一带一路";浙江省;沙特阿拉伯;数字经济

作者简介：刘彬,阿拉伯语语言文学博士,副教授,浙江外国语学院阿拉伯语专业教师,浙江外国语学院阿拉伯研究中心执行副主任。

数字经济的发展为高质量建设"一带一路"增添了新的动力。中国与阿拉伯国家通过在"数字丝绸之路"上的发展战略对接,共同分享经济与社会发展的数字机遇红利。近年来,中东地区大国沙特阿拉伯一直努力实现经济结构多元化。2016年,沙特政府先后推出"2030愿景"和"国家转型计划",将数字化和人工智能列为重要内容。与此同时,作为我国数字经济强省的浙江省,同样提出了《浙江省数字经济发展"十四五"规划》,并明确了将浙江省打造为具有面向全球有效输出数字赋能能力的世界数字贸易战略枢纽。在浙江省与沙特良好的经贸合作基础之上,双方在数字经济领域合作方面有望有所作为。

一、沙特数字经济领域前景广阔

沙特是全球最大的石油出口国,经济长期依赖石油业,在实施经济多元化政策之前,政府收入约 90%来自石油。2003 年至 2013 年,世界市场经历了石油狂潮,2013 年原油价格飙升至 2003 年的近 4 倍,沙特的经济规模排名从 2003 年年初的全球第 27 位上升到 2014 年年初的第 19 位。[①] 然而到了 2014 年下半年,石油价格严重下挫,沙特政府预算顿时从盈余转为赤字。这一冲击促使沙特重新思考未来的发展方向。

(一)沙特数字化经济政策、规划与法规

2016 年年初,沙特王储穆罕默德·本·萨勒曼公布了雄心勃勃的"2030 愿景",由此拉开了在该国推行经济和社会改革的序幕。"2030 愿景"规定的 96 项战略目标中,一半以上都与人工智能有关。例如,在政府效率规划方面,提出将增加数字化服务种类,以降低延误率,减少冗长的行政手续;在基础设施建设方面,提出完善的数字化基础设施是当今前沿工业活动所必需的。

2017 年 5 月,沙特城乡事务部发布《智慧城市发展倡议》,该倡议的最终目标是到 2030 年在全国范围内打造出 10 座智慧城市。2018 年,沙特货币管理局发布了《沙特金融科技倡议》,并提出吸引全球业内顶尖企业投资、支持本国初创企业、推动商业银行与金融科技企业合作的三大发展目标。沙特货币管理局已成为全球第 2 家应用区块链技术的中央银行。2019 年 8 月,沙特专门成立了数据与人工智能局。同年 11 月,沙特政府与世界经济论坛签署协议,决定在沙特建立世界经济论坛第四次工业革命中心分部,这是该中心在全球的第 5 个分部。2020 年,沙特启动了"数字化转型计划",旨在建设数字政府和以第四次工业革命为基础的数字经济产业和数字社会。2021 年 11 月,沙特、巴林等 5 个国家共同发起成立跨国数字合作组织(DCO),希望在人工智能、网络安全、物联网、大数据、5G、云计算和区块链等新兴领域建立合作。

(二)沙特数字经济基础条件

在"2030 愿景"中,沙特政府明确提出要建设发达的数字化基础设施的远景

---

① 何善敏. 沙特阿拉伯:改革之路. (2019-05-14)[2022-05-02]. https://research. hktdc. com/sc/article/MzQ0OTI3MTQ4.

目标:"我们的具体目标是高速宽带覆盖率在人口密集区达到90%,在郊区达到66%。我们还将制定建筑物标准,为宽带网络建设提供便利……我们还将支持在电信和IT领域的本地投资。"①

在上述目标引领下,沙特国内基础网络设施、应用基础设施以及商用基础设施的建设近年来均颇见成效。根据网络解决方案供应商思科公司发布的"2019数字化就绪指数",沙特在向数字经济过渡的准备程度方面名列中东和非洲地区前三名,同时该指数将沙特定位于"高加速"阶段。2021年欧洲数字竞争力中心发布的《全球竞争力报告》提到,2018—2020年,沙特在G20国家中数字竞争力排名第一。

首先,作为世界上最早达成光纤基础设施建设协议的国家之一,截至2021年,沙特已经建成覆盖全国人口91%的4G网络,同时拥有6600余座为5G网络服务的基站,分布在30多个城市。在5G技术应用领域,沙特在全球排名第四,网络速度排名第十。②

其次,沙特的跨境电商发展迅速。当前,大量电商领域的本地企业、国际企业正在沙特凭借各自不同的优势开拓市场。例如,沙特本地商家Noon拥有中东最大的物流公司,打造了"中东版支付宝"数字钱包Noon Pay,是目前沙特电商市场体量最大的企业。亚马逊于2017年收购了中东电商平台Souq,目前以每月千万访问量跻身中东电商平台流量前列。中国跨境电商企业虽然进入沙特市场时间较短,但是以Fordeal、Shein等为代表的中国公司已经快速成为市场中的主要企业之一。

再次,沙特在数字支付方面发展力度较大。2018年8月,沙特货币管理局宣布激活数字支付,通过智能手机激活数字钱包服务来促进支付和购买,并表示沙特银行将继续全面启动沙特Mada Pay服务,该服务可与Apple Pay、PayPal等全球数字支付服务相媲美。

最后,沙特政府在资金和政策方面对数字经济基础能力建设持续提供支持。2021年11月,沙特政府决定拨付46亿里亚尔(约合12.42亿美元)用于支持36项推动数字经济发展的计划,主要集中在数字视频、数字音频、电子游戏以及数字广告等领域。同时,在"2030愿景"下,沙特商业环境也在改善,

①　沙特阿拉伯2030愿景(中文版). (2016-12-07)[2022-06-01]. http://www.innovation4.cn/library/r6686.

②　对外投资合作国别指南——沙特阿拉伯. (2022-05-15)[2022-05-25]. http://www.mofcom.gov.cn/dl/gbdqzn/upload/shatealabo.pdf.

包括通过逐步取消传统制度对本土企业的过度保护来改善对外投资环境等。

二、浙江省与沙特开展数字领域合作的机遇

(一)沙特数字经济市场潜力巨大

对于沙特数字经济的市场基础和潜力,思科公司曾做出评价:"数字化转型对行业、社会和国家未来的重要性不言而喻,特别是在沙特,因为它拥有中东地区最大的 ICT(信息通信技术)行业和一个具有巨大增长潜力的市场,不容小觑。"[①]

1. 智慧城市建设方面

到 2020 年年底,全球有约 55%的人口居住在城市,而这一比例在沙特超过了 83%。[②] 鉴于智慧城市有助于各国实现"碳中和"目标,智慧城市建设成为沙特"2030 愿景"的优先事项之一。2021 年 1 月,沙特宣布在位于该国西北部的"新未来"智慧城建设一个"零汽车""零排放"的城中城,城中能源供应全部来自太阳能、风能等清洁能源。城中城将广泛采用人工智能和机器人技术,建设数字基础设施。同时,在红海重要港口城市延布市,沙特政府希望在发展传统石油行业的基础上,对延布市进行智慧城市转型升级,为市民创造更好的环境,同时也吸引更多投资者。

2. 电子商务领域

受宽带业务普及、技术水平提高、用户群体年轻化和需求多元化等因素影响,沙特互联网业务高质量发展,数字公民的规模不断扩大。沙特互联网业务自 2012 年起呈现出加速发展态势,复合年均增长率达 11%。截至 2017 年三季度,其网民规模已超过 2450 万,98%的用户通过智能手机上网,互联网普及率高达 77%。[③] 作为 30 岁以下人口占比超过 60%的国家,2020 年沙特的社交媒体用户增至 2700 万左右,相当于 80%的沙特人使用社交网络。而沙特的社交媒体正逐渐成为电商的主要营销渠道,商家可借助社交媒体平台,通过直播等形式进行产品推广。以电商领域为例,据悉 2020 年沙特的电子杂货市场规模

① 思科公司聚焦沙特数字化转型. (2016-05-17)[2022-04-28]. https://www.eyeofdubai.ae/ar/news/details/cisco-connect-to-focus-on-digitization-in-saudi-arabia.
② 塞米利. 到 2025 年数字经济将占沙特国内生产总值的 19.5%. (2022-03-22)[2022-05-02]. https://www.aleqt.com/2022/03/22/article_2283356.html.
③ 沙特信息通信技术产业发展现状及投资展望报告——沙特产业系列调研之六. (2018-08-22)[2022-05-02]. http://sa.mofcom.gov.cn/article/ztdy/201808/20180802778229.shtml.

比 2019 年增加了 5 倍,80％的消费者多次在电子杂货市场上购物。在新冠肺炎疫情背景下,预计该市场将成为沙特增长最快的在线零售市场,2025 年市值可能将达到 20 亿美元。[①] 同时沙特电子杂货市场将会引入更多的参与者和更先进的数字技术,以满足消费者的需求。

3. 数字媒体行业

社交媒体、电子游戏、网络视频是沙特 3 种主要数字媒体消费产品。沙特为数字媒体提供了广阔市场,主要表现在人口基数、消费能力、基础设施 3 个方面。据统计,2017 年,沙特每天有超过 50％的人口通过智能手机收看在线视频,位居全球第一;2015 年,沙特全国人口在线观看视频时长约为 28 亿小时,位居全球第一。[②] 数字媒体消费已经成为沙特人尤其是年轻人日常生活中必不可少的活动。虽然沙特国内的数字媒体消费量巨大,但本国数字媒体生产水平却一直不高。在数字技术方面,沙特至今尚缺乏规模较大的数字媒体开发生产企业,国家的数字媒体软硬件的整体研发水平和自主研发生产力均有待提升。

4. 数字化转型项目

在“数字化转型计划”基础上,沙特实施了一系列有助于数字化转型的经济战略与项目。例如,2020 年 10 月,沙特数据与人工智能局宣布启动“沙特国家数据和人工智能战略”,计划到 2030 年,沙特将在人工智能领域吸引约 200 亿美元的国内外投资,培训超过 20000 名数据和人工智能专家,并创建 300 多家初创企业等。2021 年 8 月,沙特宣布了总价值近 40 亿里亚尔(约合 10.7 亿美元)的“数字经济发展启动”项目,该项目是目前中东和北非地区规模最大的数字经济项目,旨在将沙特打造成全球数据和人工智能领域最发达的国家之一。同时,沙特将培养 25000 名数据和人工智能领域的专家,建立 400 家初创公司,实现 800 亿里亚尔(约合 214 亿美元)的投资,并且力争到 2030 年实现每 100 名沙特人中有 1 名程序员的计划目标。此外,沙特政府决定成立沙特数字学院,通过与国际相关机构合作等形式,在数据分析、人工智能和云计算等领域培养数字化人才,并将其纳入沙特“就业培训计划”。

① Saudi Arabia's online grocery market. (2022-03-14)[2022-05-01]. https://www. marketresearchsaudi. com/insight/saudi-arabia-online-grocery-market.
② 沙特数字媒体产业前景广阔. (2018-08-22)[2022-05-04]. http://sa. mofcom. gov. cn/article/ztdy/201808/20180802778227. shtml.

(二)浙江省与沙特合作的良好意愿与基础

1. 长期友好的合作基础

2016 年 9 月 2 日,由中国科技部、发展改革委、外交部、商务部会同有关部门编制印发的《推进"一带一路"建设科技创新合作专项规划》明确提出了"中阿技术转移中心"要承担的重要使命;2017 年,"中国-阿拉伯国家国际科技产业合作联盟"由中国与阿拉伯国家共同发起,作为"一带一路"倡议和国际创新发展的合作体,直接对接中国与阿拉伯国家贸易主体。基于长期友好合作,包括沙特在内的海湾国家与中国的经贸合作在数字经济和新技术领域全面推进,双方数字化领域合作潜力巨大。例如,2019 年,为减少本国经济对石油的过度依赖,沙特阿拉伯王国控股公司与全球区块链和数字货币参与者、投资机构联合发起的数链经济集团举行战略发布会,宣布进入中国区块链市场,打造区块链开放平台,首选进入互助社群领域,发布基于区块链技术应用的互助社群——以 NCE 互助、加密数字货币交易、数字文娱等为核心的数字经济平台。

对于浙江省与沙特来说,由于双方经济互补性、联动性强,合作基础较好,因此合作前景较为广阔。例如,沙特阿拉伯国家石油公司与浙江石化签署了价值 22.5 亿美元的谅解备忘录,还与浙江能源集团签署了价值 16 亿美元的投资项目。2022 年 1 月 18 日,沙特旅游局在杭州举办文旅推介会。活动以"2022 开启超乎想象的梦幻旅程"为主题,旨在建立沙特与中国旅游同行的沟通平台,同时为国际旅游市场回暖、加强双方未来合作奠定基础。

2. 浙江省与沙特在数字领域的合作符合双方利益

沙特是"一带一路"上的重要节点国家,探索经济合作新"亮点"是中国和沙特经贸往来的核心,双方在数字、金融等领域的投资已经开始,并成为近年来快速发展的合作领域。沙特能源、工业和矿产资源大臣法利赫曾表示,沙特"2030 愿景"与中国发起的"一带一路"倡议高度契合,有广阔的合作空间,"沙特正着力投资数字化基础设施,助力工业化城市的转型发展,例如云计算、数据管理、人工智能、自动化等一系列数字化基础设施越来越完备"[①]。沙特方面同时表示,中国在人工智能研究领域已经处于领先地位,非常期待两国在这一领域展开广泛合作,帮助沙特实现经济转型。

2019 年 9 月,时任浙江省省长袁家军在率领浙江省政府代表团对沙特进行

---

① 中国"一带一路"倡议对接沙特"2030 愿景" 中沙产能与投资合作第二批重点项目确定. (2019-02-27)[2022-05-15]. https://www.sohu.com/a/298136741_100011043.

友好访问期间表示,要紧紧抓住"一带一路"倡议同沙特"2030愿景"深度对接的战略机遇,以2020年中阿建交30周年为重要节点,高水平谋划和推进一批重大战略合作项目,进一步深化在能源、海港、贸易、电商、高端制造、教育、航天、物流、文化旅游等领域的合作,实现优势互补、互利共赢。法利赫表示,浙江省是中国最具发展活力的省份之一,沙特非常钦佩浙江省经济社会发展取得的巨大成就,非常期待与浙江省在能源、海港、贸易、电商、教育等各领域加强交流合作,成为共建"一带一路"的好伙伴。

(三)浙江省开展数字领域国际合作的基础优势与战略规划

作为经济大省和开放强省,浙江省无论在数字经济国际化发展规划还是在数字经济高质量发展方面,均具有与沙特开展数字领域合作的基础优势与战略规划。

1. 浙江省的数字经济基础与实力

浙江省是改革开放的先行地和数字经济的排头兵,近年来浙江省在区块链、大数据、物联网、云计算、人工智能技术研发与应用方面把握机遇、加快落地。2019年,浙江省数字经济核心产业实现增加值6228.94亿元,同比增长14.5%,数字经济总量占全省生产总值的比重超过42%,数字经济成为经济发展的新动能。[1]

在《数字中国指数报告(2020)》中,浙江省以数字经济"一号工程"为牵引,聚焦发展先进计算、人工智能、高端芯片等数字经济核心产业,持续完善数字经济政策体系,不断推进数字生态繁荣发展,成为数字经济区域创新高地之一。在信息化发展水平方面,浙江省位列全国第二,产业数字化转型方面则位列全国第一。

在行业方面,以区块链金融为例,以蚂蚁金服为龙头,以恒生电子、同花顺、信雅达等企业为骨干的浙江省区块链金融科技多元发展格局初步形成;浙商银行、杭州银行、浙江农信系统、浙商证券等传统金融机构纷纷借助区块链金融重构传统业务媒介,创新业务模式和业务流程,推动浙江传统金融业产生新动能;信息软件、金融服务等高端技术产业的人才集聚效应和要素整合后的合力效应正日益显现。

在数字经济示范区方面,以杭州为例,作为浙江省数字经济"一号工程"的核心组成部分,凭借着区位优势、高端人才创新资源以及专业服务支撑体系,杭州金融科技总部经济建设已初具规模。作为"全球移动支付之城",杭州创造了多个全球第一,同时在金融科技体验上,杭州已经连续3年排名全球首位。根据《2020全球金融科技发展报告》,杭州金融科技使用者占比高达93.5%,是全球唯一一个使用者超过90%的城市,杭州已经迈入全球金融科技城市第一梯队。[①]

2. 浙江省数字经济国际化战略规划

基于"联好数字贸易网,打造'数字丝绸之路'门户枢纽"的战略定位,浙江省在数字领域联通世界、加强国际化合作方面进行了以下规划。

打造全球数字贸易战略枢纽。发挥浙江省数字贸易先发优势,持续推动贸易数字化转型,支持跨境电商、新零售、数字服务贸易、数字支付结算、智慧供应链等新业态、新模式发展,推动数字贸易国际化发展,形成与国际接轨的高水平数字贸易开放体系,推进数字贸易先行示范区建设,构建现代化"四港"联动的战略枢纽,努力打造全球数字贸易战略枢纽。

提升面向全球的数字技术对外输出能力。与经济社会深度融合,以数字赋能新制造、新贸易、新服务、新农业发展,打造产业链、供应链畅通的制造枢纽,建立内外贸有效贯通的市场枢纽,培育新模式、新业态发展的商业变革枢纽,探索形成领先的数字赋能经济社会转型发展模式,面向全球有效输出数字技术。

打造金融科技新优势。加强金融服务与数字贸易联动创新,扩大金融服务跨境合作,全面构建国际新金融产业链和生态圈。依托新金融服务龙头企业,建设金融大数据服务中心、跨境电子商务金融结算平台,开拓移动支付等金融服务市场。

三、浙江省与沙特加强数字领域合作的挑战与建议

(一)浙江省与沙特开展数字领域合作存在的挑战

1. 国际竞争日趋激烈

国际层面的竞争主要来自两个方面,一是各国高新技术企业对沙特数字领域市场份额的争夺带来的激烈市场竞争,二是以美国为首的西方国家在科技领

---

① 云计算、人工智能等中国不落于人,杭州全球金融科技城市第一梯队.(2020-11-05)[2022-05-12]. https://www.sohu.com/a/429719999_120771485.

域掀起的不公平的地缘政治争夺带来的潜在风险。①

首先,面对沙特巨大的市场潜力和合作机遇,来自全球高新技术领域的知名企业纷纷参与沙特数字领域市场竞争。例如,2017 年 2 月,诺基亚在吉达完成了包括上行链路载波聚合在内的多项 4.5G 技术测试;同年 3 月,STC 与爱立信围绕 5G 技术展开联合实验;2018 年,甲骨文与沙特 MISK 基金会签署人力资源合作开发谅解备忘录,计划为沙特 40 余所高校和科研院所培训 7 万名该领域专业技术人才;同年,德国企业软件供应商 SAP 宣布将向沙特引进首个公共云数据中心,并决定将其中东北非地区总部设在利雅得;此外,谷歌、亚马逊、微软等国际知名企业亦紧盯该国云计算和大数据市场,沙特阿拉伯国家石油公司已同谷歌母公司 Alphabet 就合资开发数据中心一事展开磋商。

其次,全球化进程遭遇逆流,加剧了各国之间的冲突和竞争。当前,数字空间成为大国发展与安全利益博弈的重要领域。全球数字竞争版图已初现端倪,而如何在促进数据流动和共享中获得最大的发展红利,是各国实现数字发展的最终目标。当前,美国通过其主导的所谓由世界领先的技术民主国家组成的技术政策多边外交架构,推行"科技门罗主义",通过高科技合作将所谓盟国纳入自己的地缘战略轨道,通过政治施压、行政干预、经济制裁、出台法规等形式,阻止竞争对手与他国开展正常的科技合作。例如,美国作梗中国同阿联酋的"哈利法港"合作项目,并向以色列施压,干扰中国企业同以方在海法港和特拉维夫轻轨等项目中的合作等。因此,美方是否会在中国同沙特等国的数字科技领域合作中如法炮制上述做法,中国企业应予以重视。

2. 网络安全风险加大

近年来,沙特云计算和大数据快速发展,与此同时,该国部分政府部门和国有企业屡遭黑客攻击。信息安全领域解决方案提供商赛门铁克发布报告称,沙特已成为中东地区黑客攻击的头号目标,每年因此遭受的经济损失达 2.7 亿美元;信息安全成为沙特当局的核心关切问题,其表示将严厉打击利用相关技术进行网络攻击的行径。同时,随着沙特电子商务发展驶入快车道,网络诈骗和洗钱活动悄然抬头。中资企业在投资沙特前应做好充分的市场调研,理性评估上述挑战,尤其要认真研究沙特《电信法》及其补充规定,以及《电子交易法》《反网络犯罪法》《云计算管理法案(试行)》等相关行业法律法规。

---

① 孙德刚,武桐雨. 第四次工业革命与中国对阿拉伯国家的科技外交. (2020-12-11)[2022-06-01]. https://brgg.fudan.edu.cn/articleinfo_3205_4.html.

3.人力成本问题显现

为提高本国就业率,沙特政府实行"沙特化"分级制度,要求所有在沙特经营的企业根据所处行业及企业规模,雇用一定比例的沙特籍员工,并根据各企业的达成情况实施一系列的激励政策或惩罚措施。无论是本土企业还是外资企业,都会面对那些对薪酬福利期望值很高的本地求职者,加之沙特本地数字领域人才的短缺,因此用工成本的压力是企业运营时需要考虑的重要因素。

4.沙特国内经济波动

虽然沙特正在逐步减少其对化石燃料生产的经济依赖,但该国仍易受到国际油价波动的影响。例如,沙特财政部的报告显示,受新冠肺炎疫情影响,2020年1月至3月,沙特石油出口收入同比下降24%,而由于2021年以来国际油价强势上涨,沙特自2014年国际油价大幅下跌以来首次摆脱了财政赤字。收入的不稳定导致财政数字不断浮动变化,加上政治稳定与国家安全在很大程度上仍然是比改革转型更为紧迫和优先的诉求,这也分散了有效的财政和政治资源。

(二)浙江省与沙特开展数字领域合作的建议

1.打牢合作制度基础,强化顶层设计

鉴于新科技革命在实现路径上具有政府动员、部门配合、企业跟进的自上而下的规划性特征,浙江省首先应实现同沙特在政府层面的发展战略对接,发挥政府"集中力量办大事"的优势,建立双方稳定有效的数字领域合作机制,奠定浙江省与沙特科技合作顶层设计的制度基础与条件保障。例如,可利用"中阿国家技术转移中心"的现有代表性合作机制的资源与成果,协助浙江省与沙特有关部门进行沟通与对接;对内要实现科技、外事、经贸等部门统筹协调,对外要实现与沙特政府部门中长期数字发展战略对接和科技合作项目对接,引导双方高科技企业在重点领域和重点区域的合作取得突破。同时,通过政府层面的机制建设和顶层对接,可以引导浙江省内企业根据自身业务范围与技术优势在不同领域进行合理有效的资源配置,避免出现企业之间为争夺项目机会而相互压价、盲目竞争的低效、无序局面。

2.加强本土化思维,降低合作风险与难度

在参与沙特本地数字经济活动方面,浙江省通过中国驻沙特使领馆、在沙特的浙江籍侨商组织以及与沙特开展数字领域合作的中国企业代表等官方与社会渠道,获得第一手的资料和信息;加强对沙特当地社会传统、交易习惯、行业技术标准,以及与数字经济相关的法律法规的认知和了解,考量是否需要本地公司联合进行项目运作、是否需要有本地资金注入、如何得到当地各部门和受众认可等问题;在某些领域,可以考虑通过深度参与当地数字经济建设,实现在沙特本土数字经济相关领域行业标准的制定实施方面发挥协同与引领作用等。目前,中国的华为、Fordeal、Shein,以及总部位于浙江的阿里巴巴、Hibobi、雅乐科技等企业,在沙特 5G 网络建设、人工智能、云计算、跨境电子商务以及在线社交娱乐等领域已成功开拓业务并有所作为。

3. 为跨境企业提供公共服务

浙江省可以为跨境企业拓展沙特市场提供数字化平台、智库与研究机构的信息与科研成果等公共服务。例如,举办直接连接浙江省和沙特的数字领域线上线下展会、数字贸易平台推介会等活动,进一步扩大浙江省内企业在沙特的影响力;鼓励国内与浙江省相关研究机构开展数字经济与技术领域的包括沙特在内的国别研究,提供关于境外细分市场的相关信息、资讯、政府政策、法律法规等研究服务,在企业与沙特数字合作的行业选择、对沙特本地市场的认知与了解、进入沙特数字市场的合理化布局等方面提供信息与研究支持。目前,在例如费萨尔国王学术与伊斯兰研究中心、吉达海湾研究中心、沙特数字研究院、沙特数字政府委员会等沙特国内著名智库、数字研究机构中,有部分机构与王室关系密切或具有政府背景,浙江省可以适当与这些机构进行学术合作和交流,打通学界、企业与政府的关系网络。

（审校：陈越柳）

《2030年前白俄罗斯共和国青年政策发展战略》解读与启示

杨丽萍　寿家睿

摘要：青年是一个重要的社会群体，青年政策的制定一直以来也是各国关注的一个重点。本文对白俄罗斯青年政策的历史和现状进行了梳理，通过对《2030年前白俄罗斯共和国青年政策发展战略》的解读，阐述白俄罗斯青年政策的基本构架，并针对目前国内青年领域存在的问题，寻求同时代背景下对完善浙江省青年政策的启示：关注教育与就业的高度密切相关性、发挥居住地的基础作用、大力支持年轻家庭、鼓励青年参与社会活动，以及坚持休闲创造与文化传承并行。借鉴白俄罗斯青年政策的优点，可以帮助浙江省完善支持青年领域的举措，进而更好地发挥青年的作用。

关键词：白俄罗斯；青年政策；解读与启示

作者简介：杨丽萍，文学博士，浙江树人学院人文与外国语学院讲师。
寿家睿，文学博士，浙江树人学院白俄罗斯研究中心讲师。

一、引　言

青年是一个重要的社会群体，是国家未来建设的中坚力量，对政治、经济、社会的发展都有着显著的影响。20世纪50年代末以来，青年的发展受到国际社会的高度关注。在联合国的支持引导下，美国、加拿大、俄罗斯等一些国家纷纷通过制定政策、法规等，保障青年的权益，发挥这一群体的社会价值。

我国同样十分重视青年政策的制定与发展。2020年10月29日，中国共产党第十九届中央委员会第五次全体会议通过了《中共中央关于制定国民经济和社会发展第十四个五年规划和二〇三五年远景目标的建议》，该建议阐述了"十四五"时期经济社会发展的思路和任务。其中部分建议，例如对高等教育、就业、创新、医疗和体育的发展建议，都与青年的发展有着直接或间接的联系。

基于对白俄罗斯青年政策历史发展的梳理，我们通过对《2030 年前白俄罗斯共和国青年政策发展战略》进行解读，汲取白俄罗斯青年政策的一些经验，为浙江省完善青年政策提供一些他者的视角。

二、《2030 年前白俄罗斯共和国青年政策发展战略》背景

白俄罗斯青年政策的历史与苏联一脉相承。苏联时期，青年政策就是一项党和国家层面的政策。1991 年 4 月，苏联通过了《苏联国家青年政策总则》，明确了青年的法律保护、社会保障、教育等权利。苏联解体后，原苏联成员国都认识到，国家发展需要让更多青年人参与到政治中来，便纷纷制定了与本国国情相适应的青年政策。1992 年，白俄罗斯批准通过了《白俄罗斯共和国青年政策的基本法则》，该法则在很长一段时间里奠定了白俄罗斯青年政策的基础。1999 年 11 月，白俄罗斯通过了《国家支持白俄罗斯共和国青年和儿童社会团体法》，在法律层面上明确了为青少年社会团体提供支持的主要方向、方式和组织基础等内容。

进入 21 世纪后，白俄罗斯对青年政策的制定和青年组织的管理有了新的变革。白俄罗斯国立大学副教授格列奇涅娃指出，人生中的主要"社会人口行为"多数是发生在青年时期的，包括接受中等和高等教育、选择职业、获得工作并参加工作、结婚、生子。[1] 处于这一时期的青年往往刚独立，在工作、生活等方面时常会存在困难。为了更好地促进青年发展，白俄罗斯青年政策的实施不断具体化。2006 年 4 月 4 日，白俄罗斯批准了《白俄罗斯青年（2006—2010 年）》，成为实施青年政策的重要文件，主要目标为：提高青年教育水平，加强爱国主义教育，改善青年的社会经济生活条件，提高青年健康水平，完善青年和年轻家庭的社会保障体系，以及促进青年旅游和国际青年合作。该文件包含了一系列举措，由对应的国家部门或机构在规定的期限内完成，在内容上更偏向于活动规划，未形成规范化的具体细则。2009 年 12 月 7 日，白俄罗斯通过了《白俄罗斯共和国国家青年政策基本法》，把白俄罗斯青年政策的基本概念、国家监管和管理、主要方向、资金和实施的保障在法律层面上确定下来，使白俄罗斯青年政策更加细化，更适应社会现实的需要。此外，白俄罗斯前后出台了一系列法令，在

---

[1] Гречнева, Е. Ф. Реализация государственной молодежной политики в республике Беларусь// Беларуская думка = Белорусская мысль: Навукова-тэарэтычны і грамадска-публіцыстычны часопіс, 2004(11): 16-22.

购房、留学、就业等领域对青年予以支持。

根据白俄罗斯国家统计局的统计信息，截至 2020 年 12 月 31 日，白俄罗斯 14—30 岁的青年人数约为 144.6 万人，占全国总人数的 17%。该年龄段的青年中，约有 118.8 万人生活在城市，占其总数的比例约为 82%①，而同期公布的白俄罗斯城市化率为 79.5%。城市青年比例大于城市化率，这说明伴随着城市化进程，城市越来越受白俄罗斯青年青睐。无疑，为了与城市化和城市青年数量逐年增长的现状相适应，城市青年管理不但面临着更迫切的现实需求，也促使白俄罗斯青年政策在时代变化和国家战略需要中不断革新。

为加强年轻一代的爱国主义教育，扩大青年有效参与公共行政决策和民间社会发展相关的社会活动范围，增加青年在社会生活中的作用，保持白俄罗斯青年的长期竞争力，并实现向青年普遍参与国家和社会的政治、经济、社会和文化发展的创新发展模式过渡，2021 年 6 月，白俄罗斯共和国部长会议第 349 号决议通过了《2030 年前白俄罗斯共和国青年政策发展战略》（简称《战略》）。基于 1992 年以来白俄罗斯制定青年政策及其实施的相关经验，《战略》立足于信息化时代的社会特点、青年的兴趣与需求，旨在提高青年的生活水平，并加强其在国家社会经济发展中的作用。《战略》是一套综合涵盖社会经济、政治、组织和法律措施的体系，结合了此前在青年领域的政策、法令，其主体包括 31 岁以下的年轻公民，以及配偶双方或其中一方未满 31 岁的年轻家庭。

总的来说，《战略》的出台解决了青年管理面临的迫切需求，也顺应了时代发展，在内容上相较以往政策、法令更加规范、细致，在法律层面上则呈现出逐步规范化、系统化的良好态势。

三、《2030 年前白俄罗斯共和国青年政策发展战略》基本构架

《战略》符合白俄罗斯宪法、国家安全概念、国家教育法的规定，与《白俄罗斯共和国 2016—2020 年国家创新发展计划》《2016—2020 年国家教育和青年政策》《白俄罗斯——成功创业之国》《2030 年前白俄罗斯共和国可持续社会经济发展国家战略》《科学和技术：2018—2040 年》等规划一脉相承，具有连续性、综合性、中长期性的特点。

《战略》分为四章，分别是"总则""实施战略的原则""战略的主要优先发展事项""实施战略的机制"。实施《战略》的原则有法治性、民主性、人本主义、公

---

① Среднегодовая численность населения.（2022-05-10）[2022-09-29]. http://dataportal. belstat. gov. by/Indicators/Preview? key=128626.

开性、普遍性、科学性、差异性、整体性、非歧视性和包容性、系统性、社会活动的优先性、青年和青年社会团体在享受宪法规定的权利和自由方面的独立性共13项。这13项原则体现出《战略》的制定充分考虑了青年群体的特点，尊重青年的个性，提供了青年直接参与、制定及实施相关政策和计划的渠道。同时，《战略》又对青年政策实施者提出了相应要求，例如要做到信息公开、用科学方法分析青年的状况、跨部门跨界合作等，以便更好地促进各相关机构间的合作。

在实施《战略》的过程中，需要完善国家青年政策组织机构的运作模式，包括发展青年和儿童社会组织与国家的伙伴关系；在组织和企业中建立与劳动青年相关的系统化制度；改进青年工作专家、青少年社会组织领导人的培训和再培训制度；为青少年领域的专家开展活动提供支持等。此外，《战略》提到，需要通过开展基础和应用研究、扩大对白俄罗斯青年状况的社会学调查和监测等方式，保证《战略》能科学、有效地实施。

基于2019年在白俄罗斯教育部指示下进行的社会调查——《白俄罗斯共和国青年环境状况》，《战略》的主要优先发展事项涉及7个方面，几乎涵盖了青年生活的各个领域，为青年发展提供了充分的法律支持和保障。通过对这7个方面基本情况的概述，《战略》提出了最小化的任务，且充分考虑了青年年龄的差异性。7个优先发展事项具体如下。

（一）教　育

为使教育体系、教学内容适应劳动力市场和学生的个人需求，《战略》制定了以下举措：优化教育体制结构和内容，引入现代教育技术的方法，在教育系统中形成组织、法律、物质和技术保障，发展教育者与青年人互动的机制，建立青年个人能力的认证体系，鼓励青年的创新行为和继续教育等。

（二）就　业

由于毕业生的能力与就业市场的实际需求不符，对工作经验、学历等的要求以及工作待遇问题都造成了青年就业困难。《战略》提出，应通过组织和完善职业指导体系，组织学生参与实践和临时就业，开发劳动力市场未来需求的预测机制，通过建立居住地就业网络、教授青年创业知识等方式推动教学与实践相结合，培养青年的综合能力。

（三）健　康

为帮助青年保持身心健康，《战略》制定了以下举措：完善疾病预防系统，制定健康项目,建立健身基础设施,鼓励青年强身健体,在居住地建立保健工作制度,为青年制定心理支持方案等。

(四)年轻家庭

在白俄罗斯,结婚年龄上升、妇女生育一孩的年龄增加、生育计划延后的现象普遍存在。此外,离婚率上升、家庭矛盾、孤残儿童等问题对年轻家庭形成的压力逐年增大,为此,《战略》制定了以下举措:减轻年轻家庭的税收负担,为其提供社会化服务、心理支持、法律援助及基础设施,建立多样化的企业支持模式等。

(五)社会活动

为发挥青年参与青年政策制定及国家、地方层面社会活动的作用,提升青年的政治文化水平,《战略》制定了以下举措:让青年参与青年政策的制定以培养其领导能力,对志愿者经历建立认证体系,通过竞赛鼓励青年提出倡议并加以推广,创建发布青少年活动的平台,形成政府机构与青年社会组织的互动等。

(六)休闲与创造

由于白俄罗斯青年社会文化活动过度虚拟化、青年在国际上具有代表性的成果不足,以及一些亚文化带来的负面影响等问题,需加强对青年文化的引导。为此,《战略》制定了以下举措:普及白俄罗斯文化,完善文化基础设施,支持有建设性内容的青年亚文化,鼓励青年协会开展研究,保护白俄罗斯历史文化遗产,完善青年创意成果商品化机制等。

(七)安　全

为降低青年的犯罪率,营造安全的环境,帮助青年树立正确价值观,《战略》制定了以下举措:完善预防和侦查犯罪的机制,开发暴力案件监测系统,营造生命安全文化、青年生态文化,实施确保青年社会保障的有效机制等。

四、《2030 年前白俄罗斯共和国青年政策发展战略》启示

我国制定青年政策的起步时间相对较晚,直到 1951 年国家才开始制定关于青少年健康、教育等方面的法律条例。早期我国对青年就业创业、婚恋等问题并未给予过多重视,与之相关的规定多数是在普适性法律框架下对与青年群

体相关的条文的解读。进入 21 世纪后,我国政府对青年发展的关注尤为突出。2017 年,中共中央、国务院印发了《中长期青年发展规划(2016—2025 年)》,但青年政策在制定和实施过程中反映了理论与现实的差距。中国青少年研究中心主任、国家中长期青年发展规划专家委员会委员张良驯在《"十四五"时期青年高质量发展研究》一文中指出,青年发展过程中存在的不足包括以下 6 个方面:青年对主流价值观的认同问题、青年受教育机会不均等问题、青年的生活压力问题、大龄青年的婚恋问题、青年就业问题和青年职业发展问题。① 2017 年 6 月,与国家《中长期青年发展规划(2016—2025 年)》相衔接,浙江省编制了《浙江省中长期青年发展规划(2017—2025 年)》。浙江省政协委员蔡宜旦分析了浙江省青年发展规划的四轮规划过程,指出省级规划的编制存在青年主体参与缺位、规划编制与规划实施脱节等问题。②

现今,我国青年与白俄罗斯青年面临的问题有很大相似性,因而可以借鉴白俄罗斯在青年政策制定与实施方面的经验教训,完善青年政策,在教育、就业、婚恋、主流价值观等方面加强对青年的支持和引导,使青年愿意积极参与到社会活动中去,从而实现社会帮助青年、青年反哺社会的良性循环。

通过对《战略》基本内容的解读,结合上述我国青年政策制定方面存在的不足之处,本文提出以下几点启示。

(一)关注教育与就业的高度密切相关性

针对我国近年来倡导的青年创业浪潮,《战略》中存在值得借鉴的相关举措。鉴于教育和就业密切相关,我们需要有意识有目的地培养青年,使其在校期间就能接轨社会,多参与社会实践,实现学习之余的临时就业。在教育知识方面,可以增加青年对于创业、经商等基础知识的了解,在职业、中等专业和高等教育机构中建立与经商及社会创业相关的知识、技能和能力体系,向青年教授金融、经商、商业法律监管等多方面的基础知识,提高其综合能力。

再者,学校与劳动力市场的衔接一直以来是个难题。基于我国国情,学校可以充分利用我国具备完备的工业体系这一优势,加强与各类企业的互动,采取终端招聘、定向培养及校企联合培养等方式拓宽青年的就业途径,依靠劳动力供需双方的充分沟通,减少因青年专业不对口而造成的人力与时间浪费。为此,高校需要了解并调研本市、本省以及全国范围内的企业发展趋向,建立人才

---

① 张良驯."十四五"时期青年高质量发展研究. 青年探索,2021(1):22-23.
② 蔡宜旦. 浙江省省级青年发展规划的编制历程及其反思. 青年发展论坛,2019(5):15-17.

需求预测机制,了解未来的专业就业前景,及时在课堂内外调整并增加有助于就业的相关知识,有针对性地培养学生。以浙江省为例,电商等产业对于掌握电商知识的人才需求量较大,小商品、服饰等公司对于设计、销售等方面的人才需求量较大。在教学中因地制宜,增补相关知识的培训,将会更利于青年的本土就业。

此外,劳动力市场的激烈竞争,对就业人员的综合能力也提出了较高的要求。目前,我国线上教学课程多数以慕课、各大学录制的线上课程为主,而已毕业的青年群体则面临着优质学习平台少、就业指导缺乏、持续学习的动力不足等问题。因此,浙江省可以借鉴《战略》中提到的措施,开展帮助青年发展的非正规教育,创建开放式线上课程。具体可以采取以下举措:拓宽青年在社会中提升自我的途径,做好鼓励青年持续学习的宣传,就其学习的课程建立相关认证体系等,以期帮助青年在毕业后继续提升自我,尽快实现就业。

(二)发挥居住地的基础作用

以青年的就业和健康为例,《战略》在这两方面都提到了要发展好青年的居住地,加强基础设施建设。居住地作为最贴近青年生活的地点,能有效调动青年的参与度。以就业来说,在居住地为青年建立一个拥有多学科资源的就业中心网络,可以就近为青年提供服务,这无疑会为青年的学习工作带来极大便利。在青年健康方面采取的措施,同样也考虑到了在青年居住地建立设施完善的俱乐部和健身系统。这些举措不仅有助于促进青年就业、呵护青年健康,同时也能提高地方政府的参与度。

在我国,以实际居住区为单位的青年组织和团体数量甚少。社区多为住宅区,在青年交往方面可以拓展的功能还有很多。离开校园后,青年可加入的社会组织或团体数量也很少,且存在信息闭塞的问题。可以以居住地或行政区为单位,为未婚青年、已婚青年、待就业青年、创业青年、生理有缺陷的青年、需心理辅导的青年等群体分别成立小规模的公益性社会性组织。例如,建立多学科就业中心,提供青年就业指导;建立青年心理咨询中心,帮助青年排解压力;建立未婚青年交流平台、婚后和谐家庭交流平台,提供婚恋引导等;帮助生活困难的青年适应社会,在其居住地(停留地)开展青年群众文化交流和健康改善工作,向青年人介绍所在地区的青年组织并鼓励其积极参与;搭建法律咨询点,为青年提供法律保障。就浙江省而言,可以充分利用省内互联网企业多、互联网生态环境活力足的优势,努力创建信息交流平台,充分发挥居住地的作用,坚持

"问题集中、交流通畅、反馈及时、同心共力"的原则，团结同一居住区的青年。

(三)大力支持年轻家庭

我国与白俄罗斯年轻家庭面临的压力有其相似性，存在结婚年龄上升、离婚率上升以及低收入、失业等问题。张华通过分析历史数据和文献，探讨了当代青年在恋爱、婚姻、家庭方面存在的时空阻隔，认为经济能力和个性因素成为离婚和不婚的主要原因，主要体现在抚养成本的提高、多元文化对青年婚恋观的冲击等问题上。[①]《2018—2019年长三角城市群青年民生发展报告》中也提到了关于隔代抚养、育儿成本高以及住房压力大等问题对青年结婚和生育带来的影响。[②]

因此，首先要培养青年正确的婚恋观，使其对婚姻有充分的认识，培养青年对家庭的责任感。其次，要制定面向年轻家庭的社会和经济支持举措，例如完善幼托教育体系，切实保障落实产假、育儿假等假期；为生活困难的年轻家庭制定资助机制，在税收、住房上有所支持等，为有孩子的年轻家庭提供多样化的企业支持形式，比如成立企业内部或企业名下的私立幼儿园，为年轻的父母制定灵活的工作和假期安排等，以此帮助减轻年轻家庭生育的焦虑和压力。此外，还需要保障年轻家庭中的弱势群体享受其应有的权利及社会福利，为其提供法律层面的有力支撑，保障妇女在婚姻中的合法权益，为孤残儿童的健康成长营造良好的社会氛围及共识。

(四)鼓励青年参与社会活动

《战略》中将青年的社会参与单独列出，对青年参与社会活动、政策制定予以充分的重视。然而，当下我国青年的社会参与度还不十分理想。李春梅、师晓娟在《青年社会参与政策的现状及效果评价研究》一文中分析了中国青年的社会参与现状，提出了加强思想引导、强化机制建设、规范青年参与社会组织等建议。[③]浙江省的青年政策制定存在青年主体缺位的问题，这也是青年参与政治生活不充分的表现，导致青年的建议和实际需求未能在政策中得到及时的反馈。借鉴《战略》中提到的措施，政府可以通过网上宣传、征集意见等方式鼓励青年参与政策制定，并建立长期有效的反馈机制，从而帮助政府更加科学、合理

---

① 张华. 当代青年恋爱婚姻家庭发展的问题与对策. 中国青年研究,2015(1):65-70.
② 张恽. 2018—2019年长三角城市群青年民生发展报告. 上海:上海交通大学出版社,2020.
③ 李春梅,师晓娟. 青年社会参与政策的现状及效果评价研究. 中国青年研究,2018(7):105-106.

地制定青年政策。

与之相配套,为加强青年与政府机构的交流,各级政府还可以搭建畅通的信息平台,通过公共邮箱、网络平台、座谈会、听证制度等形式创建定期对话的机制,进而形成政府与青年的良好互动模式,推动青年以个人或者团体(青年组织)的形式参与政策的制定。青年参与政策制定的过程同时也是他们融入社会的过程,这无疑能提升青年作为社会中坚力量的社会责任感和政治参与意识。

此外,为鼓励青年参与社会公共服务,应给予其制度保障和技术支持。例如,为青年志愿者服务等社会性活动建立一套认证体系,完善志愿者的培训管理体系,肯定其社会服务的价值和意义。同时,搭建青年活动的公开化平台,用于发布活动通知,拓宽青年活动的影响范围,通过现代化通信渠道使青年及时了解并参与社会活动。

(五)坚持休闲创造与文化传承并行

《战略》中指出,需要在青年中形成民族文化认同,在青年中推广白俄罗斯文化和语言,支持具有建设性内容的现代青年亚文化,鼓励青年社会组织开展研究和保护白俄罗斯历史文化遗产的活动。这些措施能够丰富青年的活动,同时把民族文化的保护和传承也纳入了青年活动的范畴,将两者有机结合,发挥青年在保护历史、文化方面的作用。

青年对主流价值观、传统文化的认同缺失是培养当代青年时面临的一个重要难题。我国一直面临着西化、分化思想的冲击,网络世界也鱼龙混杂,这都会对青年正确价值观的形成造成消极影响,并催生青年亚文化。结合移动互联网环境,青年亚文化是指青年群体为了解决自己在成长道路上所面临的各种疑惑和矛盾而对主流文化、传统价值观、正统权威等产生抵抗和消极对待的文化。[①]鉴于青年亚文化会弱化主流意识,而网络环境又是如今极为重要的文化传播阵地,争取青年的民族文化认同急需向虚拟化社区发展。因此,我们在加强主流意识形态传播、传统文化教育的同时,还要善于利用新的媒介、新的平台,使之更贴近青年的日常生活。例如,利用社交网站等,开设文化类公众号,联动三观端正的人气公众号、"大V",举办线上讲座、画展和文艺演出,进一步完善虚拟化社区中的青年文化活动。

做好线下交流也是文化传承中的一个重要环节。可以拓宽青年为文化领

① 郝凤. 青年亚文化对高校意识形态的弱化及其对策//张挥,刘宏森. 青年研究:新视野、新情况和新方法(2016—2020). 上海:上海交通大学出版社,2017:134.

域建言献策的渠道,支持建设积极的青年亚文化,鼓励青年组织开展研究和保护民族历史文化的活动。以浙江省为例,浙江省以经济强省,以文化兴省,但在传统文化和技艺的传承方面容易遇到瓶颈,各地方言也面临失传的风险。因此,可以面向青年,开设公益性的浙江特色的茶文化、浙江古诗词历史、浙江经商传统等多样性课程或讲座,增进青年对家乡的了解,提高他们对本地文化的认同感和归属感。此外,可以建立文化艺术类青年活动的资助体系,鼓励青年将传统文化以文创产品的形式产业化、国际化,同时还需完善青年创意成果商品化机制,简化商品化流程。这些措施可以帮助青年传承、发扬传统文化,充分发挥其创造潜力,让传统文化"走出去"。

五、结　语

《2030 年前白俄罗斯共和国青年政策发展战略》的制定基于白俄罗斯在青年法规政策领域的经验,并在内容和具体的举措上进行了综合和革新,使之更适应现代白俄罗斯社会发展的需要。

鉴于我国在青年政策制定及实施过程中存在的一些问题,笔者从《战略》中获得启示,并在缓解青年就业、生活压力和解决婚恋问题等方面给出了相应的建议,有助于完善浙江省青年政策。这些建议具体为:关注教育与就业的高度密切相关性,发挥居住地的基础作用,大力支持年轻家庭,鼓励青年参与社会活动,以及坚持休闲创造与文化传承并行。要知青年之所需,加强政策支持,通过多方面的发展,减轻青年的生活压力,鼓励青年有效参与社会活动,充分激发青年的主观能动性,并使其在社会活动中发挥积极作用。

(审校:孙　翼)

韩国 ICT 产业的发展经验

及对浙江省的启示①

许　赛

摘要：浙韩两地信息通信技术（ICT）产业在数字经济发展背景下于政策导向、产业地位、发展思路等方面存在诸多一致性。韩国自 20 世纪 90 年代以来一直视该产业为国家战略产业，总体产能、技术革新、世界市场竞争力等都优于浙江省。因此，研究韩国 ICT 产业的发展经验，有利于浙江省在共同富裕示范区建设的当下提升产业高质量发展的能力和水平。本文通过分析梳理韩国 ICT 产业发展现状、营商环境、大型企业战略等，反观浙江省在相应方面的举措，分析两地 ICT 产业所具备的特有的相互合作、资源整合发展的条件和基础。

关键词：ICT 产业；营商环境；高质量发展；浙韩合作

作者简介：许赛，浙江越秀外国语学院酒店管理学院副教授，东北亚研究中心特约研究员。

信息通信技术（information and communication technology，ICT）产业，是数字经济发展的主要驱动力之一，也是工业 4.0 的重要组成部分。韩国在 20 世纪 80 年代以后，通过政府的财政扶持，以及各大型企业对信息技术方面的巨大投入，进入了世界信息强国行列。韩国科学技术信息通信部统计数据显示，2020 年韩国 ICT 产业规模已达到 25602.93 亿元人民币，为韩国国内生产总值（GDP）贡献了 12% 的份额。② 与此同时，浙江省近几年在芯片、半导体、显示

---

① 本文系浙江省社科规划重大项目——新兴（交叉）学科重大扶持项目"东亚历史海域与浙江社会发展"（项目编号：20XXJC04CD）的阶段性成果。

② 韩国信息通信政策研究院. ICT 产业中长期展望（2021—2025 年）及 ICT 出口应对战略. 首尔：韩国科学技术信息通信部，2020（12）：26-30.

屏、数字等领域也加大了布局及投资力度,2020年浙江省规模以上ICT产业实现总产值10657.9亿元,较上年增长11.4%,为浙江省全省生产总值贡献了16.4%的份额。① 因此,对标韩国ICT产业的发展经验、政策措施,可以为浙江省该产业的发展提供参考。希冀不久的将来,浙江省ICT产业能够与韩国优势互补,形成更为健康、更为有效的合作格局。

一、韩国ICT产业的发展现状

(一)产业发展平稳,信息硬件的国际领头地位依旧

ICT产业包括电子元器件和板制造(含半导体元器件和集成电路制造)、电脑和外围设备制造、通信设备制造、消费电子产品制造(含手机和平板制造)。② 韩国的ICT产业,不论是在技术研发,还是在产业化应用与推广方面,都走在全球的前列,并在韩国"创造经济"体系中发挥重要作用,已成为拉动韩国经济增长的名副其实的主动力。目前,韩国智能手机、存储器和显示设备三大主力产品全球占有率均排名世界第一。③ 世界排名第一的超高速移动网络普及率以及全球最高水平的通信基础设施,也进一步捍卫了韩国ICT强国的地位。2020年,在新冠肺炎疫情及中美贸易战的持续影响下,韩国全年GDP同比萎缩了1%,ICT产值也出现了下降态势,为25620.47亿元人民币,下降了1.9%(见表1),但依然能够在不稳定的市场环境中迅速摆脱自2020年二季度以来的下滑趋势,保持了相对平稳的发展势头。这有赖于该产业的进出口业绩。2020年韩国ICT产业出口额相较2019年增长了1.7%,达到11608.23亿元人民币,占韩国整体出口的35.1%(见表2)。

---

① 2020年全省电子信息行业经济运行分析.(2021-03-08)[2022-04-23].http://jxt.zj.gov.cn/art/2021/3/8/art_1657978_58926210.html.以下资料来源为浙江省经济和信息化厅的数据均来自此研究报告.
② ICT产业创新发展白皮书(2020年).(2020-10-20)[2022-05-26].http://www.caict.ac.cn/kxyj/qwfb/bps/202010/P020201020747846648780.pdf.
③ 相关信息参考了韩国产业研究院于2021年发布的《产业技术发展白皮书》。

表 1　韩国 ICT 产业生产总值情况

产业	生产总值/亿元人民币		增幅/%
	2019 年	2020 年	
信息通信仪器	18402.10	17619.37	−4.3
一电子零配件	11201.28	10286.89	−8.5
一电脑及周边仪器	571.49	868.66	52.0
一通信及媒体仪器	2285.98	2324.81	1.7
一影像及音响仪器	514.34	481.42	−6.4
一信息通信应用仪器	3829.01	3657.59	−3.1
信息通信服务	4400.50	4457.84	1.0
一通信服务	2057.38	2073.84	0.8
一媒体服务	1085.84	1069.55	−1.5
一信息服务	1257.28	1314.45	6.2
软件	3314.66	3543.26	6.0
总计	26117.26	25620.47	−1.9

资料来源:韩国科学技术信息通信部。

表 2　韩国 ICT 产业进出口情况

产业	进出口	进出口金额/亿元人民币		增幅/%	占比/%
		2019 年	2020 年		
ICT 产业整体	出口	11414.65	11608.23	1.7	35.1
	进口	6994.62	7046.24	0.7	23.4
一电子零配件	出口	8181.90	8233.52	0.6	24.9
	进口	3768.32	3774.77	0.2	12.5
一电脑及周边仪器	出口	587.19	929.17	58.2	2.8
	进口	742.05	864.65	16.1	2.9
一通信及媒体仪器	出口	929.17	838.84	−9.8	2.5
	进口	993.70	916.27	−7.8	3.1

续表

产业	进出口	进出口金额/亿元人民币		增幅/%	占比/%
		2019 年	2020 年		
—影像及音响仪器	出口	283.91	174.22	−39.0	0.5
	进口	296.82	212.94	−27.1	0.7
—信息通信应用仪器	出口	1426.02	1438.93	0.7	4.4
	进口	1193.73	1277.61	7.1	4.2
韩国整体	总出口	34962.78	33092.16	−5.4	100.00
	总进口	32532.07	30148.48	−7.2	100.00

资料来源：韩国产业研究院于 2021 年发布的《产业技术发展白皮书》。

从韩国 ICT 产业整体的进出口结构来看，其与国际上"重软件服务、轻硬件生产"的发展方向"背道而驰"，而将重心放在了硬件领域的产出上，软件及服务领域的占比相对较小。2020 年，韩国电子零配件等硬件领域占 ICT 出口总额的 70.9%，其中半导体出口额达到了 6400.98 亿元人民币，较 2019 年增长了 5.6%，其硬件领域的国际领头地位得到了进一步巩固。然而，韩国并未放弃软件产业的发展，一直以创建全面的 ICT 强国为目标不懈奋斗，近年来更是不断在 ICT 科研及软件产业"加码"，以 ICT 为基础探寻与发掘创新源泉。所以，韩国政府持续推出了各类软件产业振兴计划，例如为了迎合世界焦点的"韩国 ICT 2020"（K-ICT 2020）5 年战略规划，将 ICT 融合安全技术作为进军世界的主要产品，以期寻找新的突破口，保持其 ICT 强国地位，促进 ICT 产业在国家经济中的持续增长。韩国政府以信息通信技术为中心，打造完善的"网络安全""物理安全""融合安全"体系，实现产业与产业之间、产业与文化之间的融合，努力创建出创新性、高附加值的新兴产业。[①] 2020 年 12 月，韩国科学技术信息通信部发布了数字新政推进计划，将在 2025 年前投入约 2550 亿元人民币，大力发展数字经济和绿色经济，推动经济转型。按照计划，韩国将加快构建人工智能和大数据平台，培养 10 万名人工智能和软件领域专业人才，并面向全国开展人工智能素质教育。到 2025 年，政府计划开拓约 2458 亿元人民币规模的数据市场，创造 90 多万个工作岗位，并完成所有公共部门系统的云计算改造。制度方面，韩国政府将制定《人工智能伦理标准》和《人工智能相关制度与法律指南》，应对人工智能产业规模扩大后可能出现的问题。[②]

[①] 相关信息参考了韩国科学技术信息通信部有关韩国 ICT 战略的公开材料。

[②] 张悦. 韩国出台政策推动经济转型. 人民日报, 2020-12-22(17).

(二)产业基础设施完善,发展环境较为优越

韩国政府积极采取措施完善市场服务体系,为ICT产业的发展营造了良好的市场氛围。《全球营商环境报告2020》中韩国得到了84.0分,排名全球第五位。该产业的发展对网络信号及数据传输提出了较高的要求,所以近5年韩国一直为全球上网速度最快的国家。2021年5月,韩国启动了《引领6G时代的未来移动通信研发战略》,从2021年开始的5年内投资约11.43亿元人民币研发6G技术,争取实现比现行5G快5倍,达到1 TB/秒,确保在2026年6G先导计划中数码医疗、沉浸内容、无人驾驶与智能工厂等应用范畴的率先使用。[①] 从这些针对ICT产业的营商环境来看:第一,韩国计划与美国等先进国家缩短技术差距方面的行动不容忽视;第二,其战略意图明确,着重突出中长期基础科研领域;第三,政府宏观把控,必要干预手段在先,例如为保障中小企业成长,政府制定大面积采购及融资等计划扶持中小企业,未来将会对世界ICT企业有一定冲击;[②]第四,加强全民人才基础教育,例如小学软件教育计划[③],显示了韩国政府在人才培养上的信心与重视;第五,其海外扩张意图明显,海外合作交流目的性强,不仅提倡在产品技术品质上提升,同时更倡导宣传作用,以世界级会议为契机组成专业学者团交流访问,突出产业技术优势,争夺海外市场。

(三)关键技术领先全球

韩国ICT产业的崛起得益于三星、SK海力士、LG等公司在全球拥有领先的技术水平。在存储芯片领域,三星于2021年3月在全球首发3纳米芯片;时隔2个月,又与IBM公司共同研发了2纳米技术,并计划将来在三星落地量产。在半导体封装领域,三星于2021年5月开发了能将逻辑芯片和4枚高带宽内存封装在一起的新一代2.5D封装技术"I-Cube4",它将广泛应用于5G、人工智能、数据中心等方向。在存储芯片领域,2020年我国的"长江存储"排除万难,发布了128层NAND技术,追上了三星、SK海力士等芯片巨头,但SK海力士随即于同年年底发布了176层512 Gb三层TLC 4D NAND闪存方案,三星也公开了176层技术推进计划,足见这一领域的竞争之激烈,但技术依然是占领市

---

① 相关信息参考了韩国科学技术信息通信部于2020年发布的《引领6G时代的未来移动通信研发战略》。
② 李淑华. 韩国信息化建设及其对中国的启示. 延边大学学报(社会科学版),2013,46(1):90-96.
③ 中国科学技术信息研究所,吉林省科学技术信息研究所. 韩国科技战略研究. 长春:吉林省科学技术信息研究所,2013:6-13.

场份额的关键。在 OLED 显示器技术领域,2021 年 LG 公司发布的透明及卷曲 OLED 技术方案有望改变现有显示领域的格局,成为次时代显示主流。在 5G 技术方面,我国工信部副部长刘烈宏同志在 2021 年举办的世界互联网大会上披露,我国已建 5G 基站 70 万个;浙江省国家数字经济创新发展试验区建设新闻发布会报道,浙江省 2021 年建成 5G 基站 5.5 万个,计划至 2022 年共建 5G 基站 12 万个。[①] 但韩国截至 2020 年 7 月已建成 5G 基站 12.1 万个,在这个数字继续扩大的同时,韩国又计划在地铁、机场、商场等建筑内建设室内 5G 基站。

二、韩国 ICT 产业发展的政策措施

韩国 ICT 产业的成功是在国内市场狭小、劳动力人才相对不足的情况下实现的,其中的原因值得我们探究。

(一)政府的财政扶持与产业规划

自 20 世纪 90 年代起,韩国的科技发展战略开始由以引进与消化为主向自主创新与消化吸收并举转变,建立了以民间研究开发体系为主导的科技创新体系,促进产业结构由劳动密集型转向技术密集型。同时,其对企业的研发投入基本保证占整体投入的 75% 以上(见表 3)。

表 3　韩国研发财政投入情况

类别		年份						
		2012	2013	2014	2015	2016	2017	2018
韩国对企业的研发投入	金额/亿元人民币	2470.16	2660.87	2849.15	2922.41	3083.33	3575.46	3933.84
	占比/%	77.9	78.5	78.2	77.5	77.7	79.4	80.3
韩国对高校的研发投入	金额/亿元人民币	301.57	313.20	329.58	342.83	365.74	381.90	402.93
	占比/%	9.5	9.2	9.1	9.1	9.1	8.5	8.2
韩国对研究机构的研发投入	金额/亿元人民币	397.20	414.94	463.40	504.33	517.67	545.44	562.65
	占比/%	12.5	12.3	12.7	13.4	13.2	12.1	11.5

---

① 浙江:到 2022 年建成 5G 基站 12 万个. (2020-12-23)[2022-06-01]. https://www.jiemian.com/article/5443230.html.

续表

类别		年份						
		2012	2013	2014	2015	2016	2017	2018
总研发投入	金额/亿元人民币	3168.93	3389.01	3642.13	3769.57	3966.74	4502.80	4899.42
	占比/%	100.0	100.0	100.0	100.0	100.0	100.0	100.0

资料来源:韩国产业通商资源部、韩国产业技术振兴院于 2020 年发布的《2020(韩国)产业技术统计》。以下资料来源为韩国产业技术振兴院的数据均来自此统计报告。

针对 ICT 产业,在全球较为成功的发展模式有两种:一种是以美国为代表的自由放任模式,企业利用市场机制进行自由竞争,政府几乎不参与其中;另一种是日本采取的"政府干预"模式。① 韩国借鉴日本 ICT 产业发展的经验,采取了"政府干预"模式,尤其是在财政方面,进行了巨大的投入。从近 10 年其对 ICT 企业的研发财政投入情况来看,几乎每年都占到了其对企业研发财政投入金额的 50% 以上(见表 4)。除了财政方面的投入以外,政府在税收方面也给予了相当大的优惠,同时通过出口退税、出口补贴等一系列措施,努力提升其信息产品在国际市场上的比重和份额。另外,为了促进 ICT 产业的技术创新和研发,韩国政府先后出台了《信息产业飞跃 2020》《数字化新政综合计划》等政策,完善了产业发展律法,改善了软硬件基础设施。

表 4　韩国对 ICT 企业研发财政投入情况

类别	年份						
	2012	2013	2014	2015	2016	2017	2018
韩国对企业的研发财政投入金额/亿元人民币	2470.1	2660.8	2849.1	2922.4	3083.2	3575.4	3933.8
ICT 部分/亿元人民币	1399.5	1537.9	1689.6	1644.7	1784.2	2054.4	2298.5
占比/%	56.7	57.8	59.3	56.3	57.9	57.5	58.4

资料来源:韩国产业技术振兴院。

(二)实施非对称管制,努力实现公平竞争

韩国通信委员会(KCC,前身为韩国信息部)及公平贸易委员会(KFTC)通过实施非对称管制措施,极力压制垄断,力求实现自由市场竞争。非对称管制

---

① 汪超,张智慧. 韩国发展半导体产业的成功经验及启示. 东北亚经济研究,2018(5):44-53.

这一概念为信息通信领域所专有,属于电信管制的一种措施。具体而言,是指对处于不同市场条件下的电信运营商,行业监管机构给予区别对待,在一定时期内,制定有利于新运营商或处于非支配地位的运营商(非主导运营商)的政策,人为地限制处于支配地位的运营商(主导运营商),以达到所有运营商公平竞争的目的。[①] 因此,这些管制措施大多指向市场中的主导运营商,以帮助非主导运营商提升竞争力,实现对等的差异化目标。这一政策发展至今,逐渐由电信管制扩大到了信息通信产业的大部分领域,管制形式也由起初的价格协调发展至现今的反垄断管制。韩国自 20 世纪 90 年代末期实施非对称管制,已逐渐建立了有序的竞争格局,将更多的企业资源用于技术研发与创新上,提高服务水平,降低用户的使用资费。[②] 2021 年 3 月,在 KFTC 的多次反垄断调查下,苹果韩国子公司提出了纠正计划,即花费约合 5.8 亿元人民币用于消费者补贴、中小企业研发及学校 ICT 技术员的培训。2019 年 12 月,KFTC 针对美国高通公司的半导体专利垄断行为,开出了约合 56.33 亿元人民币的处罚判定,以期提升韩国国内半导体企业的竞争实力。

(三)实施大型企业自主研发战略,充分发挥带动效应

ICT 产业是一项需要前期高额投入,并具备相当规模的人才优势的产业。因此,韩国为了应对 ICT 产业人才与资金短缺问题、防范高风险冲击,采取了以大财团为主的产业战略。韩国的大财团无疑在获取资本、技术、出口市场以及实现大规模生产等方面拥有得天独厚的优势。在 20 世纪 90 年代,三星、高仕达、大宗、现代公司占据了韩国信息产业 60% 以上的产品。虽然韩国政府也一直致力于采取非对称管制措施压制垄断,但同时又不得不依赖这些大财团进行 ICT 产业的发展。同时,这些大财团在引进技术方面表现十分突出,这种直接的技术引进与转化加快了韩国 ICT 产业的发展速度。例如,三星、LG 近年来花巨资在海外建设多家研发中心,对国外先进技术进行二次加工和模仿创新。韩国半导体产业的崛起,就得益于这种技术引进和消化的战略。[③] 此外,韩国 ICT 产业相关大型企业的业务往往遍及多个行业的上下游,使中小企业与这些大型企业形成合作关系及稳定的产业链,保证了网络终端应用的协同配合,从而使

---

① 唐守廉. 电信管制. 北京:北京邮电大学出版社,2001:79-80.

② 文华,崔基哲. 韩国信息产业的发展现状、政策措施及经验借鉴. 东北亚经济研究,2021,5(1):36-45.

③ 金麟洙. 从模仿到创新. 刘小梅,刘鸿基,译. 北京:新华出版社,1998.

全行业得以繁荣发展。另外,韩国企业与大学密切合作,共建大型实验室,可以使大学的科研成果及时地向企业转移,实现产业化,这使韩国形成了以企业为主体的产、学、研三位一体的良性国家产业科技创新体系。

三、对浙江省 ICT 产业高质量发展的启示

浙江省的 ICT 市场与韩国相比,虽然存在着明显的硬件劣势,但也存在着技术、产业互补的优势——韩国是以 ICT 硬件市场为主要突破口,其芯片、半导体、整机制造等子产业占据了半壁江山,[①]但浙江省在软件服务领域优势明显,2020 年浙江省软件业务收入达 7035.1 亿元,是同期韩国的 1.88 倍。同时,浙江省也不乏能与韩国优势企业竞争的企业,拥有海康威视、群志光电、大华技术等一批优质企业,还重点规划了杭州富芯、绍兴长电、求是半导体、中芯宁波等半导体企业。2020 年浙江省规模以上 ICT 产业实现总产值 10657.9 亿元,较上年增长 11.4%,为浙江省全省生产总值贡献了 16.4% 的份额(见表 5)。因此,摸透韩国 ICT 产业的发展现状及政策导向,有利于浙江省对标对表找差距,精准发力促发展。

表 5　2020 年浙韩 ICT 产业规模比较

	韩国	浙江省	
ICT 总产值	约合 25600.0 亿元人民币（占当年度 GDP 12%）	电子信息制造业总产值	10657.9 亿元人民币（占当年度全省生产总值 16%）
软件业务收入	约合 3749.0 亿元人民币	软件业务收入	7035.1 亿元人民币
ICT 出口	约合 11608.2 亿元人民币（其中绝大部分为硬件）	电子信息制造业出口	2501.1 亿元人民币

注:韩国数据来自韩国产业技术振兴院,浙江数据来自省经济和信息化厅和商务厅。根据相关数据说明,韩国 ICT 产业与浙江省电子信息制造业的涵盖面类似。

(一)提高重视程度,加大研发投入

20 世纪 80 年代以来,韩国政府加大了对 ICT 产业的扶持力度,并将其定位为国家战略产业,通过加强系统规划、完善政策法规、建立科学研究院、投入巨额资金等方式,为产业发展创造了良好的环境,有效解决了技术、人才、资金短缺等阻碍企业发展的问题。

---

① 袁卉姝. 我国 ICT 服务出口的现状、挑战及对策. 对外经贸实务,2021(6):89-92.

2018年,浙江省政府启动实施数字经济"一号工程",2021年3月22日省委发布《浙江数字化改革总体方案》,其基础则是ICT产业。相关部门除在组织机制、政策扶持、配套支撑等方面进一步加大力度外,还须加大研发投入。[①] 据韩国企划财政部公布的数据,2019年韩国研发投入金额达到5089.15亿元人民币,占全年GDP的4.64%,韩国成为全世界研发投入占GDP比例最高、投入金额第五的国家;而同期浙江省的占比为2.68%。韩国ICT产业的快速发展,就依赖于技术研发在社会中的普及与渗透。图1反映了浙韩ICT产业近几年研发投入的情况。鉴于韩国的经验,浙江省按照国家产业发展计划,实施创新生态的国产化替代战略,迅速摆脱发达国家的技术控制。只有在做好基础研究与应用研究融合工作的基础上,不断增加核心技术的研发投入,实现ICT技术的国产化,开发和保护自己的知识产权,实现技术的跨越式发展,才能为ICT产业营造更广阔的发展空间。[②]

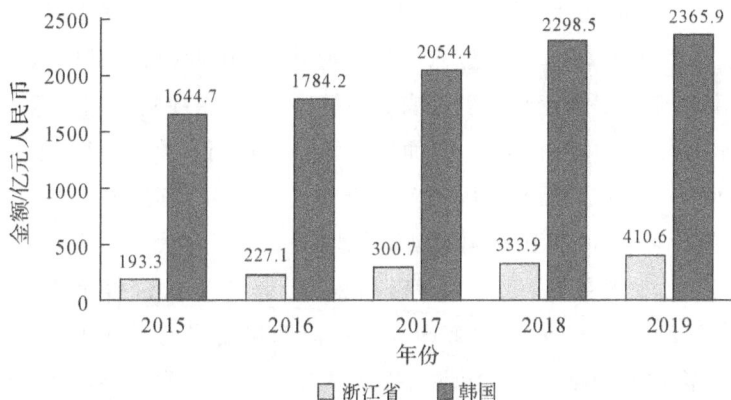

图1 浙韩ICT产业研发投入情况

资料来源:浙江省经济和信息化厅、韩国产业技术振兴院。

(二)扶持大型企业,发挥带动效应

韩国ICT产业的发展经验告诉我们,如能发挥大型企业的带动作用,就能更好地推动技术研发,完善生产链供应链。因此,要围绕大型企业,加快发展相关配套产业,完善服务环境和创新文化氛围,稳固大型企业和中小企业的供应

---

① 陈钰芬,姚天娇,胡思慧. 浙江省ICT产业产学研合作创新网络动态演化分析. 技术经济,2019(10):65-73.

② 吴绍波,卢思羽. 新形势下中国信息产业创新生态的国产化替代战略研究. 决策咨询,2020(1):1-6,12.

链协作关系。浙江省相关部门要发挥"因势利导"作用,在信息、协调和解决外部性等方面为企业做好服务,使产业形成比较优势,使企业形成自生能力,促进ICT产业的全面健康发展。同时,借助大型企业的海外合作渠道,优化利用韩资结构,加强与三星、SK海力士、LG等全球行业龙头企业的合作。在半导体、芯片封装、5G等基础产业,云计算、大数据、人工智能等新兴产业,区块链等前沿产业加大合作力度,加强具有自主知识产权的技术在省内外、国内外的推广应用,加快形成国内国际双循环的发展格局。

(三)加强行业引导,促成浙韩产业互补合作

在强调技术自主创新的同时,浙江省应组织力量与具有地缘优势及硬件技术优势的韩国企业形成互补性合作。一方面,可以挖掘对方在芯片、显示屏、通信仪器等领域的先进技术。例如,浙江省虽在"十四五"期间重点布局了第三代半导体芯片(毫米波芯片)量产,可是在线宽工艺方面尚未实现10纳米之内的制作工艺,而韩国在2020年已进入3纳米时代。① 因此,浙江省应依靠杭州富芯、中芯绍兴/宁波等企业平台引进或仿制韩国技术,将线宽工艺再缩小一个级别,先保证在国内市场的技术领先,而后图谋技术革新。另一方面,浙江省应促进省内强项——软件产品与韩国的深度合作。2019年,韩国发布"人工智能国家战略",预计至2030年在此领域创造年均约2.7万亿元人民币的经济效益,可是由于产业政策导向,2020年韩国软件行业产值只占整个ICT产业的13.8%。② 2021年2月,中国驻韩国大使邢海明接受采访时就表示,中韩可结合两国发展需求和战略规划,推动在智慧城市、人工智能、数字经济、区块链等方面的合作,而这些正是浙江省软件行业的强项。浙江省有全球领先的数字安防软件技术,有阿里巴巴、海康威视等被列入国家人工智能开放创新平台的企业,有多年的新零售、移动支付、金融科技、跨境电商、在线经济等新业态建设经验,有杭州未来科技城、之江实验室、清华长三角研究院等区块链方面的人才团队。最近,韩国发布了半导体强国建设战略规划,将半导体研发税额抵扣率提升至40%—50%,并且还拟投资约4500亿美元建设全球最大的芯片制造基地。如此大手笔投入,必然有大批量产出,因此韩国必须寻找大级别市场。中国本来就是韩国半导体的最大输出国,韩国国际贸易协会统计显示,2020年韩国对

---

① 中国电子信息产业发展研究院. 2019—2020年中国半导体产业发展蓝皮书. 北京:电子工业出版社,2020.

② 相关信息参考了韩国信息化振兴院于2020年发布的《2020(韩国)国家信息化白皮书》。

中国半导体出口额占韩国出口总额的41.57%。① 对此,浙江省可抢先布局,不仅能缓解国内缺乏高技术含量芯片的实际问题,也可寻找时机使浙江省的软件产品打入韩国市场,或借助韩国市场打开更为广阔的国际市场。总之,浙韩在ICT产业中的"互补性"需求明显存在,为了突破在ICT硬件领域的发展瓶颈,浙江省有必要也有可能创造条件,借助韩国市场把自身的"短板"补齐、"长板"拉长,与韩国强(浙江软件)强(韩国硬件)联合,共享资源,合作共赢。

(四)保护知识产权,维护市场公平竞争

韩国为了维护ICT市场公平,实行了非对称管制。这种管制在一定程度上使韩国ICT产业逐步建立起了有序的竞争格局。鉴于此,浙江省应在已有基础上创造更有利的竞争和创新环境,鼓励企业创新,加大对ICT产业的知识产权保护,加强技术标准的制定,提供税收优惠等政策和资金的支持,维护市场公平竞争,规范市场经济秩序,制止恶性竞争,培育多个市场主体,防止过度竞争和垄断,使市场持续保持有序的竞争,提高市场主体的创新能力,加强技术性贸易措施研究,建立产业损害预警系统,与企业保持良好的协作关系。

(五)强化产学研合作,加强浙韩资源整合

随着数字经济辐射面的不断扩大,ICT技术已成为考量国家科学和经济发展水平的重要指标之一。这需要基础研究的大力支撑,只有把基础研究做好了,才能更好地掌握核心及原始技术。同时,面对实际情况,浙江省也要注重应用研究,尤其要处理好技术引进和自主研发之间的关系,重视自主创新、合作创新和模仿创新。例如,从2020年开始,浙江省重点布局了一批半导体产业项目,涵盖了材料、设备、封装、制造等产业链环节,但从技术链来看,依然集中在半导体产业链的中下游位置。浙江省应借鉴韩国经验,发挥政府在技术提升方面的引领作用,依托各类创新平台、各大科研院所及阿里巴巴、海康威视、大华技术等龙头企业,与浙江大学等高校完善产学研合作体系,健全产业链协同创新机制。同时,利用浙韩在ICT产业中硬件、软件领域的投资现状,加强与三星、LG以及处于产业中游企业的合作,形成合力,健全和完善浙江省ICT产业链、技术链。

随着ICT产业在韩国的迅猛发展,对专业人才的需求也日益旺盛。在此过

① 半导体出口大涨,韩国担忧"过度依赖".(2021-01-06)[2022-06-01]. https://ishare.ifeng.com/c/s/v002JqCvSwCwhd6lIMBHkvCYN--zi-_fP5DcoLB3nhTrXnvpg.

程中,韩国出台的相关政策呈现出了政府为主、民间为辅的基本特点。首先是财政支持;其次是大力引进国外人才,这部分人才的引进与培养计划在很大程度上支撑了韩国 ICT 产业的持续繁荣;最后是鼓励高校和民间培训 ICT 人才,为 ICT 人才的再教育奠定了基础。即使如此,韩国仍然在该产业面临人才缺口。如图 2 所示,近年来韩国 ICT 产业的研发技术员人数虽比较可观,但增长不甚稳定。

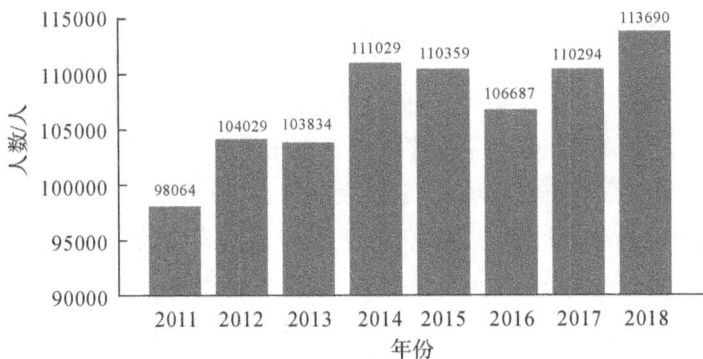

图 2　2011—2018 年韩国 ICT 产业研究员人数变化情况

注:图中所指的"ICT 产业"为韩国产业技术振兴院发布的各年度《研究开发活动调查报告书》中的电子零配件、通信装备及电器装备产业。

资料来源:韩国产业技术振兴院。

中国,包括浙江省的 ICT 产业人才短缺则更为严重。而且,浙江省的企业办学和社会办学不像韩国那样具有深厚的专业基础,所以,这个问题的解决更需依赖高校。鉴于长期以来韩国对该产业人才的需求居高不下,浙江省完全可以在产学研合作基础上,制定更为长远的培养规划。

对标对表韩国,浙江省应该在技术引进与消化、产业数据更细化、人才培育更优化、竞争市场公平化、基础设施全面化等方面促进改革,为浙江省 ICT 产业高质量发展创建一个更稳定的外部环境,也为《浙江数字化改革总体方案》的实行和实现打下更为坚实的基础。

（审校:贺轶洲）

"一带一路"标准合作对
浙江省进出口贸易的影响研究

江涛

摘要：立足于"一带一路"标准合作的现实背景,根据 2008—2019 年浙江省与"一带一路"沿线国家的进出口贸易数据,本文分析了国家层面和省级层面的标准合作对浙江省与"一带一路"沿线国家进出口贸易的影响。结果表明,在出口维度上,国家层面的标准合作并没有显著影响浙江省与"一带一路"沿线国家的出口贸易,浙江省主导的标准合作则显著促进了浙江省与"一带一路"沿线国家的出口贸易;在进口维度上,国家和省级层面的标准合作均能显著促进浙江省与"一带一路"沿线国家的进口贸易。该结论在经过一系列内生性和稳健性检验后依然成立。本研究为推进浙江省与"一带一路"沿线国家的标准合作,实现浙江省与"一带一路"沿线国家进出口贸易增长提供了重要的经验支撑。

关键词："一带一路";标准合作;浙江省进出口贸易

作者简介：江涛,经济学博士,中国计量大学经济与管理学院副教授。

一、引 言

2013 年 9 月和 10 月,中国国家主席习近平在出访哈萨克斯坦和印度尼西亚时先后提出共建"丝绸之路经济带"和"21 世纪海上丝绸之路"的重大倡议。2017 年,推进"一带一路"建设工作领导小组办公室进一步发布了《标准联通共建"一带一路"行动计划(2018—2020 年)》,强调了标准在推进"一带一路"建设中的基础性作用。2018 年 8 月,习近平总书记在北京主持召开推进"一带一路"建设工作 5 周年座谈会,提出"一带一路"建设要从谋篇布局的"大写意"转入精谨细腻的"工笔画",向高质量发展转变,造福沿线国家人民,推动构建人类命运共同体。随之,共建"一带一路"的专业领域对接合作工作有序推进。在标准合作领域,"一带一路"沿线国家在标准互认、标准协调、标准输出和标准采纳等方面开展了广泛的双边及区域标准合作与交流。沿线国家的标准建设逐步成为推动"一带一路"建设向纵深发展的重要标志。

在省级层面上,浙江省积极落实国家"一带一路"建设的部署,在响应国家层面的《标准联通共建"一带一路"行动计划(2018—2020 年)》的行动中,浙江省于 2018 年发布了《浙江省标准联通共建"一带一路"行动计划(2018—2020 年)》(简称《行动计划》),力求积极发挥标准的互联互通作用,助力浙江省打造"一带一路"枢纽,构建全面开放新格局。《行动计划》聚焦"一带一路"建设总体布局和全面提升"一带一路"枢纽功能的总体要求,基本内容包括十大标准化合作领域、三大提升行动和三大支撑平台。十大标准合作领域包括产业、外贸、金融、医药、政务服务、节能环保、人文、基础设施、海洋、基本公共服务十大领域。三大提升行动包括标准互联互通提升行动、标准对标对位提升行动、标准助力助跑提升行动。三大支撑平台包括技术性贸易措施信息平台、标准化综合服务平台、标准联通共建合作平台。

事实上,标准作为国际贸易的"硬规则",其协调一致性对于一国对外贸易的平稳发展具有重大的现实意义,而签订标准化合作协议是与"一带一路"沿线国家开展标准合作的先行策略。根据 2019 年的《中国标准化年鉴》,截至 2017 年年底,中国已与"一带一路"沿线国家和地区签署了 22 份标准化合作协议。学术界针对签订标准化合作协议对"一带一路"建设的促进效应已做了一定的理论与实证研究。[①] 但是,既有文献仅限于标准合作对国别进出口贸易的影响分析,对于省级对外贸易的影响并没有系统研究。那么,在国家和省级层面开展的"一带一路"标准合作实践究竟对浙江省的进出口贸易产生了何种影响?签署标准化合作协议是否有助于促进浙江省与"一带一路"沿线国家的进出口贸易? 为此,本文拟采用 2008—2019 年浙江省与"一带一路"沿线国家间的进出口贸易数据,研究国家和省级层面的"一带一路"标准合作对浙江省与"一带一路"沿线国家的进出口贸易的影响。

本文的边际贡献和创新有以下两点:第一,将国家层面的多期标准合作引入进出口贸易分析框架,探究了国家层面的"一带一路"标准合作对省级层面的进出口贸易的影响;第二,首次分析了省级层面的"一带一路"标准合作对进出口贸易的影响。

---

① 国家标准化管理委员会. 中国标准化年鉴(2016). 北京:中国标准出版社,2016.

二、文献综述

标准因类别特征与实施对象的差异性会产生贸易促进、贸易抑制和贸易影响不确定性等多重异质性贸易效应。[①]

标准的贸易促进效应首先与采纳发达国家标准或国际标准有关。斯旺和施勒默认为采纳发达国家标准或国际标准可以提升产品质量水平，实现本国出口商品的贸易促进效应。[②] 出口企业采纳进口国标准或国际标准时还会因生产体系与产品融入全球价值链（GVC）而出现出口增进现象，即出口商品通过GVC体系拓展新市场或扩大市场份额。[③] 此外，图贝尔还认为区域性标准也可能为域内大国带来更多的市场份额。[④] 因此，正如马莱特和贝津所言，标准可以成为反贸易保护主义的工具，进而产生贸易促进效应。[⑤] 发达国家标准、区域性标准或国际标准也与产品质量提升和价值链融入有关。[⑥] 高标准意味着产品质量和市场竞争力的提升，是产生促进效应或贸易催化剂效应的重要前提。[⑦]

另外，标准也会产生贸易抑制效应。标准的贸易抑制效应来源于贸易保护和标准的符合性成本两个方面。[⑧] 首先是在贸易保护方面，一国过高的质量标准、产品标准将限制外国对本国的出口贸易，本国标准也会在产业内贸易和区域内贸易中引发进口替代，进而产生进口抑制效应。[⑨] 多达尔关注了世界贸易

① Blind, K. *The Economics of Standards Theory, Evidence, Policy*. Cheltenham: Edward Elgar, 2004: 40-45; Swann, P. & Shrumer, M. Standards and trade performance: The UK experience. *Economic Journal*, 1996(106): 1297; 陶爱萍, 李丽霞. 促进抑或阻碍——技术标准影响国际贸易的理论机制及实证分析. 经济理论与经济管理, 2013(12): 91; 谢兰兰, 王颖婕. 催化剂还是壁垒: 标准对农产品贸易影响的理论模型和验证. 广东行政学院学报, 2020(4): 85.

② Swann, P. & Shrumer, M. Standards and trade performance: The UK experience. *Economic Journal*, 1996(106): 1297.

③ Konishi, H., Nakada, M. & Shibata, A. Free trade agreements with environmental standards. (2020-03-13) [2022-06-01]. https://www. kier. kyoto-u. ac. jp/wp/wp-content/uploads/2020/12/DP1026. pdf.

④ Tobal, M. Regulatory entry barriers, rent shifting and the home market effect. *Review of International Economics*, 2017, 25(1): 76.

⑤ Marette, S. & Beghin, J. C. Are standards always protectionist?. *Review of International Economics*, 2007, 18(1): 179.

⑥ 王兆君, 孟杰, 尹建军, 等. 产品质量与标准双向匹配模型及实验验证研究. 标准科学, 2019(12): 118.

⑦ Jouanjean, M. A. Standard, reputation and trade: Evidence from US horticultural imports refusal. (2011-03-01) [2022-06-01]. https://www. xueshufan. com/publication/3123478277.

⑧ Blind, K. *The Economics of Standards Theory, Evidence, Policy*. Cheltenham: Edward Elgar, 2004: 40-45.

⑨ Tobal, M. Regulatory entry barriers, rent shifting and the home market effect. *Review of International Economics*, 2017, 25(1): 76.

组织发布的《技术性贸易壁垒协议》(WTO-TBT)和《实施卫生与植物卫生措施的协定》(WTO-SPS)下的进口替代问题,[①]提出仿制药品领域的标准采纳与进口替代战略也是这一问题的具体体现。其次是在标准的符合性成本方面,标准的符合性要求带来额外的符合成本,进而会对相关商品的出口产生抑制效应。[②]相关的实证研究、案例分析和数据模拟均证实了上述观点。[③]唐锋等在中国农食产品采用国际标准的贸易效应分析中发现,国际标准引起的符合性成本会产生贸易抑制效应。[④]王宛如运用GTAP数据库反向模拟了技术标准与贸易促进之间的关系,发现降低技术标准会降低生产商成本,进而促进出口。[⑤]马蒂亚斯等进一步揭示了符合性要求中的不确定性和边界检查风险会加剧标准的贸易抑制效应。[⑥]因此,贸易保护与标准的符合性成本上升构成了标准产生贸易抑制效应的基本理论解释。

标准也会导致贸易影响不确定性。产生这一现象的原因,一方面是来自标准的不同影响对象,另一方面来自标准的价格效应。江涛和覃琼霞在分析欧盟标准输出对中东欧国家进出口贸易的影响时发现,欧盟标准对标准输入国和输出国产生截然相反的影响,对标准输入国的域内出口和域外进口产生促进效应,而对标准输出国的域内出口产生抑制效应。[⑦]上述文献研究发现,同一类标准对于不同的实施对象可能会产生不同的贸易效应。因此,斯旺认为标准对贸易的影响是不确定的。[⑧]从标准的价格效应考查,江涛和覃琼霞认为标准对贸

① Deodhar, S. Y. WTO agreement on SPS and TBT: Implications for food quality issues. (2001-04-05)[2022-06-01]. https://wenku.baidu.com/view/d1b5c88a680203d8ce2f2450.html.

② 谢兰兰,王颖婕. 催化剂还是壁垒:标准对农产品贸易影响的理论模型和验证. 广东行政学院学报,2020(4):85.

③ Clougherty, J. A. & Grajek, M. International standards and international trade: Empirical evidence from ISO 9000 diffusion. *International Journal of Industrial Organization*, 2014, 36(C):70; Marette, S. & Beghin, J. C. Are standards always protectionist?. *Review of International Economics*, 2007, 18(1):179.

④ 唐锋,谭晶荣,孙林. 中国农食产品标准"国际化"的贸易效应分析——基于不同标准分类的Hechman模型. 现代经济探讨,2018(4):116.

⑤ 王宛如. 技术标准、贸易壁垒与国际经济效应研究. 国际贸易问题,2018(9):80.

⑥ Matthias, B., Disdier, A. C. & Fontagne, L. Impact of European food safety border inspections on agri-food exports: Evidence from Chinese firms. *China Economic Review*, 2018(48): 66-82.

⑦ 江涛,覃琼霞. 标准输出促进了对外贸易吗?——来自欧洲的经验证据. 上海对外经贸大学学报,2021(6):41.

⑧ Swann, G. M. International standards and trade: A review of the empirical literature. (2009-10-05)[2022-06-01]. http://www.doc88.com/p-7384950875888.html.

易的不确定性影响是由质量提升和成本上升共同作用的。① 当质量提升幅度大
于成本上升幅度时，价格效应表现为正，反之则反。正如斯波西所述，为满足进
口国的标准要求，出口商品的质量和符合性成本都会发生变化，产品质量的变
化可能会反映到价格上，而符合性成本也会转嫁到价格上去。② 卡杜特等也得
出了类似观点，即更严格的标准要求会引起出口商品价格上升。若价格上升是
由质量推动的，则出口效应仍然可能显示为正；若价格上升是由成本推动的，则
出口效应可能为负。③

在为数不多的关于标准与浙江省进出口贸易的关系研究中，早期文献比较
关注技术性贸易措施对浙江省进出口贸易的影响。④ 标准化战略，特别是国际
标准合作，究竟对浙江省进出口贸易产生何种影响，这依然是一个"黑箱"。近
年来，随着"一带一路"建设的快速推进，沿线国家的标准合作也不断深化。但
是人们依然局限于对贸易便利化等问题的研究，对"一带一路"标准合作对浙江
省进出口贸易的影响的研究仍然鲜见。因此，本文在深入分析"一带一路"标准
合作与浙江省进出口贸易之间的内在作用机理的基础之上，以 2008—2019 年
"一带一路"沿线国家与浙江省进出口贸易数据为研究样本，分别选择国家层面
上与中国签订标准化合作协议的时间，以及省级层面上《行动计划》提出的时间
作为两个核心解释变量，分析标准合作对浙江省进出口贸易的影响，以期为推
进浙江省与"一带一路"沿线国家的标准合作及贸易发展提供理论依据及相关
政策建议。

三、标准合作影响进出口贸易的理论机理与假说

标准作为国际贸易的"硬规则"，其协调一致性对于一国对外贸易发展具有
重大的现实意义。布莱德分别从理论视角、标准类型、经济效应以及进出口效
应层面分析了标准的经济与贸易效应，具体如表 1 所示。从竞争优势理论上考

---

① 江涛,覃琼霞. 标准输出促进了对外贸易吗？——来自欧洲的经验证据. 上海对外经贸大学学报,
2021(6):41.

② Sposi, M. Trade barriers and the relative price of tradables. *Journal of International Economics*,
2015, 96(2):398.

③ Cadot, O., Asprilla, A., Gourdon, J., et al. Deep regional integration and non-tariff measures: A
methodology for data analysis. (2015-01-01) [2020-06-01]. https://unctad.org/system/files/
official-document/itcdtab71_en.pdf.

④ 赵志强,胡培战. 技术标准战略、技术贸易壁垒与出口竞争力的关系——基于浙江出口美日欧的实
证研究. 国际贸易问题,2009(10):79;宋海英. 质量安全标准的贸易效应分析:以浙江食品出口日
本为例. 华东经济管理,2013(5):6.

查,国际标准和国家标准均可以通过提高质量或降低产品成本实现出口促进；而基于贸易扭曲或竞争劣势理论，国家标准的提高会降低国内市场开放程度，从而减少对国外市场的销售机会，甚至增加国内厂商生产成本，最终抑制进出口贸易。最后，从产业内贸易理论看，兼容性标准和质量标准均可实现进出口贸易促进，而品种简化标准则会抑制进出口贸易。

表 1　标准效应分析

理论视角	标准类型	经济效应	出口效应	进口效应
竞争优势理论	国际标准 国家标准	提高质量与/或降低国内产品成本	＋	－
贸易扭曲或 竞争劣势理论	国家产品标准	降低国内市场的开放程度、减少对国外市场的销售机会	－	－
	国家程序标准	增加国内厂商生产成本	－	＋
产业内贸易理论	国际标准：影响确定 国家标准：影响不确定			
	兼容性标准	增加国内市场的开放度	＋＋	＋
	质量标准	增加国内市场的开放度	＋＋	＋
	品种简化标准	减少产品多样性	－	－

数据来源：Blind，K. *The Economics of Standards：Theory，Evidence，Policy.* Cheltenham：Edward Elgar，2004：40-45.

从"一带一路"标准合作的内容考查，在国家层面上签署"一带一路"沿线国家标准化合作协议是落实"一带一路"倡议的重要举措。"一带一路"标准化合作协议旨在以标准化促进政策沟通、贸易畅通、设施联通，支撑互联互通建设，助推投资贸易便利化，是各方互利共赢之举。国家层面上的标准化合作协议将推进协议双方的标准合作，相互采用对方标准，共同推动产品标准的协调一致，减少和消除贸易壁垒。因此，对比布莱德的理论分析，"一带一路"沿线国家在国际标准、兼容性标准以及国家标准"走出去"等方面开展标准合作，将在国家与省级层面上发挥出明显的进出口贸易促进效应。[①]

从《行动计划》考查，外贸领域的标准联通是行动计划中列举的十大推进领域之一。浙江省积极推进围绕义甬舟开放大通道、自由贸易试验区、中国-中东欧"16＋1"经贸合作示范区等重要项目建设，深化捷克站、迪拜站等系列境外站

---

① Blind，K. *The Economics of Standards：Theory，Evidence，Policy.* Cheltenham：Edward Elgar，2004：40-45.

点贸易规则和标准体系兼容。在标准对标对位方面,浙江省将以经贸往来密切的"一带一路"沿线国家和地区为重点,积极开展标准、技术法规的对接比对,力争通过标准联通与标准合作模式助力浙江省与"一带一路"沿线国家和地区的进出口贸易发展。

为此,聚焦"一带一路"建设议题,浙江省在《标准联通共建"一带一路"行动计划(2018—2020 年)》的引领下,积极推进省级层面与"一带一路"沿线国家的进出口贸易。由此,结合上述逻辑结构给出如下假说。

假说 1:国家层面的"一带一路"标准合作对浙江省与"一带一路"沿线国家的进出口贸易产生促进效应。

聚焦省级层面的"一带一路"标准合作对浙江省与"一带一路"沿线国家的进出口贸易产生的影响,本文进一步对"一带一路"标准合作对浙江省的"一带一路"贸易影响给出假说 2。

假说 2:省级层面的"一带一路"标准合作对浙江省与"一带一路"沿线国家的进出口贸易产生促进效应。

四、研究设计

(一)基准模型设定

为探究标准合作对浙江省与"一带一路"沿线国家进出口贸易的影响,本文以 2008—2019 年浙江省与"一带一路"沿线国家的进出口贸易数据作为研究样本,选择中国与"一带一路"沿线国家签订标准化合作协议的时间作为国家层面的核心解释变量,以及《行动计划》提出的时间作为省级层面的核心解释变量,分析标准合作对浙江省与"一带一路"沿线国家进出口贸易的影响。相应的面板计量模型可表示为:

$$\mathrm{LnExport}_{it} = \alpha_0 + \alpha_1 \mathrm{SAG}_{it} + \alpha_2 \mathrm{Zhe}_t + \beta Z_{it} + \mu_i + \varepsilon_{it}$$

$$\mathrm{LnImport}_{it} = \gamma_0 + \gamma_1 \mathrm{SAG}_{it} + \gamma_2 \mathrm{Zhe}_t + \delta Z_{it} + \mu_i + \varepsilon_{it}$$

其中,下标 i、t 分别代表国家和时间;$\mathrm{LnExport}_{it}$ 和 $\mathrm{LnImport}_{it}$ 是被解释变量,分别表示浙江省与"一带一路"沿线国家的出口贸易额对数与进口贸易额对数;SAG_{it} 是核心解释变量之一,表示"一带一路"沿线国家是否与中国签订标准合作协议;Zhe_t 是核心解释变量之二,表示浙江省制订《行动计划》的虚拟变量。Z_{it} 是一组控制变量集,包括了外国直接投资比重(FDI)、政府规模比重(GOV)、沿线国家出口规模(InEX)、人均资本存量(PCAP)和经济发展水平差异(GAP);α_0、α_1、α_2、γ_0、γ_1、γ_2、β、δ分别为待估系数;μ_i和ε_{it}分别表示国别固定效应与随机扰动项。

(二)变量释义

1.被解释变量

关于浙江省的进出口贸易变量,本文分别采用浙江省与"一带一路"沿线国家的出口总额和进口总额表示。此处的被解释变量设计主要用于分析国家和省级层面的标准合作对浙江省与"一带一路"沿线国家的进出口贸易影响。

2.核心解释变量

核心解释变量之一是国家层面上与中国签订标准化合作协议的时间虚拟变量,标准化合作协议是推进双边和区域标准合作的重要标志。为此,本文基于2016—2018年的《中国标准化年鉴》整理出了"一带一路"沿线国家与中国签订标准化合作协议的具体年份,并将其作为核心解释变量之一,研究国家层面的标准合作对浙江省与"一带一路"沿线国家进出口贸易的影响。

核心解释变量之二是浙江省于2018年发布的《行动计划》,这是浙江省推进"一带一路"标准合作的重要标志。为此,本文采用《行动计划》发布的时间虚拟变量作为代理变量来分析省级层面的标准合作对浙江省与"一带一路"沿线国家进出口贸易的影响。

3.控制变量

本文选择的控制变量包括外国直接投资比重(FDI)、政府规模比重(GOV)、沿线国家出口规模(InEX)、人均资本存量(PCAP)和经济发展水平差异(GAP)。FDI以外商直接投资占国内生产总值(GDP)的比重表示;GOV以政府支出占GDP的比重表示;InEX以出口总额的对数表示;PCAP以资本存量与劳动总数的比值表示;GAP以中国与"一带一路"沿线国家人均GDP的对数值之差的绝对值衡量。

(三)数据来源及变量的描述性统计

实证分析中用到的2008—2019年浙江省进出口贸易数据来自浙江省商务厅数据库;是否签署标准化合作协议的数据来自2016—2018年的《中国标准化年鉴》;FDI、GOV、PCAP及GAP的数据来自世界银行数据库(WDI);InEX数据来自联合国贸易和发展会议(UNCTAD)数据库。主要变量定义及相关描述性统计如表2所示。

表2　变量定义和基本描述统计

变量	含义	样本量	平均值	标准差	最小值	最大值
LnExport	浙江省出口贸易额对数	87	13.165	0.452	11.912	14.109
LnImport	浙江省进口贸易额对数	94	12.839	1.252	11.097	15.715
SAG	是否签订标准化合作协议	94	0.096	0.296	0.000	1.000
FDI	外商直接投资比重	94	0.043	0.069	−0.004	0.322
GOV	政府规模比重	94	0.127	0.043	0.059	0.208
InEX	沿线国家出口规模	94	12.586	0.428	11.649	13.313
PCAP	人均资本存量	94	0.250	0.207	0.024	0.790
GAP	经济发展水平差异	94	0.914	0.515	0.274	2.294

五、回归分析

(一)基准回归

本文采用面板数据固定效应模型进行估计,出口贸易基准回归结果如表3所示。(1)、(2)列分别为依次加入第一类核心解释变量和第二类核心解释变量后的浙江省对"一带一路"沿线国家出口贸易的回归结果。表3的回归结果表明,在逐步加入两个核心解释变量与控制变量的过程中,第一个核心解释变量SAG的系数估计值始终不显著。这意味着国家层面签订标准化合作协议对浙江省与"一带一路"沿线国家的出口贸易未产生显著的出口促进效应。该结论部分否定了假说1。而第二个核心解释变量Zhe的系数估计值显著为正。这意味着省级层面的标准化合作协议对浙江省与"一带一路"沿线国家的出口贸易产生了显著的促进效应。该结论印证了假说2。

表3　出口贸易基准回归结果

变量	(1)	(2)
SAG	0.180 (0.110)	0.014 (0.137)
Zhe		0.253** (0.111)
FDI	−2.520 (2.812)	−2.535 (2.787)

续表

变量	(1)	(2)
GOV	−5.823 (4.245)	−8.699* (4.124)
lnEX	1.190*** (0.135)	0.885*** (0.110)
PCAP	1.009 (0.852)	1.213 (0.821)
GAP	−0.604 (0.427)	−0.491 (0.421)
Constant	−0.602 (1.788)	3.415** (1.484)
固定效应	是	是
观测值	87	87
R^2	0.527	0.591

注:***、**、*分别表示在1%、5%、10%统计水平上显著;括号内是稳健标准误。以下表格均同。

进一步对浙江省的进口贸易进行回归分析,结果如表4所示。(1)、(2)列分别为依次加入核心解释变量之一和核心解释变量之二后的浙江省与"一带一路"沿线国家的进口贸易的回归结果。表4的回归结果显示,在(1)、(2)列的回归过程中,第一个核心解释变量SAG的系数估计值始终显著为正。这意味着国家层面签订标准化合作协议对浙江省与"一带一路"沿线国家的进口贸易产生了显著的促进效应。该结论部分验证了假说1。而第二个核心解释变量Zhe的系数估计值也显著为正。这说明省级层面的标准化合作协议对浙江省与"一带一路"沿线国家的进口贸易产生了显著的促进效应。该结论印证了假说2。

表4 进口贸易基准回归结果

变量	(1)	(2)
SAG	1.739*** (0.324)	1.100*** (0.194)
Zhe		1.453*** (0.309)
FDI	−1.491 (2.788)	2.504 (1.818)
GOV	−0.052 (18.726)	−7.505 (16.709)

续表

变量	(1)	(2)
lnEX	2.282** (0.730)	1.103 (0.603)
PCAP	11.537** (3.763)	5.724** (2.190)
GAP	−0.531 (0.826)	−0.999* (0.505)
Constant	−18.380* (8.967)	−1.071 (8.683)
固定效应	是	是
观测值	94	94
R^2	0.505	0.673

(二)内生性检验

考虑到可能存在因遗漏重要解释变量而产生的内生性问题,本文依据田国强、李双建的方法,将核心解释变量滞后一期作为工具变量进行处理。[①] 表 5 的(1)、(2)列分别为出口贸易模型和进口贸易模型的工具变量法回归结果。表 5 的检验结果说明了本文基准模型的研究结果是可靠的,模型的内生性并不明显。

表 5 内生性检验结果

变量	(1)	(2)
SAG	−0.137 (0.156)	0.853* (0.527)
Zhe	0.258*** (0.080)	1.173*** (0.245)
控制变量	是	是
固定效应	是	是
观测值	71	83
R^2	0.612	0.685

---

① 田国强,李双建. 经济政策不确定性与银行流动性创造:来自中国的经验证据. 经济研究,2020(1):1.

(三)稳健性检验

1.普通最小二乘估计方法

基准回归采取的是固定效应模型,本部分进一步采用普通最小二乘估计方法进行稳健性检验,回归结果如表 6 所示。表 6 的(1)列的回归结果表明,省级层面的标准合作显著促进了浙江省与"一带一路"沿线国家的出口贸易。表 6 的(2)列的回归结果表明,国家和省级层面的标准合作均显著促进了浙江省与"一带一路"沿线国家的进口贸易。核心解释变量的参数估计值与基准模型相一致。这说明基准回归结果是稳健的。

表 6　普通最小二乘估计方法的结果

变量	(1)	(2)
SAG	0.247 (0.164)	1.273*** (0.395)
Zhe	0.267*** (0.101)	1.610*** (0.210)
控制变量	是	是
观测值	87	94
R^2	0.361	0.618

2.更换核心解释变量方法

借鉴罗伯茨和怀特的研究方法,本部分将"一带一路"标准化合作协议的签署时间提前 1 年,分别设置 SAG 和 Zhe 的前置变量 FSAG 和 FZhe。[①] 将浙江省发布的《行动计划》的代理变量采用推进"一带一路"建设工作领导小组办公室发布的《标准联通共建"一带一路"行动计划(2018—2020 年)》的时间作为代理变量。回归结果分别如表 7 的(1)、(2)列所示。结果显示,两类核心解释变量的系数估计结果依然是稳健的。

---

① Roberts, M. R. & White, T. M. Endogeneity in empirical corporate finance. *Handbook of the Economics of Finance*, 2013, 2(A): 493.

表7 更换核心解释变量方法的结果

变量	(1)	(2)
FSAG	0.038	0.471**
	(0.130)	(0.183)
FZhe	0.240*	1.730***
	(0.128)	(0.185)
控制变量	是	是
固定效应	是	是
观测值	71	83
R^2	0.597	0.725

六、结论及建议

本文运用 2008—2019 年浙江省与"一带一路"沿线国家的进出口贸易数据对"一带一路"标准合作的进出口贸易效应开展研究。研究结果显示:在出口维度上,国家层面的标准合作并没有显著影响浙江省对"一带一路"沿线国家的出口贸易,而浙江省主导的标准合作则能显著促进浙江省与"一带一路"沿线国家的出口贸易;在进口维度上,国家和省级层面的标准合作均能显著促进浙江省与"一带一路"沿线国家的进口贸易。该结论在经过一系列内生性和稳健性检验后依然成立。本文的研究全面揭示了国家层面和省级层面的标准合作对浙江省与"一带一路"沿线国家进出口贸易的影响,进而为浙江省优化与"一带一路"沿线国家的标准合作,提升浙江省与"一带一路"沿线国家的进出口贸易提供了重要的理论与经验证据支持。

本文的研究结论蕴含了丰富的政策启示。第一,国家层面和省级层面的"一带一路"标准合作应具有差异化的贸易效应。国家层面的标准合作并不必然能普惠于省级层面的进出口贸易。为此,在深化标准合作的贸易效应研究与实践中,应当更加重视国家层面和省级层面政策的联动机制,努力实现国家层面和省级层面的双重促进效应。第二,在推进"一带一路"标准合作的过程中,应当高度重视省级层面的标准合作机制。实证研究结果显示,省级层面的标准合作均能实现对进出口贸易的促进效应。因此,在推进国家层面的合作机制的同时,应当更加注重省级层面的标准合作机制建设,将中国标准输出和标准合作的省域政策与实践精细化,进而构建精准化的标准合作机制,以提升"一带一路"沿线国家间的标准合作效果。

(审校:王宇栋)

"一带一路"倡议下的
浙江省国际教育交流与发展

孙　翼

摘要：近年来,在"一带一路"倡议的指引下,浙江省把提升留学生教育、搭建海内外学术交流平台、打造国际人文交流基地、创新数字教育和高等职业教育作为发展重点,依托国际教育交流强有力的人文属性,在"引进来"的同时勇于开辟"走出去"的新路径,以"政府搭台、教育唱戏、民心相通"的方式绘写多元化的国际教育发展蓝图。面对新的机遇与挑战,浙江省要推进高等教育国际化与经济社会发展大局有机结合,加快高等教育国际化进程,加强与世界知名高校交流合作的能力,积极构建国际化学术平台,提高留学生培养质量,建立全球校友网络;突出高职教育办学特色,完善学历学分互认体系,培养具有全球视野和高技术水准的国际应用型人才;完善高校教育网络化发展体制,积极开发高效的国际在线学历和培训课程,扩大浙江省高校在全球的影响力和竞争力。

关键词：浙江省;"一带一路";国际教育;教育合作

作者简介：孙翼,国际与比较教育学博士,浙江师范大学非洲研究院(非洲区域国别学院)讲师。

一、引　言

教育是人类文明传承的载体、世界文明进步的动力,亦是各国文明交流的桥梁,因而在共建"一带一路"中具有基础性和先导性作用。近年来,为推进全球治理,扩大影响力,中国相关职能部门和高等院校在"一带一路"倡议、南南合作以及中非合作论坛框架的指引下,为发展中国家培养了大批管理和技术人才,并与世界银行等国际机构合作,帮助非洲国家培养支柱性产业中的高端人才。"十三五"时期,中国积极为"一带一路"沿线国家教育发展注入中国力量;

2016 年教育部出台了《推进共建"一带一路"教育行动》，旨在与沿线国家一道，扩大人文交流，加强人才培养，互鉴教育经验，共享教育资源；2017 年"丝绸之路"中国政府奖学金①被纳入首届"一带一路"国际合作高峰论坛成果；2019 年国家主席习近平在第二届"一带一路"国际合作高峰论坛上提出，要积极架设不同文明互学互鉴的桥梁，深入开展教育等各领域人文合作，为进一步开展"一带一路"国际教育交流与合作指明了方向。同年，"一带一路"沿线国家留学生数量占在华留学生总数的 54.1%。②

国之交在于民相亲，民相亲在于心相通。在"一带一路"沿线国家民众中建立一个"相互欣赏、相互理解、相互尊重"的人文格局，把"中国梦"与各国民众的梦想相结合，使人口资源有效转化成人力资源，并确立共同发展的目标与愿景，这将有助于中国教育国际化可持续发展。③ 从当今全球教育发展变化的总体态势来看，教育国际化在回归人才导向的同时，突出强调人与自然、社会的和谐共生。"一带一路"倡议与构建人类命运共同体的理念一致，突出教育的人文性，关注国际教育的共同价值和共同责任，并注重以多元化的方式来审视教育的功能，以解决教育国际化进程中可见的和可预见的、普遍的和特殊的问题。从国际教育的互惠性与功能性来看，"一带一路"教育国际化将各国发展的不同需要放在首位。通过升级创新人才培养模式、提升留学生质量与国内教育资源质量、优化国内外合作办学层次与规模、加强国际化人才队伍建设等方式，中国高校逐渐成为推动"一带一路"发展的中坚力量，并在多个合作领域内取得了显著成效。

二、"一带一路"倡议下的浙江省国际教育交流与发展

"一带一路"倡议的提出对推进浙江省国际教育交流与发展有着重要作用。近年来，浙江省对外机构和高校积极与国外高校建立多层次教育合作机制，搭建国内外高校信息对接平台，提升办学水平，扩大留学生招生规模，发挥智库联盟和数字网络教育功能，广泛开展学术文化交流与各级各类培训合作，推动中医药文化传播和汉语教学。浙江省人民政府、浙江省文化和旅游厅等相关部门

① 教育部：将设"丝路"中国政府奖学金. (2016-08-11)[2022-05-27]. http://www.scio.gov.cn/ztk/wh/slxy/31200/Document/1486603/1486603.htm.
② 本文有关"一带一路"国际教育相关数据均来自中国教育国际交流协会《"一带一路"教育国际交流动态》2021 年第 1 期。除特别重要的观点和数据加注外，后文不再一一注明。
③ 田澍. "一带一路"高等教育合作与人类命运共同体的构建. (2021-11-26)[2022-05-27]. http://www.nies.edu.cn/gjhz/202111/t20211126_337817.html.

在省内多所高校设立了人文交流基地,依托浙江省丰富的历史文化遗产,打造具有丝绸之路特色的教育旅游项目,坚持经济贸易与人文交流共同推进,在学术科研、教育文化、民间交往和艺术娱乐等方面开展合作。目前,浙江省国际教育交流与合作的开展主要依托以下几个方面。

(一)发展来华留学生教育,提升国际教育品质

在以"一带一路"建设为重点构建人类命运共同体的过程中,培养高素质的来华留学人才一直是浙江省发展留学生教育、提升国际教育品质的核心内容。作为中国的经济大省,浙江省在提升工业化、信息化、城市化、市场化和国际化水平的同时深刻认识到高等教育国际化的重要性。高等教育国际化的发展不仅将全面提高省内改革开放和转型升级的力度和速度,还将为提升中国高等教育整体实力添砖加瓦。因此,在浙江省高校培养具有国际视野、通晓国际规则并能参与国际事务与国际竞争的青年人才势在必行。

浙江省自 2011 年发布全国省区市首个高等教育国际化专项发展规划——《浙江省高等教育国际化发展规划(2010—2020 年)》以来,80 余所省内高等学校办学形式日趋多样,办学条件不断改善。在新冠肺炎疫情暴发之前,浙江省高校留学生数量以每年大约 5000 人的速度递增。截至 2019 年年底,浙江省高校外国留学生共计 41297 人,其中学历生共计 22715 人,占总人数的 55%。其中,浙江大学、浙江师范大学和宁波大学招收的外国留学生总人数最多,分别为 7131 人、3634 人和 2497 人。[①] 2020 年至今,虽受国际疫情影响,浙江省高校仍积极探索高等教育新模式,及时调整教学策略,利用信息技术和网络教学体系,建设线下与线上相结合的高质量国际化课程项目,将疫情对留学生教学的影响降到最低。

以浙江大学为例,该高校在关注留学生数量的同时也注重教学质量的提高。以往,大部分留学生选择学成归国报效祖国,近年来也有不少"一带一路"沿线国家留学生毕业后选择留在中国,为中国的发展添砖加瓦、建言献策。毕业于浙江大学作物学专业的巴基斯坦籍博士生英兰毕业后留校任教,2016 年获得第三届全国高校青年教师教学竞赛一等奖,2018 年获得浙江省人民政府授予的"西湖友谊奖",2019 获得科技部国外人才研究中心授予的"我最喜爱的外教"称号,2020 年晋升为教授。也门籍博士生阿马尔毕业于浙江大学外科学专

① 2019 年浙江省高校外国留学生人数前 10 位排名.(2019-12-25)[2022-05-28]. http://zeaie.zjedu. gov.cn/art/2019/12/25/art_22_38108.html.

业,曾获第二届"汉语桥"在华留学生汉语大赛"汉语之星"桂冠,现受聘于浙江大学医学院附属第四医院。阿马尔在新冠肺炎疫情期间拍摄了多语种抗疫视频,向全世界宣传中国抗疫经验。老挝籍中国学硕士生赖荣康毕业后出任老挝驻广州总领馆副总领事,致力于推动中老关系发展。

浙江高校近年来还加强了对高层次学历生的重点培养,在有专业特色的高校建立留学生博士点。例如,温州医科大学是全国首批招收成建制临床医学留学生的单位之一,也是全国最早开办博士层次中外合作办学的单位。浙江师范大学设置了"非洲教育与社会发展"交叉学科博士专业,依托教育学、中国语言文学和数学3个基础学科,已招收5届非洲博士生。浙江师范大学还于2012年设立了"非洲学"交叉学科硕士点,已招收10届非洲硕士生,并于2015年设立了非洲教育与社会发展学科博士点,已培养外籍硕士14人、博士3人。这些学生中有多人考取了博士,目前在国内外高校深造、任职,或已成为涉非领域和实务部门高端人才,助力中非关系发展。

(二)增进学术科技交流,广泛开展培训合作

国际科技教育合作是参与国际创新协同治理的重要手段。浙江省高校在"一带一路"倡议下充分发挥办学特色和学科优势,广泛开展学术科技交流,与国外高校合办各级各类长、短期培训项目。例如,杭州电子科技大学大力引进国外教育资源,建有1个中外合作办学机构和3个中外合作办学项目;发挥信息类人才培养优势,主动与"一带一路"沿线国家高校开展境外联合办学,在白俄罗斯、马来西亚等国建有7个境外办学机构;与国外知名高校和一流科研机构设立了60余个实质性国际科研合作平台,建有1个国家级国际科研合作基地和4个浙江省国际科技合作基地,广泛开展科技学术交流;每年聘请外国专家长期或短期驻校任教,并选派千名校内优秀大学生赴境外留学以及百名教师赴境外高校进修。[1] 基于雄厚的医学学科队伍和丰富的国际学生培养经验,浙江大学于2020年成立了"一带一路"国际医学院。该医学院意在构筑学科高峰,发展成一所服务"一带一路"倡议并具有国际化、高水平、研究性特色的高等医学教育机构,全面开展研究生教育、留学生培养、本科生实习实训及毕业后的医学教育。另外,温州医科大学依托医学专业优势,创建了以生命健康为核心的国际人文交流中心,并举办青年科学峰会;成立了一支由管理人员、教育骨干、留学生和校友组成的国际团队,多次组织医疗队赴布基纳法索开展"光明

[1] 杭州电子科技大学学校简介.(2022-06-30)[2022-08-02]. https://www.hdu.edu.cn/introduction.

行"医疗援助;通过青年科学峰会,学校长期与全球青年精英开展互动,极大促进了浙江省国际科技人才交流。此外,浙江师范大学与浙江中医药大学共同走出国门,在南非筹办了非洲首个中医类孔子学院,将中医教育推广到海外。

除了高校对国际学术与科技交流的自主推进,浙江省相关职能部门也鼓励各级高校和企业等加入共建国际科技交流与合作的队伍。例如,浙江省科学技术厅发布的《关于开展 2021 年度国际科技合作载体申报工作的通知》指出,要致力于创建国际科技合作基地,探索合作模式,拓展合作资源;创建海外创新孵化中心,打造助推国内外创新资源对接的公共性开放服务平台,开展海外科技成果转化、人才引进、技术转移和创新团队及企业孵化对接;创建企业海外研发机构,打造提升龙头企业全球创新资源配置能力的海外实体,加快重点产业链研发全球化布局;创建"一带一路"联合共建研究中心,开展高水平科研和前沿关键技术联合研发的双向科研平台,推进中外双方优先领域的高水平科学研究,加强优势产业和民生领域先进适用技术的全球示范推广。在"一带一路"倡议下,浙江省政府在科技学术合作方面坚持以需求为导向,重点扶持网络通信、人工智能、数字安防、精准医疗、生物医药、新材料等专业发展,并以中外共同关注的民生领域布局为重,优先发展农业、能源、防灾减灾、气候、公共卫生、绿色技术等可持续发展内容。[①]

(三)加强职业教育合作,优化数字网络教育

为挖掘、弘扬、创新丝绸之路职业教育文化,扩大和深化职业教育对外开放合作,构建"一带一路"职业教育共同体和国际交流平台,提升职业教育服务质量和共建"一带一路"的能力,浙江省长期以来致力于"一带一路"高职教育发展,探索和规划职业教育标准、合作办学以及人才培养模式。

2020 年 11 月,以"提升职业教育国际影响力"为主题的 2020 中国职业教育服务"一带一路"建设论坛在浙江杭州召开。论坛由教育部职业教育与成人教育司指导,浙江大学区域协调发展研究中心、北京师范大学中国教育政策研究院联合主办,浙江金融职业学院承办。来自百余家高职院校、研究机构和企业的 200 余位专家学者和企业管理者参与了本次论坛,希望通过论坛推动一批高水平的省内高职院校结合办学特色,助力提高中国国际高职教育合作办学水平。论坛发布了中国职业教育服务"一带一路"建设的《之江倡议》,从共同推动

---

① 浙江省科学技术厅关于开展 2021 年度国际科技合作载体申报工作的通知. (2021-06-16)[2022-05-29]. http://kjt.zj.gov.cn/art/2021/6/16/art_1229225203_4664969.html.

职业教育的国际合作、共同推动国际产能合作的人才培养、共同开发制定职业教育的"中国标准"、共同优化完善职业教育的国际治理和共同打造职业教育的命运共同体5个方面明确了职业教育推动"一带一路"政策沟通、设施联通、贸易畅通、资金融通和民心相通的路径和举措。浙江大学区域协调发展研究中心和浙江金融职业学院还共同撰写并出版了《龙狮共舞：中国与斯里兰卡民心相通的实践与反思》，将"一带一路"教育合作成果提升到理论化的新高度。[①]浙江商业职业技术学院立足商科特色，结合"中文＋职业技能"的教育模式和"五双六融合"的来华留学生培养模式，促进国际中文教育与职业技能的融合发展。该培养模式既符合"一带一路"沿线国家经济发展需要，又符合留学生职业发展需要。学校还通过产教融合与20余所中职学校开展了国际化帮扶结对活动，与50余家企业合作开展了留学生社会实践，帮助他们深入中国社会，提升跨文化适应能力，同时有效提升国内中职学校及企业国际化水平。目前，浙江商业职业技术学院已培养了400多位来自荷兰、尼泊尔的酒店管理人才。学校还与浙江商业集团合作开展了"感知浙江"留学生社会实践系列活动。来自尼日利亚、加纳、喀麦隆等国家的留学生分赴萧山、绍兴、长安等服务区，与一线技术人员和管理者深入交流。通过体验服务区的各个工作岗位，留学生对高速公路服务区的不同工种有了全面深入的了解，充分调动了学习主动性。学校还申报了3个教育部中外语言交流合作中心的汉语桥项目，围绕中文、中华传统文化和职业技能开展线上"中文＋职业技能"系列培训项目，共教授课程81门。[②]

2022年5月，浙江省教育技术中心与浙江大学信息技术中心联合组织了高校数字化改革专项培训，旨在培养具有数字化意识的高校教育技术队伍，为顺应高校教育信息化发展做充分准备。[③] 新冠肺炎疫情暴发以来，浙江省高校利用网络教育将疫情对教学的影响降到了最低，不断优化和创新线上线下立体化网络教学体系，对留学生教育和高职教育工作的后续开展起到了助推作用。

(四)打造人文交流基地，传播浙江地域文化

浙江省长期聚焦"一带一路"人文交流与国际教育合作，打造了一批具有浙

---

① "一带一路"教育国际交流动态. 中国教育国际交流协会, 2021(1): 23.
② 中文促进心相通　技能引领新发展　构建高职来华留学生教育高质量发展体系——浙江商业职业技术学院. (2022-05-12)[2022-05-30]. https://jyt.zj.gov.cn/art/2022/5/12/art_1229634286_58937259.html.
③ 浙江省高校数字化改革专项培训活动顺利举办. (2022-05-24)[2022-05-30]. https://www.zjedu.org/art/2022/5/24/art_1126_1530.html.

江辨识度和中国气派的标志性成果,绘就浙江对外开放的"金名片"。为打造特色人文交流互鉴的"浙江窗口"和"留学浙江"品牌,浙江省成立了全国首个"国际学生教育教学指导委员会",截至2021年,累计设立海外"丝路学院"25家。浙江还依托省内高校资源,以国际交流合作、文化海外传播、塑造国际形象为核心,建设了一批体现地域特色并具有国际影响力的人文交流基地;先后搭建国际化平台载体,以培养国际化高端专业人才为重点,讲述中国故事,展现风土人情,积极推动浙江省"一带一路"国际人文交流,发挥示范引领作用。

2020年,由浙江省文化和旅游厅主办的"相聚浙里"国际人文交流周在绍兴启动,约有20家单位分两批被授予省级国际人文交流基地称号。浙江师范大学和其他6家省内高校第一批入选。其中,浙江师范大学和浙江万里学院宁波海上丝绸之路研究院分别有3名和1名外籍教师获得"诗画浙江"文旅友好使者称号。中国美术学院作为浙江省国际化艺术特色高校之一,坚持立足本土,面向世界,以"国际伙伴圈计划""国际平台计划"和"国际影响力计划"建设三部曲为发展核心,全面系统地推进国际化建设。该校还与百余所海外艺术名校和协会进行智库对接,创建"全球校长网络论坛",引领全球艺术教育前沿对话。

人文教育交流互通需要"引进来",也需要"走出去"。宁波诺丁汉大学作为浙江省高等教育国际化的典范,长期助推"一带一路"国际人文交流枢纽发展。学校依托面向未来的教学体系、赋能未来的第二课堂、助力城市与助力社会的可持续发展教育理念,吸引着来自世界各地的留学生。通过设立研习基地、走访企业、开展公益等活动,学校为外籍师生提供了了解中国文化的机会,触动中国经济脉动,建立爱的联结。2017年,该校设立"传球计划"公益项目,来自英国的足球教师也加入了该项目,为山区的孩子们建设足球场并教授兴趣课程。在"走出去"方面,通过国际化公益志愿服务活动,该校学生的足迹遍布俄罗斯、保加利亚、乌克兰、罗马尼亚、土耳其、摩洛哥、马来西亚、印度尼西亚等"一带一路"沿线国家,他们在当地教中文,做中国菜,并组织了一系列文化项目。许多学生也正是因为参加了这些国际文化交流活动,不仅拓宽了国际视野,提升了跨文化交流的能力,还获得了世界知名高校和企业的青睐。

三、浙江省国际教育交流与发展面临的机遇与挑战

浙江省国际教育交流与合作在"一带一路"倡议的指引下蓬勃发展,越来越多浙江高校把推进高等教育国际化作为学校长期发展的目标。随着来浙留学生的数量不断增加,高校师生参与国内外学术交流日益频繁,留学归国教师和

外教规模逐年扩大,浙江省高校国际化意识日益提高,交流与合作环境逐步改善,特别是在高职教育和数字网络教育等方面取得了显著进展。然而,与全省经济社会发展状况相比,与国内更发达地区或欧美发达国家高等教育国际化发展水平相比,浙江省高等教育国际化水平仍旧存在差距,主要表现在以下方面。

(一)高等教育国际影响力有待加强,留学生入学门槛需提高

2021年QS世界大学排名显示,中国有41所高校进入全球前1000所大学,浙江省只有一所。提高高等教育质量和办学水平既要立足省内、国内,更要放眼世界。推进高等教育国际化,提升高校国际影响力是许多发达国家加强高等教育质量的重要途径。目前,虽然浙江省留学生规模不断扩大,在浙高校师生每年有约8000人次出国参加学术会议和访学,各高校每年派出的交换生约有10000人,国际科研平台建设成果显见,但总体来看,留学归国教师和外教占全省普通高校专任教师总数的比例较低,仅为4%和2.6%,[①]留学生入学门槛普遍较低,生源质量普遍较差,来浙高校的学历生比例也有待提高。

(二)国外优质教育资源引进不足,高等教育国际化水平地区差异大

目前,不少浙江省高校对高等教育国际化建设的重要性仍缺乏全面认识,与世界知名高校间的互动、合作比较少,因而不能及时获取国外优质教育资源和前沿资讯,使得省内高校的教育国际化水平不能得到快速、有效的提升。由于缺乏合作和交流,省内高校在专业课程建设、留学生课程建设和师资建设方面相对国际化要求还存在明显差距。高校对留学生和外教的管理制度、政策环境和服务体系也不能很好地适应高等教育国际化发展的需求。另外,浙江省高校间教育国际化水平差异较大,留学生、外教和留学归国教师主要集中在省内主要城市,国际教育资源分布不均问题尤为突出。

(三)高等职业教育需向多元化发展,国际高职教育互认衔接体制待完善

高职教育在我国长期存在类型不成熟、社会认同度不高和发展不平衡等主要问题。究其原因,高职发展在我国起步较晚,政府和社会没有真正把高职教育当作一个相对独立的教育类型来认识和对待。另外,高职教育课程设置单一,体系不健全,人才培养模式特色不够鲜明,尤其在学校建设、师资培养、教学

① 本文有关浙江省高等教育国际化发展和高职教育相关信息均来自浙江省教育厅发布的《浙江省高等教育国际化发展规划(2010—2020年)》。

质量、教学方法以及就业管理等多方面没有明确统一的管理和评估标准。国内的高职教育尚且处在发展初级阶段,高职国际化发展面临的挑战任重道远,需要在"做中学,学中改"。目前,浙江省各高职院校与"一带一路"沿线国家在职业标准体系、学历学分互认以及职业技能培训衔接等方面也有待沟通。如何进一步深化省内高职院校工学结合、校企结合,并继续推进与"一带一路"沿线国家的留学生高职教育合作与培养,值得进一步探讨。

四、浙江省国际教育交流与发展对策建议

高等教育国际化是中国高等教育发展的必然趋势和现实需求。在"一带一路"倡议的指引下,浙江省推进高等教育国际化肩负传承创新科技、构建学术平台、推动人文交流的重要使命,助力全球经济和信息化的长远发展。进入知识全球化的时代,高校学生渴望在知识的汲取上超越国界,获取参与国际事务和国际竞争的能力;高校教师渴望在学术的创新上了解学科前沿动态,不断优化自身知识结构并参与共建全球知识网络[①]——新的人才培养模式和学术科研需求对高校提升教育国际化水平提出了新的发展和规划要求。为进一步提升浙江省高等教育国际化程度,确保高校国际化办学质量,针对目前国际教育交流与发展中面临的挑战,本报告提出以下对策和建议。

(一)规划先行:根植传统,面向世界

教育的国际化是一个单一与多样、国际与本土、特殊与普遍等特性相互对立但又可有机结合的复杂发展过程。实现有特色的教育国际化,既要根植传统文化,更要放眼世界;在学习别国、反思自我的过程中充分理解国际化的思维方式,结合国情汲取可用的教育资源和先进理念。浙江省高校在发展国际化教育的过程中需趋向理性,回到国际化教育的核心,把高等教育国际交流与发展作为建设教育强省的长期性战略举措,围绕"一带一路"倡议,从浙江发展方式转型的实际需要出发,把推进高等教育国际化与浙江省经济社会发展大局有机结合,加快浙江省高等教育国际化进程。继续深化省内各高校对教育国际化重要性、紧迫性的认识,主动把握高等教育国际化带来的机遇,不断创新国际交流与合作的途径和方式,鼓励各高校结合自身发展特点,有目的、有计划地提升其综合办学水平和国际学术影响力。

---

① 郜正荣. 全面推进高等教育国际化的几点思考. (2016-03-08)[2022-06-14]. http://www.jyb.cn/zggdjy/bqgz/201603/t20160308_654261.html.

(二)夯实平台:深化合作,完善体制

浙江省高校要加强与世界知名高校交流合作的能力,积极构建国际化学术平台;通过与海外高校相互学习与借鉴,在互通有无中扬长避短并不断提高自身的教育质量。继续完善高校教育网络化发展体制,积极开发高效的国际在线学历和培训课程,通过教育创新与合作获得更广阔的发展空间、更高的综合办学水平、更强大的师资力量以及更科学的专业课程建设,扩大浙江省高校在全球的影响力和竞争力。积极创造有利于推进高等教育国际化发展的政策环境,深化高校在国际教育交流与合作进程中的主体地位,并进一步完善高校教育国际化可持续发展的规划要求和综合评价机制。

(三)提升质量:突出特色,优化资源

浙江省高校要坚持"引进来"和"走出去"相结合的原则,加大海外高层次人才引进和培养力度,改善外国专家和留学归国人才的工作和生活条件,并提升浙江省高校师资和管理队伍的国际化程度和外语应用能力。把好入口、出口关,提高留学生质量,增大学历生比例,拓展国内高校学生和留学生之间的交流渠道和交流形式,并在全球建立校友网络,提升留学生在华求学和居住的满意度。突出高职院校办学特色,完善学历学分互认体系,积极引进国外优质职业教育资源,培养具有全球视野和高技术水准的国际应用型人才,以实现浙江省高等教育国际化高效、可持续发展。

(审校:王　珩)

浙江省区域国别与国际传播
研究智库联盟成员单位

（共 26 家，排名不分先后）

浙江师范大学非洲研究院（非洲区域国别学院）（牵头单位）

中国计量大学"一带一路"区域标准化研究中心

浙江金融职业学院捷克研究中心

浙江万里学院中东欧研究中心（宁波海上丝绸之路研究院）

宁波大学中东欧经贸合作研究院

浙江省商务研究院区域国别中心

浙江师范大学边疆研究院

浙江外国语学院阿拉伯研究中心

浙江工商大学日本研究中心

浙江越秀外国语学院东北亚研究中心

浙大宁波理工学院波兰研究中心

浙江树人学院白俄罗斯研究中心

浙江大学非传统安全与和平发展研究中心

浙江工业大学全球发展与环境研究中心

浙江财经大学哈萨克斯坦经济社会研究中心

浙江越秀外国语学院非洲大湖区研究中心

浙江大学联合国教科文组织研究中心

浙江大学亚洲文明研究院

浙江传媒学院英国研究中心

浙江外国语学院环地中海研究院

杭州师范大学环波罗的海国家研究中心

浙江科技学院德语国家研究中心

浙江大学中东欧研究中心

浙江大学东北亚研究中心

温州大学意大利研究中心

浙江外国语学院国别和区域研究中心